轻与重
FESTINA LENTE

姜丹丹 主编

哲学家与爱

从苏格拉底到波伏娃

[法]奥德·朗瑟兰 玛丽·勒莫尼耶 著 郑万玲 陈雪乔 译

Aude Lancelin   Marie Lemonnier
Les philosophes et l'amour:
Aimer de Socrate à Simone de Beauvoir

华东师范大学出版社
上海

华东师范大学出版社六点分社　策划

主 编 的 话

1

时下距京师同文馆设立推动西学东渐之兴起已有一百五十载。百余年来,尤其是近三十年,西学移译林林总总,汗牛充栋,累积了一代又一代中国学人从西方寻找出路的理想,以至当下中国人提出问题、关注问题、思考问题的进路和理路深受各种各样的西学所规定,而由此引发的新问题也往往被归咎于西方的影响。处在21世纪中西文化交流的新情境里,如何在译介西学时作出新的选择,又如何以新的思想姿态回应,成为我们必须重新思考的一个严峻问题。

2

自晚清以来，中国一代又一代知识分子一直面临着现代性的冲击所带来的种种尖锐的提问：传统是否构成现代化进程的障碍？在中西古今的碰撞与磨合中，重构中华文化的身份与主体性如何得以实现？"五四"新文化运动带来的"中西、古今"的对立倾向能否彻底扭转？在历经沧桑之后，当下的中国经济崛起，如何重新激发中华文化生生不息的活力？在对现代性的批判与反思中，当代西方文明形态的理想模式一再经历祛魅，西方对中国的意义已然发生结构性的改变。但问题是：以何种态度应答这一改变？

中华文化的复兴，召唤对新时代所提出的精神挑战的深刻自觉，与此同时，也需要在更广阔、更细致的层面上展开文化的互动，在更深入、更充盈的跨文化思考中重建经典，既包括对古典的历史文化资源的梳理与考察，也包含对已成为古典的"现代经典"的体认与奠定。

面对种种历史危机与社会转型，欧洲学人选择一次又一次地重新解读欧洲的经典，既谦卑地尊重历史文化的真理内涵，又有抱负地重新连结文明的精神巨链，从当代问题出发，进行批判性重建。这种重新出发和叩问的勇气，值得借鉴。

3

一只螃蟹，一只蝴蝶，铸型了古罗马皇帝奥古斯都的一枚金币图案，象征一个明君应具备的双重品质，演绎了奥古斯都的座右铭："FESTINA LENTE"（慢慢地，快进）。我们化用为"轻与重"文丛的图标，旨在传递这种悠远的隐喻：轻与重，或曰：快与慢。

轻，则快，隐喻思想灵动自由；重，则慢，象征诗意栖息大地。蝴蝶之轻灵，宛如对思想芬芳的追逐，朝圣"空气的神灵"；螃蟹之沉稳，恰似对文化土壤的立足，依托"土地的重量"。

在文艺复兴时期的人文主义那里，这种悖论演绎出一种智慧：审慎的精神与平衡的探求。思想的表达和传播，快者，易乱；慢者，易坠。故既要审慎，又求平衡。在此，可这样领会：该快时当快，坚守一种持续不断的开拓与创造；该慢时宜慢，保有一份不可或缺的耐心沉潜与深耕。用不逃避重负的态度面向传统耕耘与劳作，期待思想的轻盈转化与超越。

4

"轻与重"文丛，特别注重选择在欧洲（德法尤甚）与主流思想形态相平行的一种称作 essai（随笔）的文本。Essai 的词源有"平衡"（exagium）的涵义，也与考量、检验（examen）的精细联结在一起，且隐含"尝试"的意味。

这种文本孕育出的思想表达形态，承袭了从蒙田、帕斯卡尔到卢梭、尼采的传统，在 20 世纪，经过从本雅明到阿多诺，从柏格森到萨特、罗兰·巴特、福柯等诸位思想大师的传承，发展为一种富有活力的知性实践，形成一种求索和传达真理的风格。Essai，远不只是一种书写的风格，也成为一种思考与存在的方式。既体现思索个体的主体性与节奏,又承载历史文化的积淀与转化,融思辨与感触、考证与诠释为一炉。

选择这样的文本,意在不渲染一种思潮、不言说一套学说或理论,而是传达西方学人如何在错综复杂的问题场域提问和解析,进而透彻理解西方学人对自身历史文化的自觉,对自身文明既自信又质疑、既肯定又批判的根本所在,而这恰恰是汉语学界还需要深思的。

提供这样的思想文化资源,旨在分享西方学者深入认知与解读欧洲经典的各种方式与问题意识,引领中国读者进一步思索传统与现代、古典文化与当代处境的复杂关系,进而为汉语学界重返中国经典研究、回应西方的经典重建做好更坚实的准备,为文化之间的平等对话创造可能性的条件。

是为序。

姜丹丹(Dandan Jiang)
何乏笔(Fabian Heubel)
2012年7月

目　录

导　论 / 001

1　柏拉图
　　爱情赞歌 / 013
2　卢克莱修
　　被藐视的爱情 / 033
3　蒙田
　　进击的爱情 / 057
4　让-雅克·卢梭
　　浪漫主义的生与死 / 087
5　伊曼努尔·康德
　　爱的荒漠 / 127

6 亚瑟·叔本华
   被暗杀的爱情 / 149

7 索伦·克尔凯郭尔
   绝对的爱情 / 183

8 弗里德里希·威廉·尼采
   被锤打的爱情 / 223

9 马丁·海德格尔和汉娜·阿伦特
   厄洛斯之翼的振颤 / 261

10 让-保罗·萨特与西蒙娜·德·波伏娃
   自由之爱 / 291

导　论

　　社会上有这么一种根深蒂固的观念：哲学与爱情，水火不容。至少自近代以来，哲学和爱情被要求必须分开。爱情，纵使让人欢喜愉悦，也无法抵挡世人对它的绝望。爱神丘比特，单纯天真又心怀不轨，翅膀下藏着让人丧命的弓箭，与其他诸神一样沦为了古老的笑话，被永久地埋葬。在这场与爱情抗衡的战役里，最终是法国道德家们的悲观主义传统获胜。在呆滞的浪漫主义里，最真实的性爱、心机和意志力都被深深隐藏。于是，哪怕一两个小时的爱情思考也会被认为不值得。当人们谈论生活中尤为重要的话题——爱情时，竟然惊讶地发现它几乎沦为无人关心的荒芜之地，被扔到了在两性关系中信奉虚无主义的小说家、研究新型"爱情困惑"的社会学家，抑或弄虚作假的宗教狂的手中。没有人真正愿意研究关于爱情的各种哲学观点,以至于我们几乎更愿意在流行音乐中,而非在当代思想家的作品里领悟深刻的爱情意义。

早在1818年《作为意志和表象的世界》一书中,叔本华(Schopenhauer)就对此表示惊愕不已。"我们或许应该很惊讶,在人类生活中扮演着如此不一般角色的事物,可以说时至今日都未曾被哲学家正视,于现在的我们而言,它几乎还是一块从未加工过的原材料。"当然,这样的说法有些夸张。当这位性情暴躁的德国哲学家将柏拉图的理念直接贬低为一桩希腊同性恋风波时,上述说法甚至有些自我讽刺。但这的确也指出了一个真实存在的谜团。真正的矛盾之处则是,在希腊诞生于爱情问题的哲学,就像波提切利画中诞生于贝壳①的裸体维纳斯女神,似乎都否认了自己的出身。爱情的倡导者,苏格拉底,曾在《会饮》中表示,自己对"性爱话题"以外之事一无所知,而如此振奋人心的宣言却几乎没有任何后续影响。直到克尔凯郭尔②的出现,爱情才被再次视为一种理解存在

---

① 桑德罗·波提切利(Sandro Botticelli,1445—1510),佛罗伦萨画派最后一位画家,受尼德兰肖像画的影响,波提切利又是意大利肖像画的先驱。在他于1485年完成的杰作《维纳斯的诞生》中,一只巨大的贝壳托起女神维纳斯浮出海面。——译注

② 索伦·克尔凯郭尔(Soren Kierkegaard,1813—1855),丹麦哲学家、神学家,现代西方存在主义和存在哲学的思想先驱之一,《非此即彼》是他的代表作之一。——译注

的方式。

对于大多数人来说,爱情是幸福的前提,是文学戏剧中经久不衰的主题,而哲学家们却像是走进了一个装着生吞活人的野兽的笼子,小心翼翼地谈论爱情。于此,我们可以尝试给出各种各样的解释。哲学家们或许担心人们在爱情里变得神志不清,才谨慎地谈论着这份不同寻常的,甚至可以让人心甘情愿悲痛而死的激情。公元前一世纪的哲学家卢克莱修①,受到古希腊伦理学的启发,指出了哲学本应该思考却置之不顾的盲区乃至混沌之地。正如伊壁鸠鲁学派的一句格言,"不能治愈灵魂疾病的哲学演讲都是空洞的"。现代哲学流派或多或少都忽视了"幸福生活"里的苦恼,这点众人皆知。总而言之,面对爱情,抑或任何其他相似激情,我们看到的依旧是古希腊时期的思考:面对这股难以控制的力量,最好小心地待在家里。

或许也因为爱情似乎与一切理性相违背吧。毫无疑问,这也是为什么数百年来哲学对爱情一直保持着怀疑态度的另外一个原因。爱情被弃置在了浮夸做作的阴暗情感区里,被划分在了理性的阳光永远无法照射到的心理混沌区,不能简

---

① 卢克莱修(法语:Lucrèce,约公元前98—前55),古罗马哲学家,具有唯物主义观点,反对神创论,代表作《物性论》。——译注

单地成为哲学家们的一个研究"对象",充其量算是文人骚客们聊以消遣的话题。因此,从事思考苦役的哲学家们都抱着一种本质上代表着男性的蔑视去对待爱情,这种蔑视会攻击任何一位反对他们男性观点的人。如此陈词滥调或许有些可笑,但其实也很容易理解。永远不要忘记,爱情的哲学演讲一直都是由男性主持。没有人可以预知未来,我们也不会侥幸盼望,因为时至今日,仍是如此。除了阿伦特①和波伏娃②两位女性思想家——但实际上她们也从未宣称自己的哲学为纯粹的哲学——在本书中剩下的声音,只能是来自人类群体中的另一半。但话说回来,这也不足为奇。

尽管爱情已成为哲学外的话题,但这一结论似乎仍有窃取论点之嫌,值得我们再次质疑,甚至推翻。在很少会严肃思考爱情的当代大哲学家中有这么一位——阿兰·巴迪欧③,相反地,他将爱情定义为一种"真理的生产程序"。爱情是以"发生在两人之间"为依据的一次体验,它萌发于一次独特的

---

① 汉娜·阿伦特(Hannah Arendt,1906—1975),原籍德国,二十世纪最伟大、最具原创性的思想家、政治理论家之一。——译注
② 西蒙娜·德·波伏娃(Simone de Beauvoir,1908—1986),法国著名的存在主义作家,女权运动的创始人之一,二十世纪法国最有影响的女性之一。——译注
③ 阿兰·巴迪欧(Alain Badiou,1937—),《条件》(*Conditions*),"爱是什么?",瑟伊(Seuil)出版社,1992年。

相遇,又因一次"爱情宣言"(爱情里的关键步骤,将欲望与纯粹的自慰行为区分开)而成为可能。这是否说明,很多哲学家对爱情不甚了解?显然不是,这甚至就是本书的主旨所在,希望尽绵薄之力为哲学家们在爱情上讨回公道。几乎所有哲学家都曾明确地谈论过爱情,或委婉晦涩,或夸夸其谈,多为心碎悲伤,时常激动愤懑。事实上,关于爱情,关于爱情中对永恒的幻想、爱情里痛苦的磨难以及我们渴望知道的驯服痛苦的办法,他们可以告诉我们的实在太多了。

还有另外一种陈词滥调认为:诗人和作家从未提出过任何关于爱情的可靠真理。而这一结论,要么是过于武断,要么是孤陋寡闻。《危险的关系》(*Liaisons dangereuses*)的作者肖代洛·德·拉克洛(Choderlos de Laclos),可谓是两性战争中的卡尔·冯·克劳塞维茨①,在爱情研究方面曾与卢梭相比肩。《安娜·卡列尼娜》的作者托尔斯泰亦是如此。托尔斯泰的这本小说作为对悲惨堕落描写得最为细致的作品之一,我们从中看到激情式的爱情升华为了一种不朽的美。更不能忽略的是,研究爱情的嫉妒与幻想破灭的独一无二的现象学专家——普鲁斯特(Proust),一直深深地信奉着幻想破坏大师

---

① 卡尔·冯·克劳塞维茨(Carl Von Clausewitz,1781—1831),普鲁士将军,军事理论家,著有《战争论》。——译注

叔本华。是否还要再强调一下,我们在书中所提到的某些哲学家本身也是著名的爱情小说家?卢梭的《新爱洛伊丝》(*La Nouvelle Héloïse*),作为历史上第一本畅销书,曾在他的时代里引起轰动一时的热烈反响。著作等身的克尔凯郭尔,最为人所知的身份始终是《诱惑者日记》的作者。至于波伏娃,我们也可以很容易地证明:与《第二性》(*Deuxième sexe*)中长篇大论的道理相比,《女宾》(*L'Invitée*)中一幕幕残忍的情节或许更能犀利地揭露巴黎圣日耳曼德佩区(Saint Germain-des-Prés)曾经一度极为放荡的道德风气。

若认为哲学家们在爱情上观点一致也将十分可笑。叔本华所推崇的绝对克己与浪漫派如卢梭所追求的爱情升华之间毫无共同之处。两股巨大思潮,截然不同,却共同存在。在伏尔泰(Voltaire)之后,《哲学辞典》(*Dictionnaire philosophique*)中关于"爱情"这一词条,我们可以找到两种分别代表这两大阵营的标志性词汇。伏尔泰写道,任何一位想研究"这块与哲学没太多关系的材料"的人,"都应好好思考柏拉图的《会饮》,因为文中的苏格拉底,作为阿尔西比亚德[①]和阿伽通[②]的忠实情人,

---

[①] 阿尔西比亚德(Alcibiade,公元前450—前404),雅典杰出的政治家、演说家和将军。——译注
[②] 阿伽通(Agathon,约公元前447—前400),古希腊悲剧作家。——译注

与他们讨论的正是形而上的爱情"。此外,那些对感情不太细腻的哲学家们,便投向了"更以自然学家的身份来讨论爱情的"卢克莱修的阵营,他肯定道。如此,两种根本对立的观点便形成了两条思想轴。的确,柏拉图和卢克莱修之间毫无共同之处。柏拉图竭尽全力希望在爱情的痛苦中找到一种必然的对等物,用以换取爱情带给人类的美妙的兴奋和不朽的表象。卢克莱修则宣扬在毫无克制的性爱中放飞自我,从而避免稳定爱情中的危险。一方是爱情的白色魔力,另一方则是它的黑色魔力。一方认为,不管是一个小时还是二十年的经历,都应该以永恒为目标。另一方则认为,爱情中存在一种难以抵挡并只会招致灾难的诱惑,所以必须将其消灭。继柏拉图和卢克莱修之后,哲学家中没有一人可以宣称自己纯粹属于两种"颜色"中的一种。但所有人都以各自的方式阐明着自己的主色调。

如今,我们又听到了另外一种结论:爱情庸俗无聊、令人幻想破灭的一面似乎已占据上风。1969 年去世的德国哲学家西奥多·阿多诺[①]对此深信不疑,他甚至认为,人们从此再也无法"在与亲密友人调情之时,看到第七天堂[②]之门的打

[①] 西奥多·阿多诺(Theodor Wiesengrund Adorno, 1903—1969),出生于德国法兰克福,是著名的新马克思主义学者,也是法兰克福学派的创始人,在美学、音乐、社会学及社会心理学等方面均有贡献。——译注

[②] 天堂分为七层,第七层被认为是极乐之境。——译注

开"。他在《理性的辩证法》①中写道,在当今社会,"爱情已被简化为了毫无价值的东西"。到底是谁,给黑暗中的爱情带来了第一束来自希腊的性爱之光,然后将典雅爱情扔在历史的"后仓库"里?阿多诺在书中肯定道,随着现代社会科学还原论(réductionnisme)的发展,生理爱情和精神爱情被严格地区分开来。一个是器官的快感,一个是情感的外衣。"这样的分裂将爱情的乐趣机械化,将激情扭曲成了一个个圈套,给爱情最重要的部位致命一击。"往日的浪子现如今摇身一变成为了"感情丰富的务实者,打着健康和运动的旗号,甚至在性生活中践行宗教信仰"。于是爱情成为了一桩纯粹的生理买卖,正如保罗·瓦莱里②所说,一次"液体的交易"。

或许人们就是这样开始信奉"性欲"至上的。这是一项愉悦活动,它"充满乐趣",并且不掺杂任何实际的利益要害。自从亚当与夏娃偷吃禁果之后,恐惧早已约定俗成地压迫在性爱上,这种新的思想真的能将人们从放纵肉欲的惶恐中解放出来?答案恐怕是不确定的,因为当道德看似转变为了一种享乐的命令时,自由也成了另一种形式的压迫。在情色场所

---

① 《理性的辩证法》(*La dialectique de la raison*),与马克斯·霍克海默(Max Horkheimer)合著,伽利玛(Gallimard)出版社,1974年。

② 保罗·瓦莱里(Paul Valéry, 1871—1945),法国作家和诗人,法兰西学术院院士。——译注

遍地、人人享乐的时代,爱情甚至常常是双倍残忍的,每一副身体都活在随时被另外一副身体取代的焦虑之中,"为了生活"而存在的婚姻制度,尽管经历了基督教的打磨,却再也无法保证每个人不沦为替代品。性爱在现代社会的思想体系中无处不在,可它却失去了曾经人人为之激动的神秘感。若想要让大众习惯于揭露每个动作、每一句话背后的性动机,精神分析法或许还要做很多努力。但反过来,我们也可以这么认为,其实是性欲掩饰了其他的动机?这也正是尼采在某篇遗作中极力维护的观点。他肯定道,"对于一对情侣来说,性欲的满足,从严格并且完整的角度来讲,根本不是最主要的事,它只是一个符号"。

爱情哲学仍是一片需要重新开拓甚至亟须保护的领域。首先需要尽可能地抵抗无处不在的虚无主义,凭借着对性行为的压制,简而言之,即将其定义为一种病态的放荡,虚无主义似乎已为自己找到了一款笨重的破坏武器。同时,还需要解决一个战略性问题,因为专属爱情的思维逻辑确实与情感市场表面的理性相悖,在这样的情感市场里,每一位交易者都眼睁睁看着自己逐渐被束缚成了一模一样的元素分子,在唯一的原则——个人主义——下可怜兮兮地盘算各自的心机。不负责任并充满暴力,就是爱情在世人眼中的另一副模样。从"性别差异"的角度来看,或许我们领悟到了一种比某些女权主义者的言论更为合适的新观点。在情色战场里,女人无法成为像男人那样的人,男人反之亦然。事实上,关于每位哲学家的困扰和偏见,甚至其中大多数都暴露出的对女人欺骗的恐惧,本书将讨论的所有人与事,都曾以各自的方式,阐明了问题的根源。

你告诉我,你怎么去爱,我告诉你,你是谁。世界上有各种各样的爱情,仅仅数日的任性、执着顽固的爱慕、持久稳定的柔情、冲昏头脑的心血来潮、冷漠无情的习惯……诸如此类的爱情,哲学家们也都一一无法逃过,甚至戏剧性地成为了这些爱情的代表。再次思考他们的哲学教义时,是否应该联想到那句著名的"一小堆可怜秘密"①?显而易见,很有必要,或者坦白而言,这个问题根本无需提出。但另外一种奇怪的观点也正逐渐强制性地压迫哲学:作家的个人生活既不能证明也无法解释其思想。各位绕道吧,和他们的私生活没什么关系。如此观点或许会让古希腊人十分震惊,对于他们来说,若想评判某一思想,必定要看这个想法对思考者内心的影响。从苏格拉底开始,哲学所瞄准的对象里里外外地都开始活跃起来。

关于爱情研究,传记研究的合理性通常不会受到太多质

---

① 安德烈·马尔罗(André Malraux, 1901—1976)认为人是一堆可怜的小秘密,人所隐藏的才是真正的人。——译注

疑,一场前所未有的或灾难性的邂逅,甚至一场从未上演过的邂逅,往往都会对一位思想家产生决定性的影响。从蒙田(Montaigne)到克尔凯郭尔,以及位于二者之间的卢梭,所有人都曾以隐蔽的方式将感情的创伤或胜利掺杂在哲学思考之中,以完全自愿的方式创作出了某种形式的自传。尼采写道,"我一直都是全身心地用我的身体和生活来写作,我并不知道'纯粹的精神'问题是什么"。一直以来,哲学家们都在用自己的生命书写爱情,掺杂进他们每个人的感情变故、经历的苦恼或者与那些背后的女人的故事,而这些故事往往更具有分量和意义。1914年5月17日,弗洛伊德(Freud)给挚友欧内斯特·琼斯[①]写道,"无论是谁,但凡可以向人类承诺将其从性爱的折磨中解放出来的人,都将被奉为英雄——即使他的承诺狂妄无知"。关于爱情,哲学家们有时更喜欢说一些无知诳语,而这个事实我们也不予争辩。最后,我们将决定权留给读者,让他们自己来决定是否要感谢这些哲学家,如果他们真的通晓减轻爱情痛苦的方法。

[①] 欧内斯特·琼斯(Ernst Jones, 1879—1958),英国神经学研究专家和心理分析师,1908年与弗洛伊德相识,成为了弗洛伊德的终身好友与同事,同时也是关于弗洛伊德最官方的传记撰写者。——译注

1

柏拉图
爱情赞歌

"那儿,是每个灵魂都渴望得到的财富。

那儿,是所有人都向往的宁静。

那儿,就是爱情,那儿,更是快乐。

在那儿,啊,我的灵魂被指引到了最高的天空!

在那儿你会发现美的'理念',那是世上我最爱之物。"

——若阿基姆·杜·贝莱,《橄榄集》,1549①

柏拉图如谜团般的《会饮》拉开了爱情论战的历史序幕,

---

① 若阿基姆·杜·贝莱(Joachim Du Bellay,1522—1560),七星诗社成员,著有拉丁语诗歌和讽刺诗文,此处引用的诗集《橄榄集》(*L'Olive*)为法国引进了十四行诗。——译注

对欧洲世界两千多年以来的爱情观产生了决定性的影响。然而正如精神分析家雅克·拉康(Jacques Lacan)所点评的那样,"相当可笑"之处在于,从此以后,每当他对欲望进行思考或宗教默祷时,没有一次不联想到这部"代表一群同性恋"①的文本。这是一次关于"集体烂醉"的奇怪故事:所有人都聚集在阿伽通家,庆祝他获得悲剧诗大赛冠军。赴宴者有几个喝得烂醉的堕落小青年和几个身为雅典贵族的同性恋老男人,其中包括本身已有53岁的苏格拉底、他的死对头喜剧作家阿里斯托芬②以及特别出席的女巫狄欧蒂玛。书中这位名叫狄欧蒂玛的女人,尽管没有出现在宴会现场,却成为了《会饮》的中心人物,出了名的话唠苏格拉底选择做她的传声筒。她在宴会中俨然一位"专家",苏格拉底迫不及待地通过她宣誓唯一属于他的知识主权:关于爱情的真理。

瞧瞧这位聪明的希腊老头多么狡猾。因为众所周知,他的老婆赞西佩(Xanthippe)是一个名副其实的母老虎,他在家的日子并不好过。苏格拉底与这位性情暴躁的女人育有一

---

① 雅克·拉康,《研讨班 VIII》(*Le Séminaire livre VIII*),"移情"(Le transfert),瑟伊出版社,2001年。

② 阿里斯托芬(Aristophane,约公元前446—前385),古希腊早期喜剧代表作家,相传著有44部喜剧,现存《阿卡奈人》《骑士》《和平》《鸟》《蛙》等11部。——译注

子,名为兰普洛克勒斯(Lamprocles),老婆经常埋怨他的哲学思考既危险又不挣钱。苏格拉底婚姻里杂七杂八的意外琐事成为了时代的笑料。于此,我们不得不提历史上著名的泼水事件。有一天,赞西佩将一盆水泼在苏格拉底的头上,面对妻子这一行为,苏格拉底淡定地回应道,"小雨息大风"。

关于这位哲学之父其他方面的事,我们所知甚少。公元前470年,苏格拉底出生于雅典的阿洛佩斯区,父亲是雕刻工人,母亲是助产妇,苏格拉底曾将自己和母亲的工作类比,称自己是"灵魂的助产士",此外,他和伯里克利[1]一样曾是阿那克萨哥拉[2]的学生。还有一种说法,苏格拉底后来又娶了第二个妻子——密尔多(Myrto),并生下两个儿子,索甫洛尼斯克和美涅克塞努。然而大家一致相信的是:亚里士多德(Aristote)和第欧根尼·拉尔修[3]所编造的苏格拉底二婚的流言就是为了诋毁这位谜一样的男人,众人皆知,他因亵渎宗教以及在哲学上教唆年轻人的罪名被判处服毒芹汁

---

[1] 伯里克利(法语:Périclès,约公元前495—前429),雅典黄金时期具有重要影响的领导人。他的时代也被称为伯里克利时代,是雅典最辉煌的时代,产生了苏格拉底、柏拉图等一批知名思想家。——译注

[2] 阿那克萨哥拉(法语:Anaxagore,公元前500—前428),伊奥尼亚人,古希腊哲学家、科学家,他最先把哲学带到雅典,影响了苏格拉底的思想。——译注

[3] 第欧根尼·拉尔修(法语:Diogène Laërce,200—250),罗马帝国时代作家,以希腊文写作,是重要史料《哲人言行录》的编纂者。——译注

自尽。总而言之，这便是柏拉图在《会饮》26篇对话里树立起来的苏格拉底的形象，这种形象也随着这些对话在一代代的后人中流传。

根据"学园派"①创始者柏拉图的讲述，由于这是一场特意为阿伽通举办的庆祝晚宴，苏格拉底便把身上那套常穿的破衣衫换成了一套美丽又干净的衣服，于是晚了些才与这个狂欢团体汇合。酒足饭饱后，大家一致决定玩文字游戏，对于已大吃大喝两天的宾客而言，相比于此类晚宴通常进行的最后环节，这种游戏并不需要耗费太多体力。即对谈而不做爱。比赛开始时就像一场游戏，六位参赛者分别作一篇对爱神的赞美诗，择优取胜。

在斐德罗(Phèdre)的诗中，爱神以"道德爱情"的形象出现。他缓缓地复述了赫西俄德(Hésiode)的观点，肯定道，"厄洛斯(Eros)②，一位伟大的神"，无父无母，生于混沌之中。爱神是最古老，且最广施恩泽的神。斐德罗认为，爱情引导人类向善而行，因为爱人就是那个直到死去，我们也不能在他/她

---

① 学园派，专指柏拉图在公元前387年于雅典创立的哲学流派。——译注
② 在早期神话中，厄洛斯被认为是参与世界创造的一位原始神。赫西俄德认为他是世界之初创造万物的基本动力，是一切爱欲和情欲的象征，但在柏拉图之后，他被认为是爱神阿佛洛狄忒的儿子。——译注

面前丢失颜面的人。一支只由相爱之人组成的军队必定无坚不摧。

接下来,帕萨尼亚斯①则认为爱情是"两面的",他区分了触及灵魂的高贵爱情与肉欲缠身的庸俗爱情。医生厄里什马克(Eryximaque)紧随其后,他认为爱情连接了人与神,但在赞美"无所不在的伟大神明"爱神时,他作为一位完美的实证主义模范者则开出了一剂有所节制的药方。控制得当的爱情会带来富裕和健康,失控的爱情便会潜伏疾病。

最后阿里斯托芬发表了"爱情融合"的演讲,在打嗝的间隙,他兴致勃勃地向众人讲述了引人入胜的"圆球人神话"。可阿里斯托芬所讲的爱情传说——或荒唐的笑话?——本是用来阐释激情爱情的悲剧性的,却使得作家米歇尔·韦勒贝克②在后来的某一日说道,《会饮》这本书,人人无不诋毁,它编织出了一种"无法治愈的相思之苦",以文学的方式"毒害了人类"。

---

① 帕萨尼亚斯(Pausanias,143—176),希腊地理学家和历史学家,著有《希腊志》。——译注
② 米歇尔·韦勒贝克(Michel Houellebecq),米歇尔·托马(Michel Thomas,1956—)的笔名,法国作家、电影制作人、诗人。1998年发表的小说《基本粒子》令他一举成名,该小说英文版获得2002年国际IMPAC都柏林文学奖。2010年凭借《地图与疆域》获得法语文坛最高荣誉龚古尔文学奖。——译注

半个橙子的传说

这段荒唐可笑却又触动人心的传说值得我们来仔细说说。据阿里斯托芬所言,开初时,人人都是球体形状,分为三种性别,即男性、女性和双性,双性同时具备男性和女性两种特征。双性人有四只手、四条腿、一个长着两张脸的头,还有两套生殖系统。为了繁殖后代,双性人会像蝉一样在土中结合。双性人奔跑起来时,像不倒翁一样滚动前行,动作十分迅速敏捷。由于身体方面的优越性,他们拥有惊人的力量,从而变得日益骄横,甚至想攀登天梯与神作战,一比高低。诸神便因此陷入一个尴尬的境地:倘若灭绝了人,神就会失去他们的贡品,但若要容忍这一狂妄行为,众神更无法接受。于是,宙斯将双性人一劈为二,就像是"用根头发切只鸡蛋"般不费吹灰之力!

接下来,阿波罗(Apollon)负责将半只躯体上的头和半边脖子扭到被切开的那面,好让人类永远地在眼皮底下看着自己受过的惩罚,从而终身受教,保持谦逊。其后,康复之神将四处张开的皮紧紧地缝在肚子上,像"用绳子缝零钱袋一样"只留下一个洞,这个洞也就是今天我们称呼的"肚脐"。

于是,失去了自己另一半的人类十分迫切地试图与另一半结合,相拥相吻。爱情便在这种缺失感中诞生了,这种缺失感也让人类对另一半变得格外温柔。于是,从古希腊开始便衍生出了千千万万首诗歌和文学作品的主题:人本质上是不完整的存在,而为了重新获得完整,就必须投身于对另一半——"半个橙子"——的追寻中。

在如此悲痛的情况下,所有半边人都一心想合二为一,变得完整。倘若没有另一半的陪伴,他们就拒绝做任何事情,因此半边人相继死于饥饿。当某一半死后,存活下来的一半会寻找新的另一半互相依偎。就这样,人类开始衰落。

面对此情此景,宙斯不禁心生怜悯,同时又恐慌自己的追随者就此消亡,便心生一计:将人类的生殖器官从身后移到身前。当男女交合时,性爱的乐趣不仅可以促进人类繁殖,更赐予人类减轻痛苦的方法,缓解他们失去另一半的巨大悲痛。性高潮是一次忘记,它让人类暂时忘记被永恒压迫着的存在的残缺性,忘记自己昙花一现的渺小存在。如此不可或缺的一刻,着实让人为之着迷。

当爱人不在身旁,这种交欢无法实现时,是否可以在某一刻将这份对爱人的思念暂置一边? 罗兰·巴特(Roland Barthes)在《恋人絮语》(*Fragments d'un discours amoureux*)[①]中写

---

① 罗兰·巴特,《恋人絮语》,瑟伊出版社,1977年。

道,那些不懂得"暂时性"忘却的恋人会在回忆中变得过度紧张,疲惫不堪,最终死去。即便我们对恋人在精神上的"不忠"只持续了短短几秒,也会很快从这种忘却中清醒过来,随即一个词从身体里跳出来,诠释了这种与恋人分离的情感:"叹气"。巴特写道,"那些来自双性人的半边人,一个接一个地叹气,仿佛每一次呼出的气息也是不完整的,试图与另外的气息融为一体:这是一幕拥吻的场景,因为每一次的气息都会将分开的画面融为一体"。在与恋人的分离中,我们悲伤地沦为了"一幅脱落的画",它不断地发干,发黄,卷出褶皱。半个球体再也无法运转。

总而言之,从阿里斯托芬的神话来看,若认为现代社会大多数人都潜意识地抱有这种爱情信仰也并非谬论。从最原始的爱情悲剧之后,我们在无形之中被迫寻找着"灵魂伴侣",与灵魂伴侣的相遇被认为是人类本质的回归,是幸福的保障。人类似乎早已注定要苦于爱情。但于此柏拉图却讽刺道,"瞧瞧那些相伴终生的人,竟说不清到底能从对方身上得到什么好处"。

许多个世纪过去,安德烈·布勒东(André Breton)在《疯狂的爱情》(*L'Amour fou*)[①]一书中用"灰姑娘的水晶鞋"再次

---

① 安德烈·布勒东,《疯狂的爱情》,伽利玛出版社,1937年。

论证了这个原始神话留下的印记:水晶鞋,在西方民间传说中意味着唯一的真命天子,一个正在某个角落等待我们的陌生人。他肯定道,每个人都知道,爱情就是世上定会有一人与我们相配。但由于"生活中的社会规则"残忍地毁灭了这份幻想,于是大多数人便开始在爱情中绝望。"爱情的路上,他们步履蹒跚,将破灭的幻想归咎于亚当和夏娃在远古时期犯下的错,好来减轻自己的罪恶感。然而,每个人对即将到来的每时每刻都偷偷地抱有期待,这个秘密终将在某日邂逅到另一人时暴露无遗。"在布勒东看来,这个人必定是一个极其特殊的存在,他强烈地想证明,真正的爱情是永生不死的。

厄洛斯的诞生

阿里斯托芬的神话气势恢宏又挑逗人心。毫无疑问,这令所有在场者都印象深刻。接下来,轮到另外两位参加宴会者了:阿伽通与苏格拉底,最终苏格拉底凭借精心策划的颂词大获全胜。与擅长辩论的"诡辩魔鬼"阿里斯托芬一样,诗人阿伽通再一次选择了辞藻华丽的诗歌,他歌唱爱神为"奢靡与肉欲之父",甚至称其为止痛良药。

阿伽通发言之后,苏格拉底登场。这位名副其实的思想"电鳐"用极具个人特色的发言震撼了全场。苏格拉底先赞美了阿伽通的颂词"优美华丽至极",但又借机讽刺其与之前的颂词半斤八两。他不想沉浸在优美动听的颂词里,而是希望讲出曾向大家承诺的仅由他持有的著名"真理",或正如上文所说,一个属于狄欧蒂玛——爱情最高权威发言者的真理。

如果欲望是"对某个事物的渴望",并且我们只会渴望我们没有的事物,那么这群赞颂者用一切好与美的事物来修饰爱情,或许就大错特错了,苏格拉底肯定地说道。他们顶多看到了很小一部分的真相。"错就错在,"苏格拉底说道,"我们认为爱情就是被爱的那方,而不是爱着的那方。"想要领悟爱情,不是要探寻为什么我们爱他/她,而是为什么我们会去爱。狄欧蒂玛所要阐明的有关厄洛斯诞生的来龙去脉,在苏格拉底这只"牛蝇"的口中,变得一目了然。

"在美神阿佛洛狄忒(Aphrodite)诞生之日,诸神摆筵庆祝,赴宴者包括'智慧神'之子丰饶神波洛斯(Poros,象征着财富和灵敏)。"贫乏神佩尼亚(Pénia)途经宴会时,本打算捡些剩菜残羹,却在宙斯的花园中发现"因美酒甘露而酩酊大醉"的波洛斯正在熟睡,便趁机强行与波洛斯怀上一子。于是爱神就这样诞生了,而这个继承了母亲的贫乏的小家伙,"远非众人想象般优雅英俊",他一直渴望继承父亲拥有的美好事物。根据苏格拉底的描述,厄洛斯赤脚而行、居无定所、头顶星宿、露天而睡,但同时刚强有力、满怀激情、善于思考、机智灵敏。厄洛斯所象征的贫乏,就像荷马史诗中的奥德修斯一样,会孕育出一股强大的力量使人走出贫乏,从自身的痛苦中解放出来。狄欧蒂玛补充道,爱情就是这股神圣的力量、这股活力,它可以帮助人类获得唯一可以触碰到的永恒。这所谓的永恒可以通过孩子或作品来获得。朋友,去生育换个子孙满堂吧,留下你的延续。

力量的暗处

但倘若厄洛斯既不丑陋也不美丽,既不贫穷也不富裕,既不无知也不博学,那么他本身是不能成为神的。那他是什么?厄洛斯就是一个"精灵",女巫说道,"他是神和人之间的媒介"。幸于母亲受孕之日即美神诞生之日,厄洛斯就是一股源源不断的力量,向美而生,我们都知道,在柏拉图眼里,美永远与好与真的事物相关。

奥特嘉[①]对苏格拉底做出了一句十分精妙的评价:这位

---

① 何塞·奥特嘉·伊·加塞特(José Ortega y Gasset, 1883—1955),西班牙哲学家、报业从业人员及评论家。——译注

哲学家拿着思想的钳子,笔直地划下记号,毫不犹豫地夹起那条"在爱情中微微颤抖的神经"①。奥特嘉建议每一位读者试着进入另一种恋爱状态,即将所爱之人看成一个平淡无奇的普通人。"他就会明白这一切都不可能了。"爱上一个人,就是瞬间被某种东西所愉悦,而这个东西之所以可以愉悦人,是因为它似乎象征着某种形式的完美。但这并不意味着心上人就是绝对的完美,奥特嘉指出,就像司汤达所讽刺的那样,在人类的思想里,只要所爱之人身上有"一些完美",就足以让人忽略剩下的不足。

事实上,柏拉图另外一部探讨爱情的对话录——《斐德罗篇》更能清楚地解释为什么我们最渴望获取的对象是美。我们从纯理性的"理念"(Idée)之空坠落到一团感性的淤泥之中,忘记了曾显现在永恒之中的"理型"(Forme)。而只有带着独特"光芒"(l'éclat)的"美",让我们永远地意乱情迷。这就是为什么,面对尘世间偶尔现身的美的影子时,灵魂,如同一匹带着翅膀的马,激动不已,想重新飞向天空。爱情里的人就这样摆脱了逝去岁月中的痛苦。英国诗人济慈②曾说过,"一

---

① 何塞·奥特嘉·伊·加塞特,《爱情研究》(Etudes de l'Amour),瑟伊出版社,2004年。

② 约翰·济慈(John Keats,1795—1821),杰出的英国诗人,浪漫派主要成员。——译注

个美的事物永远都是一份快乐"。

我们之前说过,只有厄洛斯不是神,也称不上一个温柔快乐的天使,他就是一只精灵。爱情仿佛是一场危机,一旦发生,就是一场难以置信的地动山摇,一次开天辟地,一次冲击,一次疯狂,它用矛盾和纠结填满了正在爱的人。爱情一旦离开,情况无疑更糟。为什么在失去所爱之人时,人们会认为这是一场毁灭性的灾难,从而悲痛欲绝?无边无际的爱情痛苦,实在是让人无法捉摸。最后我们只能通过柏拉图的理论来解释,在他看来,所有发生在某一天、某个星期抑或某个十年里的故事都包含一种永恒的情感。因此,我们甚至无须从高处坠落,就会失去一切。我们失去的不仅是生命,还有活下去的理由。

于此,我们也看到了苏格拉底所认为的悲剧性存在,人类的痛苦悖论:所有人生而知死,却向往永恒。在形而上的爱情和欲望里,也同样存在着这份痛苦。心有所想之人将看见自己的欲望不断攀爬,若一直无法获得所想之物,欲望便成为了折磨;而那些似乎已经获得所想之物的人,不得不去反复斗争才能在未来一直拥有能让他愉悦的事物。当爱情的幸福感发生时,时间仿佛都停止了转动,而我们一旦认为已抵达幸福的最高点时,明天的担忧又接踵而来。

在《会饮》的结尾,当英俊的阿西比亚德踹门而入,指责苏格拉底对自己的献身毫无回应时,我们看到的是一位沦陷在爱情里的年轻男子的疯狂,以及这份疯狂背后的痛苦和自我的失去。阿西比亚德感觉自己被一条"毒蛇"咬了,他坚定地说道。然而,那些不曾尝试爱情冒险的人,那些不知思念之苦为何物的人,难道不是在"理性"和"节欲"的名义下隐藏着某种形式的死亡?莫尼克·迪克索(Monique Dixsaut)在《自然哲学》①里如是质问道。高尔吉亚②也说,"在这样的情况下,确实,那些石头,事实上,享受着一种独一无二的幸福,死人也是一样"。无欲无爱者根本不是一个完整的人。

走向"美"的沧海

所以爱情就是对美的爱。因此,爱情并不会局限于对终将化为黄土的肉体的爱。尽管苏格拉底面相丑陋、大腹便便、双眼突出,但他却很清楚,在"粉丝"眼里,自己其他方面的一些东西具有无法抵挡的吸引力。狄欧蒂玛引领我们爬上一个六层的爱情阶梯。如果说爱情是对完美生育的渴望,那么美

---

① 莫尼克·迪克索,《自然哲学家》(*Le naturel philosophe*),弗兰(Vrin)出版社,1985年。

② 高尔吉亚(Gorgias,约公元前483—前375),希腊诡辩学派学者、前苏格拉底时期的哲学家及修辞学家。——译注

就是某种分娩的表现形式。"由一副美的躯体到两副美的躯体,再从两副美的躯体到所有美的躯体",从美的躯体到对美的关心,再到对美的认知,直至美作为一门科学。狄欧蒂玛这番话的最终目的是要所有人对美,对永恒的美有一个独特的认知,美的本身是永恒的,通过美也可以走向永恒。当我们发现美的时候,"对于人类而言,就是在生命的这一刻,生命才值得活下去"。那些能够领悟到这一刻的人,便会将美与黄金分开,将美与注定衰老的年轻躯体分开。"他触碰到的将会是真理",永恒并且坚定。这就是为什么《斐德罗篇》很早就能够确定,激励整个人生的不是财富,也不是荣耀,而是至高无上的爱情。

针对诗人卢克莱修提出的"致命的欲望",以及后人所描述的让人盲目的爱情幻想,柏拉图早就提出带翼的欲望、心智的启蒙和爱情的精神生育等观点加以反驳。他认为,爱情追求的是幸福,而不是短期的肉欲满足,爱情是要去填补内心深处不断膨胀的欲望下的缺失感。要注意的是,就是这种形而上的爱情目标,经历过意义的流失转变之后,成为了现在我们所认为的无性的"柏拉图式爱情"。若要认为柏拉图的理念完全排斥生理欲望,那么就大错特错了。身体层次的爱情被认为是灵魂升华的第一步。诚然,世俗的爱情或者说肉欲的爱情,最终只会得到永恒的替代品。但用一堆破布缝成的桌布却是最耐用的。因此在《斐德罗篇》中,缠绵相拥的情侣并不会进地狱,而是会随着时间的流逝逐渐获得自己的翅膀。那让他们于灵魂深处互相感应的飞翔里存在着一种真正的美。

而对我们而言,可悲的是,拉康感慨道,"爱情与美,早已像是齿轮脱离了啮合"。现代社会里,爱情中不协调的黑色魔力转向了下流庸俗的性爱,抑或可笑的性功能障碍。米歇尔·韦勒贝克的小说残忍地揭露出了情色给当代社会带来的堕落,作家弗朗索瓦·梅罗尼在《论毁灭是一种美术》[①]中如是强调道。在他看来,这些小说指出了当性交成为最为低级的"自恋资本"时,整个社会到底沦落到了何种"腐败的深渊"。如果说柏拉图将欲望和缺失感绑在了一起,那么当今社会最大的不幸就是人们用某种下流的生理需求——一种令人绝望的欲望深渊——替换了这份形而上的缺失感。拉康补充道,"我们将人的欲望抽出,扔到市场,竞价拍卖"。在这个交换肉体、欲望始终沟壑难平的时代,带翼的爱神已成为了残酷的暴君。《斐德罗篇》就曾预言,"一个被暴君掌控的灵魂,将会一次又一次地沦为贫乏和空虚的猎物"。那些没有灵魂居住的躯体激起了各种大众式性幻想。男人和女人互相成为了对方

---

① 弗朗索瓦·梅罗尼(François Meyronnis),《论毁灭是一种美术》(*De l'extermination considérée comme un des beaux-arts*),伽利玛出版社,2007年。

的"淫贼"、"荡妇",掉进了一个悲伤的无底洞。

和苏格拉底一样,当代哲学家阿兰·巴迪欧①认为,请允许笔者于此再强调一下,"真正的'理念'、'信仰'是与这种蛊惑人心的自由幽灵相对的,这种自由是在纵容我们去依赖那些毫无意义的事物和微不足道的欲望"。② 在当代的幡然醒悟背后,是否需要找回理性之心的热情,以解放爱情?这股原始的激流神秘地撼动着每个人的心,或许奥特嘉会这么说,因为早在上个世纪,他就在感叹人们再也不谈真正的爱情了。

---

① 阿兰·巴迪欧(Alain Badiou,1937—),法国作家、哲学家,出生于北非的法属摩洛哥拉巴特。前巴黎高等师范学校哲学系主任、教授,现任瑞士欧洲研究院(EGS)教授,关注哲学、政治及现实问题。——译注
② 阿兰·巴迪欧,《柏拉图,我们亲爱的柏拉图!》(Platon, notre cher platon!),《文学杂志》(Magazine littéraire)第447号,2005年12月。

2

卢克莱修
被藐视的爱情

爱情是一种无足轻重的行为,因为进行的时候可以模棱两可。

——阿尔弗雷德·雅里①,《超人》(*Le Surmâle*),1902

1950年3月25日,意大利诗人切萨雷·帕韦泽②在生前未完成的日记《生活的本领》中的最后几页写道,"我们不会为了一个女人自杀。但我们会为了一份爱自杀,无论这是一份

---

① 阿尔弗雷德·雅里(Alfred Jarry, 1873—1907),法国象征主义作家,其戏剧内容怪诞、形式洗练、手法夸张,影响了后来的先锋派和荒诞派戏剧。他还创作了啪嗒学(Pataphysique)这个词,被认为是超现实主义和未来主义的开拓者。——译注

② 切萨雷·帕韦泽(Cesare Pavese, 1908—1950),意大利诗人,小说家,文学评论家和翻译家。——译注

怎样的爱，它都让我们暴露无遗、陷入悲痛、卸下防备并陷入一片虚无"。在与一位美国女演员纠缠了五个月后，帕韦泽在都灵的一家宾馆里绝望地自杀了，享年42岁。先于这次悲剧发生的诸多世纪之前，大约公元前55年诞生的另外一位意大利诗人早就发出过对爱情最为凄惨的控诉。在他留下的大量直白露骨、断断续续却又让人心碎落泪的诗歌中，这位诗人用十分肯定的态度和军事化般严谨的语言，告诫每一位读者远离爱情灾难。他的名字叫做卢克莱修，师从伊壁鸠鲁①，生前"隐居"，我们或许再也找不到任何他作品之外的足迹，他的作品就是对他的存在最好的阐释。

他是否属于著名的"卢克莱修家族"——罗马最富有的贵族之一呢？我们极度怀疑，但事实上，又对此感到无所谓。因为关于卢克莱修的生平，我们只知道一件事："卢克莱修，一位诗人，中了爱情的毒药后变得神志不清，在病况好转期间编过几本书，后交由西塞罗②修正，最后在44岁时自杀。"也有人计算过，应该是42岁，和帕韦泽去世时一样的年纪。这几行

---

① 伊壁鸠鲁（法语：Épicure，公元前341—前270），古希腊哲学家、伊壁鸠鲁学派的创始人。伊壁鸠鲁成功地发展了阿瑞斯提普斯（Aristippus）的享乐主义，并将之与德谟克利特的原子论结合起来。他的学说的主要宗旨就是要达到不受干扰的宁静状态。——译注

② 马库斯·图留斯·西塞罗（Marcus Tullius Cicero，公元前106—前43），古罗马著名政治家、演说家、雄辩家、法学家和哲学家。——译注

关于卢克莱修生前的描述摘自于哲罗姆①所编的《编年史》。既没有花环,也没有头冠,哲罗姆——一位狡猾的基督教徒——试图用如此无稽之谈来埋葬这位无神论者的激进思想,从而否定这颗灵魂留下的思想。显而易见,将自杀的精神病患者形象强加在这位诗人的身上简直是一种诬蔑。他的诗与众不同,他的诗歌唱着世间的美,他的诗引起了无数后人的仰慕,其中包括奥维德②、蒙田以及 1600 年在鲜花广场被处以火刑的异教徒布鲁诺③。然而,除了少年维特之外,再也找不到另一人对爱情的伤痛抱着一种如此黑暗、苦涩、压抑的态度。总而言之,关于卢克莱修的这段传说尽管属于恶意诋毁,但却隐藏着一种强烈的预言。

如何在一次教训中错毁一生

"爱的快乐转瞬即逝,爱的伤痛终身难忘……"伏尔泰

---

① 哲罗姆(法语:Saint Jérôme,约 340—420),也译作圣杰罗姆,古罗马基督教圣经学家,教父之一。——译注

② 奥维德(Ovide,公元前 43—前 17/18),古罗马诗人,以《爱的艺术》而闻名。——译注

③ 乔尔丹诺·布鲁诺(Giordano Bruno,1548—1600),文艺复兴时期意大利思想家、自然科学家、哲学家和文学家。由于批判经院哲学和神学,反对地心说,宣传日心说,他于 1592 年被捕入狱,最后被宗教裁判所判为"异端"烧死在罗马鲜花广场。——译注

的侄孙克拉里斯·德·弗洛里安①所写的这首情歌小调，曾在十八世纪风靡一时。总而言之，卢克莱修不指望在爱情中得到丁点幸福。所有的希腊智慧都向往着内心不为任何所动的"安宁"，这种境界绝对不受外界打扰，是最高的独立自由，在卢克莱修看来，爱情就是扰乱内心"安宁"最直接的毒药。但卢克莱修的启蒙者——伊壁鸠鲁，生于公元前341年的哲学家，却很少在作品中提及爱情这一话题。据尼采(Nietzsche)所写，卢克莱修，于两个世纪之后，在传承这位"古希腊伟大的慰问者"思想的同时也转向了爱情这一话题。此外，也正是尼采的研究完全照亮了卢克莱修的存在。

卢克莱修的《物性论》，一首探讨宇宙永恒不断变化的哲学长诗，在第四卷②中从各个角度向读者描述了骇人听闻的爱情异化，他对雅典鼠疫的回忆几乎让人联想到一场美妙的游园会。精疲力尽的行人找到一张可以躺下的床，便

---

① 克拉里斯·德·弗洛里安(Claris de Florian, 1755—1794)，著有长篇小说、中篇小说、喜剧和牧歌式田园诗。曾于1783年仿塞万提斯出版长篇小说《加拉提娅》，还翻译过《堂吉诃德》，33岁进入法兰西学术院。大革命期间，因贵族出身被捕，出狱后不久逝世，年仅39岁。文中提及的歌曲为《爱情的快乐》(*Plaisir d'amour*)。——译注

② 《物性论》(*De la nature*)，第四卷，第1030至1208行，由若泽·卡尼-蒂尔潘(José Kany-Turpin)译自拉丁文，加尼耶-弗拉马里翁(Garnier-Flammarion)出版社。

是安宁。饥肠辘辘的人把一盘蚕豆一扫而光,便是满足。而爱情却并非如此,它是古希腊神话中危言耸听的酷刑。就像是坦塔罗斯①的传说,口渴了低下身子喝水,却只能眼看着水消失在土里。即使一个男人"占有"了自己的所爱之人,内心深处折磨着他的担忧并不会因此减轻。性爱和情感里的纷纷扰扰只会让原本绑住恋人的结越来越紧,恋人们只会越来越被束缚。"只有在这件事上,我们占有的越多,失望就会把我们的心烧得越痛",卢克莱修写下了如此意味深长的一句话。

在这位诗人笔下,爱情被描绘成了无止境的贪婪。这种想吞噬对方的占有欲不禁让人将卢克莱修与在痛苦中寻找性爱乐趣的萨德侯爵②联想到一起。恋人的眼睛"无法满足于互相观赏,他们的手也痛恨于无法从这美妙的身体上扯下点东西占为己有;于是他们犹豫不定地任意身体四处游荡"。他们进入彼此的身体,"他们的唾液相融,唇唇相拥,齿齿相依,两两供氧,却也只能枉然一场。既不能真的扯下点东西,也不

---

① 坦塔罗斯(Tantale),希腊神话中的宙斯之子。因泄露天机,烹杀了儿子珀罗普斯,请众神赴宴,以考验他们是否真的通晓一切,宙斯震怒,罚他永世站在有果树的水中,水深及下巴,口渴想喝水时水即减退,腹饥要吃果子时树枝即升高。——译注

② 萨德侯爵(Marquis de Sade, 1740—1814),法国哲学家、作家,一生执着于性爱与暴力。——译注

能完全地钻到对方的身体里"。卢克莱修的词组似乎有些混乱,词语也像军人般粗鲁。他要描述的身体是一副真真实实的、终将化为黄土的血肉之躯。男人的精液如同伤口里的血一样喷射出来,朝着"那具用爱情来伤害他的身体"喷射。就这样,女人的身体被精液填满了,成为了一位被自己所招致的"红色液体"包围的"敌军"。

此外,性爱的激情必定与某种形式的恨相伴,卢克莱修补充道。肉体的快感是"不纯粹的",它是"藏着刺的,它刺激着人的破坏欲,不管是谁,精液都可以是愤怒的宣泄"。不管男人还是女人,没有人愿意可怜兮兮地依赖另一个人。恋人们对"吞噬着他们的隐秘伤口"毫无察觉,他们互相报复,折磨给自己带来痛苦的那个人,以此补偿自己在背后忍受的痛苦。于此,我们触及到了放弃激情式爱情的第一个理由。不管爱情多么美妙,只要是混杂了他人意愿的快乐,便与古希腊圣贤所向往的自给自足的完美状态相违背,这种状态是伊壁鸠鲁学派,甚至他们的对手斯多葛派都极力维护的。倘若把幸福押在别人的任性上,或者将幸福随便托付给某个外界因素,那将没有人能拥有一份持久的幸福。

同时,从各个层面上说,被爱之人都是"无法进入的"。从生理的角度上讲,众所周知,肉体的融合是绝对不可能的。从心理的角度来看,情况则更糟。另一人的思想,哪怕在翻云覆雨之时,都是不透明、带有距离和潜在敌意的,即卢克莱修所描述的"冰冷的忧苦"①,这种忧苦可以随时俘虏恋人,即恋人永远无法完全确定自己的感情。"快乐的源头里涌现出一种不知名的苦涩,它甚至在鲜花丛中掐住了恋人的脖子,"卢克莱修写道,"美人模棱两可的一句话,会立马刺痛那颗疯狂的心,让他心急如焚;而每次的含情脉脉,或东张西望,或嘴角微笑的痕迹,又足以引燃怀疑的熊熊烈火。"如此结论或许足以告诫男人,切勿随便迷恋上某个女人。

爱情的坏秘密

然而,还有更糟糕的事,如果这一切都可以被理解的话。古希腊人认为,爱情不仅仅是外界的异化,从本质上来看,它本身就是无穷尽的,是一种无限的恶,并且极度"傲慢"。因此,爱情违背了古希腊智慧中的一条共同信仰:"拒绝一切极端",这也是古希腊"七贤"所极力追求的境界。爱情之苦,一旦染上,凭借简单的理性思考根本无法驱除。卢克莱修写道,"祸根会重新复活,并且钻地更深,愤怒也将会逐日增长"。普鲁斯特曾在《斯万的爱情》(*Un amour de Swann*)里比喻道,爱的痛苦会疯

---

① 拉丁语原文为"Frigida cura"。

狂地繁殖,然后无情地转移,不久后,便再也不属于"可操作"的范围。卢克莱修一直在寻找这种无穷无尽扩散的趋势的根源,最终,他找到了。恋人们之所以前仆后继、义无反顾地扑向对方,对他人的好心劝告不管不顾,甚至极其地"夸张做作",都是因为他们完全不知道爱情的坏秘密。这个比任何其他秘密都要藏得深的恐怖秘密就是:不存在爱慕的"完美偶像"。被爱之人只是想象中的优点所层层叠加的投影。美人身上每一寸肌肤的细胞似乎都直奔过来,冲击着情人的眼睛,情人开始自导自演一个故事,在心中塑造出一位女神,她浑身都充满着诱惑,呼唤着他去探索。我们或许可以这样说,公元前一世纪,卢克莱修就已经发现了司汤达的"结晶"理论。

1822年,司汤达在《论爱情》(*De l'amour*)中写道,我们在萨尔茨堡(Salzbourg)的盐矿里扔进光秃秃的枯树枝,几个月以后再将其取出,发现树枝上结满了钻石般闪耀的晶石,我们便会忘记最初放进去的只是不起眼的树枝。这位小说家总结道,"我所称之为'结晶'的事物,是指思维的加工,是从所爱之人的整体表现中抽取一些新的完美印象"。同样地,我们在《物性论》中看到卢克莱修乐此不疲地列举出男人被爱情蒙蔽住双眼的诸多实例,男人可以将种种幻想的美德贴在一个只用了一天就牢牢套住他的女人身上。"皮肤黝黑,却像蜜般温暖;又脏又臭,却十分自然;一双蓝眼睛,便是帕拉斯(Pallas);

焦躁又冷漠,像只小羚羊;她若身材矮小,那也仿若美惠女神①,秀色可餐、引人垂涎,她若身材高挑,那就是无比高贵的仙女;她口齿结巴,讲起话来就是喃喃细语,沉默之时让人备感谦逊;叽叽喳喳的泼妇如一团热情的火焰;让人日渐消淡的事情也成了小幸福"等等。现在我们明白了,莫里哀《恨世者》②中著名的片段其实是在重复卢克莱修的这段唠叨③。爱情是种种梦境的产物,是蒙蔽人心的海市蜃楼。爱情生来便与想象力紧密相关,爱情的魔鬼机器一旦发动,便无法被现实束缚。说到底,激情式的爱情是无法接受被揭穿的,它想要被肯定,爱情强大力量里的矛盾就藏于此。

另外,爱情在本质上就是一种谎言癖,那种引人误解的夸张说法如幽灵般跟随着爱情,但这些谎言甚至都无法向自己

---

① 美惠三女神(Les trois Grâces)分别是光辉女神阿格莱亚(Aglaia),激励女神塔利亚(Thalia),欢乐女神欧佛洛绪涅(Euphrosyne),在希腊神话中,她们是体现人生全部美好的美惠女神。——译注

② 《恨世者》(*Misanthrope*),或译为《愤世嫉俗》,是莫里哀于1666年创作的一部喜剧作品。它以整个贵族社会为讽刺对象,揭露了贵族阶级的腐朽堕落以及贵族社会内部自私虚伪、勾心斗角的情景。——译注

③ 《恨世者》,第二章,第四幕,第710至730行。"爱情,于普通人来说,很少会符合那些规则。我们常常看见恋人们炫耀自己的选择;但他们的疯狂永远不认为这有什么错的地方,被爱之人对其而言什么都是好的……面色苍白,就好比是洁白的山茶花;深色的皮肤,就很是可爱活泼;瘦弱之人,那就是纤细身材;肥硕之人,便是威武庄严;即使满身脏垢、毫无魅力可言,也会被冠以"被忽略的美丽";身材高大,就会成为高贵的女神;身材矮小,也是全宇宙最美的精灵。"

解释清楚,为什么爱情自古以来吸引着人类。为什么每个人都前仆后继地跳进如此野蛮的异变之中?为什么所有人,无论年龄大小,都依然向往"灵魂伴侣"的传说,哪怕过去受尽了坎坷,未来又有可能荆棘载途?于此,卢克莱修给出了一条意味深长的解释①:一个普通男人,只要能让女人感受到源源不断的幸福,便可轻而易举地证明自己存在的意义。对于男人而言,占有另外一个存在,如同获得了一个王朝的统治权,他刻意避开了哲学思考的痛苦,尽管只有它才能使其获得长久的幸福。精神上的惰性、对独自处理和承担个人自由的恐惧,对于心甘情愿成为爱情奴隶的人来说,这似乎是最好的解释。在爱情里无惧死亡的人或许也会失去存在的理由。

性爱的救赎

在粗暴地给出结论过后,接下来便是治疗时间。准确来说,是不存在解药的,至少爱情发生时是真的没有。因此,卢克莱修竭力主张要防患于未然,"与从爱情中抽身相比,避免落入爱情陷阱则容易很多"。首先,睁开眼看清楚。一定要反

---

① 参见让·萨朗(Jean Salem)在个人著作中的解释,《卢克莱修与美学》(*Lucrèce et l'éthique*),弗兰出版社,1990年,第五章。

复回忆所爱的那个她真实拥有的"生理和心理缺点"。切记,要不断地并且永远地重复:"她就是唯一?没有她,我们还不是活下来了?"换句话说,就是要给一个硅胶做的假腿包上尽可能多的安全绷带。但事实上,如此不起眼的细绳怎能捆绑住激情?于是,"崇高的卢克莱修"——《爱的艺术》的作者奥维德是这么称呼他的——便又开出了一个剂量更猛的激进药方。而他提出的一系列方法,绝对可以让向往玫瑰、气球、巧克力等罗曼蒂克的人气得跳脚。因为过度的爱情会招致数不清的痛苦,所以很有必要永远地放弃它。甚至必须要这么做。于是卢克莱修又建议道,一定不要忘了"积攒许久的精液一定要射在除了一心所想的女人之外的任意一个女人身上,一定不要留着,也不要献给同一份爱情"。简而言之,男人不要把精液全留给所谓的"唯一",也不要只为一个女人而勃起。要全方位地尝试多种爱情,去放荡地爱。不管是一夜激情,还是酒席散后的狂欢,还是爱德角(Cap-d'Agde)沙滩①上的躶体盛宴,都切勿过多地投入真心。用卢克莱修的话来说,要追随流浪的维纳斯。用柏拉图时期希腊人的话来说,要追随"骑着羊的阿佛洛狄忒"②。总而言之,什么都比把这位罗马诗人吓

---

① 爱德角沙滩位于法国南部的地中海小镇,是全世界最大的裸体主义者聚集地之一。——译注
② 希腊时期,骑着羊的爱神,象征着低俗的性爱。——译注

得直哆嗦的"冰冷的忧苦"要好。

卢克莱修还建议"用新的伤口消除曾经的伤痛",一定不要犹豫将"新的爱情当成猎取和重温旧乐的工具"。我们不得不说,面对爱情的打击,于卢克莱修而言,就是要不择手段。而同样在面对精神混乱的风险,面对内心安宁被扰乱的威胁时,信仰斯多葛派的马可·奥勒留①则是坚定地选择另一种截然相反的方法。对于卢克莱修而言,爱的激情主要源自于一系列错误的判断;为了摆脱爱情的痛苦,这位伊壁鸠鲁学派诗人建议所有人化身为色情狂魔,放纵自我。相反的,马可·奥勒留选择从精神上进行治疗,他在《沉思录》中建议读者经常看可刺激性欲的"躶体"。说到底,性交到底是什么?"带有粘液抽搐和喷射的一次腹部摩擦运动",仅此而已。这位罗马皇帝认为,他这个思忖良久的观点应该足以让所有人对爱情犯恶心了。

反纵欲的伊壁鸠鲁

身为一名伊壁鸠鲁派的游击战士,卢克莱修是无法开出

---

① 马可·奥勒留(Marcus Aurelius,121—180),罗马帝国五贤帝时代最后一个皇帝,于 161 年至 180 年在位,其统治时期被认为是罗马黄金时代的标志。同时他也是著名的斯多葛派哲学家,人称"哲人王",有以希腊文写成的著作《沉思录》传世。——译注

此类精神药方的,但他已经悄悄地毁坏了爱情的名誉,于是基督教也紧随其后对爱情加以诋毁。卢克莱修在《物性论》中写道,"躲避爱情,丝毫不意味着失去了来自维纳斯的快乐,相反地,这是不花任何代价地享受快乐"。他的导师伊壁鸠鲁也曾在第八条格言中肯定道,"没有一种快乐本身是恶的",只有制造的混乱比幸福更多的情感才需要被驱逐。于是,卢克莱修更近一步,他建议放下所有身段、全身心地投入性爱的快乐之中,这样才能避免染上稳定型爱情带来的毒或者被爱情中"嫉妒的秃鹫①"生吞活剥。卢克莱修打着治愈伤痛的旗号,化身为了歌颂生殖器快感的抒情诗人,这真的是对伊壁鸠鲁的学说忠诚不仁? 随着时间的流逝,学说的本身意义也在不断流转,粗略看来,毫无疑问,二者大致相同。但若从学说的最初意义来看,则有待争议。

若认为在伊壁鸠鲁学派中读到了一种对"毫无束缚的享受"的追求,那便是对伊壁鸠鲁学说相当大的误解。面对千千万万的恶意诽谤者,这位最受诋毁和批判的古希腊哲学家——伊壁鸠鲁,一直都反复强调,生活的快乐并不来自于"酗酒、无日无夜的盛宴抑或男欢女爱的高潮"。快乐竟然成为了评判事物好坏的标准,这就是与柏拉图相比,伊壁鸠鲁所

---

① 《物性论》第三卷中的说法。

带来的伟大革命。"当道德不能带来快乐时,我便对这种道德以及我们对它的空洞赞美嗤之以鼻。"然而这丝毫不意味着卢克莱修建议大家像猪①一样地生活和思考。在著名的《致美诺西斯的信》中,伊壁鸠鲁义正辞严地提出要反对无节制的生活。他对不同类型的欲望进行了严格的分类,从中划归出唯一能让所有人都内心安宁乃至长久幸福的欲望。人类所拥有的自然并且必要的欲望,比如,吃饭、睡觉、保暖是无需压抑的;而非自然和非必要的欲望,比如,希望公司涨一下股票的分红、买一双普拉达的靴子是必须要驱除的;在这两类欲望之间,存在着一种自然的却非必要的欲望,比如,睡个懒觉,品尝更为精致的美酒,拥有性生活——这种欲望是需要严格控制的。

显而易见,性爱的乐趣被伊壁鸠鲁划分在了最后一个类型中,一种混乱且不稳定的类型。尽管此类欲望属于自然欲望,但即使人一辈子不享受,也不会死。性爱并不"健康",尽管有人在性爱上大张其词。然而,与柏拉图《斐德罗篇》中彻底的禁欲主义相比,这里没有提出任何一条有效的论据来拒绝性爱,也没有任何可接受的理由去疯狂驱除性爱,即使人不需要靠性爱活下去。相反地,当性爱成为了必要的欲望时,它

---

① 猪,纵欲者的象征。——译注

将一直躁动不安,成为一种具有绝对威胁的困扰。因此,伊壁鸠鲁派的哲学家们都不愿坠入情网,更不会步入婚姻,除非一些"特殊情况",第欧根尼·拉尔修[1]转述道。他们顶多会去采摘那些不请自来的"生活玫瑰",比如婀娜多姿的高等妓女和裙裳轻薄的献身者,折磨这些美人时,也无需为自己霸道地享受快感找借口。

迈特罗多鲁斯[2],伊壁鸠鲁的"左膀右臂"、"哲学花园"[3]中最好的朋友,在写给一位深受性欲困扰的青少年的一封信中写道:"你对我说,身体中如针扎般的欲望迫使你肆意糟蹋爱情的乐趣。但如果你不触碰法律,也不违背既有的道德观,如果你不影响任何邻居,如果这对你来说并不是过度消耗精力,并且丝毫算不上浪费财富,那就服从欲望的支配吧。但记住,其中的一个障碍必定会将你阻拦:爱情的纵欲从来不曾对人有利,只有在其不祸害人的时候,乐趣才多。"

---

[1] 第欧根尼·拉尔修(法语:Diogène Laërce, 200—250),《名哲言行录》。书中对伊壁鸠鲁做了详细记载,也正因如此,其相关文字和格言才得以流传下来。

[2] 迈特罗多鲁斯(法语:Métrodore de Lampsaque, 公元前331—前278),古希腊伊壁鸠鲁学派哲学家之一,伊壁鸠鲁最得意的门生。——译注

[3] 哲学花园(Jardin)是一所由伊壁鸠鲁创建并在其中传授哲学的学校,面向所有人开放,旨在帮助所有人获得内心的安宁和幸福。——译注

卢克莱修的魔鬼

我们或许明白了,从严格意义上讲,卢克莱修并不是伊壁鸠鲁派的正统信徒。毋庸置疑,他对激情式爱情坚决的否定完全符合其导师的学说。他的分析不仅细腻入微,并且独出心裁地充满了一股诗意的力量。但另一方面,他自认为的治愈药方,其实更多来自于个人的一些幻想。伊壁鸠鲁颇为大胆的第三十句格言似乎已预想到,有朝一日会有人被自己这位鲁莽的罗马信徒提出的学说所诱惑,于是他提前警告世人:"若对肉欲快感的追求可以将人从对神明、死亡以及痛苦的恐惧中解放出来,若他们也因此体验到了欲望的极限……那么,我们也没有什么好指责他们的,因为他们的身体已完全被快感填满,将永不知何为悲伤、何为痛苦,更不知何为坏。"然而,在伊壁鸠鲁看来,这种情况是不太可能的[1]。他认为,过度纵欲无法从根本上摆脱欲望的困扰,反而会陷入"迷失"的状态,即希腊语中的"*Asôti*",意为"无法挽救的"。毋庸置疑,这和道德没有一点关系,因为伊壁鸠

---

[1] 参见《伊壁鸠鲁和他的学说》(*Epicure et son école*)一书,作者热纳维耶芙·罗迪-莱维(Geneviève Rodis-Lewis, 1918—2004),1975年,伽利玛出版社,第三章,"欲望的转调"(La modulation des désirs)。

鲁学派只追求快乐和无混沌的状态。原因很简单,因为性欲的放纵只会越陷越深,最终会因为陷得过深而毁掉正常生活。

因此,通过松开缰绳来驯服性欲是一件无法确定的事,卢克莱修就是这么想的。和欲望博弈,就像与狡猾的魔鬼面对面地在转盘前下赌注,肖代洛·德·拉克洛也如此建议道。《危险的关系》中的故事就是一个活生生的例子。即使最冷酷无情的瓦尔蒙①,一个经验最丰富的好色之徒,一位玩弄女人于股掌的情场老手,也终究躲不掉眼睁睁看着爱情里的嫉妒秃鹫朝自己扑来。小胡伯特·塞尔比(Hubert Selby Jr)的小说《魔鬼》(*The Demon*)也以自己的方式向读者展示了同样的爱情悲剧。这本出版于1976年的小说成为了这位美国作家的代表作。男主人公哈利·怀特(Harry White)是一名年轻有为的商业奇才,同时也是一位玩世不恭的引诱者,他在爱情的战场里盘算着一切,从未动过真情。他最喜欢的猎物是什

---

① 《危险的关系》中的主要人物之一。热尔库伯爵是梅特伊夫人的情人,但将娶十五岁的贵族少女塞西尔为妻。梅特伊夫人决定毁掉塞西尔以夺回所爱,便挑唆旧情人瓦尔蒙引诱塞西尔,使其失身从而身败名裂。而瓦尔蒙却认为这样太缺乏刺激,他不仅引诱了纯洁的塞西尔,还让素以贞节著称的都尔维尔夫人也投入了他的怀抱。不料,最终酿成了一场悲剧:瓦尔蒙真心爱上了都尔维尔夫人,梅特伊心生妒火让新情人当瑟尼替她报复,结果瓦尔蒙在与当瑟尼决斗时死于剑下,都尔维尔夫人伤心致死,梅特伊夫人也因此名誉扫地。——译注

么?已婚女人,玩弄并折磨她们。小说在一开始就毫不避讳地交代了他的放荡劣迹①,因为跟这些已婚女人在一起,将来与其中某一个女人共同生活的可能性就会很小。主人公的"唐璜式"爱情策略是为了保全个人的自由,但随着故事的发展,塞尔比向读者表明,这种策略难免会陷入极端的变态之中。哈利的强迫症日益严重。他本希望逃避爱情中的被动地位,但不久之后却转变为了无法控制的性瘾。婚姻没有给他带来任何改变,没过多久,我们又看到他在红灯区追着烂醉如泥的妓女们跑。再后来,他又患上了昏厥症,走上了自杀的不归路。在被西装革履的雅皮士②和五彩斑斓的家电广告充斥着的纽约,塞尔比再次重温了唐璜的悲剧和它的本质。对爱情的反抗,永远都是形而上的高难度挑战,它带来的自由也很容易沦为一种完全的束缚。

极端点讲,不谈爱的人会感到无聊。而无聊之人的灵魂

---

① "跟她们在一起很省事。当她们和哈利在一起时,她们很清楚什么不能做。不能一起吃晚饭,出去喝一杯也不行。更不可能有甜言蜜语……哈利拒绝任何形式的依赖、任性和胡闹。他想要的就是,当他想做爱的时候就将做;倘若不想了,微微一笑,再做个永别的手势,就可以马上走人。"

② 雅皮士是美国人根据嬉皮士(Hippies)仿造的一个新词,意思是"年轻的都市专业工作者"。雅皮士从事律师、医生、建筑师、计算机程序员、工商管理人员等需要受过高等教育才能胜任的职业,他们事业成功,踌躇满志,恃才傲物,生活奢华。——译注

和身体必然会走上最为下流的畸形之路①。因此,卢克莱修式的爱情挑战还是存在危险的,塞尔比笔下的现代社会中"被欲望控制"的形象就是很好的诠释。此外,这样的爱情挑战还是需要尊严的。在《物性论》第四卷中,我们清楚地看到了什么是古希腊人的勇气,他们不惜一切代价想要"内心的神"摆脱任何有害的、束缚人的情绪,摆脱对死亡、激情式爱情以及对无病呻吟的多愁善感的恐惧。于此,我们看到了古希腊人传授给后世信徒的一种高度的利己主义。面对生活的不测风云,与同时代人文主义的妥协共存相比,与他们纷杂扰乱的感情生活相比,坚如磐石的强硬态度似乎更得人心。在这位伊壁鸠鲁学派的智者看来,爱情是一种潜意识里的信仰,一种危险的迷信,必须要把它铲除。就像其他危险意识一样。这么看来,卢克莱修给爱情判下了无法翻身的罪名,这不仅是让人落泪的壮举,更是内心深处最高的孤独。

读到下面这两句残缺的诗时,希望各位读者不要感到不

---

① 此观点是陀思妥耶夫斯基小说《卡拉马佐夫兄弟》中的佐西马长老所说,而作者陀思妥耶夫斯基也是一名著名的"恶魔"研究专家。"尤其不要自欺欺人。那些对自己撒谎并且听信自己谎言的人,都会失去分辨是非的能力,既无法分清自己的是非,也无法分清别人的是非;因此,他们将失去自己对自己的尊重和他人对自己的尊重。他们也不会尊重任何人,因为他们不会再爱了;为了在没有爱情的情况下做点事情或者闭上嘴巴,他们会沉迷于最为肮脏的激情和快感之中;最终带着种种罪恶成为禽兽不如之人,而这一切也都归咎于他们最初对自己、对他人的欺骗。"

适。爱情,远远不是伊壁鸠鲁想要的阳光普照的安宁,它就是一个四处搜寻猎物的巨大厄运。这句话来自于英年早逝的马塞尔·施沃布①——作家博尔赫斯②的启蒙者——献给神秘的卢克莱修的书《假想人生》③。在这本书中,这位罗马诗人的童年被假想为"生活在大山深处一栋高大宅院漆黑走廊的阴影中"。随后,卢克莱修前往罗马学习辩论,学成归来之时,这位年轻小伙子带回了一个"非洲女人,她美丽却蛮横,甚至心狠手辣"。卢克莱修很爱她,于是不久之后便在"那团拆散情人的肆意飘散又黯淡无光的迷雾"中磕磕碰碰,受尽情伤。他开始在装满书的大厅里游荡,于偶然一日发现了几张关于伊壁鸠鲁的莎草纸。就这样,他开始明白对死亡的担忧是"尘世间最无用的幻想",爱情不过"是因为身体内的某些原子想与其他原子融合而膨胀"产生的。从此以后,他便认定所谓的忧愁、爱情、死亡都不过是"空洞的画面,如此,我们只需用平静且封闭的空间来填补它们",于是他停止了哭泣,停止了对

---

① 马塞尔·施沃布(Marcel Schwob, 1867—1905),出身于书香门第的犹太家庭,法国作家、诗人、小说家。——译注
② 豪尔赫·路易斯·博尔赫斯(Jorge Louis Borges, 1899—1986),阿根廷作家、诗人、翻译家。他的作品涵盖多个文学范畴,包括短篇小说、短文、随笔小品、诗、文学评论、翻译文学,以隽永的文字和深刻的哲理见长。——译注
③ 马塞尔·施沃布,《假想人生》(*Vies imaginaires*),加尼耶-弗拉马里翁出版社,1896年。

爱情的渴望,停止了对死亡的恐惧。施沃布写道,这就是为什么某一天卢克莱修再次回到祖先留下的大宅子时,径直走向那位美丽的非洲女人的原因,而此时的她正在煮一种特殊的药。卢克莱修"拿起药水一饮而尽,随即便失去了理智,他忘记了莎草纸卷上的希腊文字。而神志不清的他,却第一次破天荒地明白了爱情;在辗转难眠的夜里,身中毒药的他,也明白了死亡"。这肯定都是文学家编的,哲学家们会这么说。

3

蒙田
进击的爱情

不渴的时候喝水和一直做爱,

夫人,这就是我们与其他牲畜的区别所在。

——博马舍(Beaumarchais),《费加罗的婚礼》

(*Le Mariage de Figaro*),1778 年

普鲁斯特说,真正的天堂就是我们失去的东西。在面对生命的转折点时,如生命的最后一晚,曾经坚持的信念才会开始动摇,悔恨和思念一并涌上心头,记忆深处藏匿的心思这才放松警惕,它们曾潜意识地决定了一个人过去的每一步,曾操控着他与周遭的关系,曾让他满怀冲动和千万思绪奔向他人。最后,我有好好地活过吗?我有好好地爱过吗?

如此宏大的问题来自于步入"晚年大道"的蒙田。1580

年,《随笔集》(*Essais*)①问世,八年之后,这位大师完成了第三卷的创作,毫无疑问,在这套独特的随笔系列中,第三卷最为优美动人,它曾引得纪德(Gide)潸然落泪,其中著名的第五章"论维吉尔的诗"(Sur des vers de Virgile)就是完全献给爱情的。他从未如此强烈地想要"完整地、全裸地"自我描绘,甚至再大胆一点,把最后一片遮羞的葡萄叶也扔掉。

蒙田没有表现出一丝得意,有时还会饶有兴致地引用拉丁文,绕着圈子,坦白了一切。他的性爱战绩——"一夜六次"!——,他的发挥失常,或他"急性子"里的"粗鲁欲望":论外相,他缺少气质,汗毛浓密得像只猴,光秃秃的头像颗蛋,身材横向宽阔又无奈腿短。在"力气活"这件事上,他的精力就像他不长也不粗的器官一样不持久。关于这件事,我们会看到他经常抱怨小学生在房子的外墙上胡乱画一些男性生殖器官,因为这些器官大小比例刚好,足以误导女人想入非非。要是蒙田看到我们现在由有着完美身材的演员拍摄的 X 级电影,会怎么想?他迷你尺寸带来的"小拇指"心结应该会受到一顿暴击。

因此,必须要信的是,蒙田真的算不上是美男子。尽管造

---

① 《随笔集》引文翻译拥有多个原文出处,并且经常被"现代化"。读者可参考伽利玛出版社的"七星文库"(Bibliothèque de La Pléiade),或罗贝尔·拉丰出版社(Robert Laffont)的"老书"(Bouquin)丛书。

物主赐予他"巨大的伤害",但这并不能阻挡蒙田早早就开始了一番杰出的引诱者事业。他甚至自称,"尚未到懂事开窍的年纪"就早已破处,"但日久年深,我实在是一点都想不起来了"。作为真诚信奉卢克莱修的信徒,他追随着流浪的维纳斯。在他的故乡加斯科涅(Gascogne),还是青少年的他就已沿着河畔追着磨坊主的老婆、放羊的女孩满地跑。后来在巴黎学习期间,他又沉醉于与妓女们的灯红酒绿,度过了人生中"最为放荡的季节",为此他受到父母的责难,继承家产的资格也被搁置一边。再后来,身为波尔多年轻的法官时,他继续收集猎物,去解放一下某些已婚女人,再找个玩伴一同探险,偶尔冒险玩一下妓女来满足对罗马美女的轻微癖好,可以肯定的是,即使在婚后很长一段时间内,蒙田都驰骋在这条放荡之路上,很是潇洒。他的挚友拉博埃西[①],作为追求隐忍的斯多葛派,曾指责蒙田放荡不羁的劣迹,把他与主动献身给苏格拉底的阿西比亚德相提并论。但是没有什么能够阻拦"我小老弟"的欲望,他如此戏谑地称呼自己发痒的根源。的确,"没有一个男人能比他的性交手段更加粗鲁了"。再看看蒙田改头

---

① 艾蒂安·德·拉博埃西(Etienne de La Boétie, 1530—1563),法国人文主义作家、诗人和哲学家,著有《论意志力的奴性》(*Discours de la servitude volontaire*)。由于英年早逝,挚友蒙田在《随笔集》中有对他的悼念篇章。——译注

换面后的生活,化身为人文主义者独自静居在书房,一副愁苦的模样。然而,这间书房不仅欢迎刻在柱子上的警世名言,也包括挂在墙上的马尔斯和维纳斯的爱情油画。

无奈肾结石日夜折磨着他,对蒙田而言,"世上只有性爱才能让他成为男人",可当时的他却遭受着人生中最真切的生存危机,而它早已通过第一次的早泄发出了警告。干柴烈火的激情在咄咄逼人的岁月面前也只好奄奄一息地冷却,曾经美妙绝伦的性爱之乐永远地敲响了丧钟,那可是其他人一辈子都不曾有过的体验。现实摆在那:尿失禁,并且无法勃起。对于蒙田来说,真是"一团熊熊烈火"憋在心中,令人恼怒,他坦白道"其他任何激情都不能让他如此屏息凝神地去爱"。

毫无疑问,正是在被剥夺了这种"亲密交易"带来的快乐之后,蒙田最终重新认识了这股对爱无限渴望的背后的力量。尽管内心仍然可以感受到火热的过去留下的点点温存,蒙田还是选择拿起艺术的羽毛笔,替代"叛逆的、残暴的"生殖器官,也正是这第五章的创作给了他重回女人卧室的信心。在"乌云密布、风雨交加"的日子里,回忆往事对于他来说就是一种"被丢在梦里"的"解药"。"我与世上的游戏作长久的告别:这是我们最后的拥抱。"这是他对女人,那些成为了他最好读者的女人们,表达的无限敬意,带着芭芭拉(Barbara)在情歌里吟唱的忧伤,"我最美的爱情,是你们"。

对尘世性爱的赞歌

让·斯塔罗宾斯基①在其杰作《运动中的蒙田》②中指出,"死亡的冲动释放了欲望发声的可能"。于此,我们清楚地看到蒙田所追求的享乐主义哲学中的核心悲剧色彩:死亡为生存赋予意义。人清楚地意识到生命的短暂,所以要尽可能地享受生活,"及时"去爱、去生活;"于我而言,我热爱生活,我耕耘生活,"蒙田在第三卷里写道,"哪怕是再小不过的乐子,只要我能碰到,就定不会错过。"可以肯定的是,这种想法也与他某次差点被送去见冥王哈迪斯的落马事件有关——毕竟他不相信有天堂。

于是,蒙田的性爱赞歌开始于对身体的重新重视、对宗教道德标准中某些忌讳的反对,因为这些条条框框实际以道德为幌子开启了一段新的性压抑时代。尼采曾说,"基督教让厄洛斯喝下了毒药:但他并没有死,而是活得更放荡了"。早于尼采

---

① 让·斯塔罗宾斯基(Jean Starobinski, 1920—2019),瑞士文学理论家、思想史研究专家,日内瓦大学文学与医学博士,著有《运动中的蒙田》(*Montaigne en mouvement*)。——译注

② 伽利玛出版社,1982年。

之前,蒙田就曾对这长达两千年之久的天主教式阉割进行了抗议。道德家认为放荡之人是牲畜。而蒙田看到的却是最真实的人性。肉体和灵魂紧密相连,这才是我们的生存状态。"即使坐在世上最尊贵的王位上,也只是坐在我们的屁股上而已。"他渴望"点化世人",冒着被他人侮辱、憎恨的风险,坚定自己的言论自由,他要说所有人都不敢说却又都在想的事。好奇心引得众人围观,"这是人人都拒绝的话题,但也是所有人都盯着看的中心",因为所有人都需要"互相交配"。于是,到底"什么样的妖魔鬼怪是在自己吓唬自己?人的快乐到底影响了谁?是谁抓着不幸不松手?"此外,我们"把使得我们能诞生于世的那一环节定义为粗鲁",这种看法本身就不粗鲁吗?

一个男人应该去"品味和咀嚼"造物主所赐予的肉体快乐。聪明之人都应该感谢上帝,因为这份快乐是"必要的、恰如其分的"①。同时,还应该将精神快乐和肉体快乐相结合,不然就只能是"愚蠢地"享受。蒙田甚至有些病态地习惯大半夜被人从睡梦中叫醒,以此享受立马倒头就睡的快感。只能让美丽的少妇获得精神快乐的哲学家,或者"为了骑马,还要给靴子再套一双鞋子"并且吹嘘自己"循规蹈矩"的哲学家,在嘲世者蒙田看来,都是可笑之人。至于那些卖弄文采的女学

---

① 《随笔集》第三卷,第13章。

者,那些故作清高的假正经女人,只愿意谈论性爱中"纯粹的精神智慧"却对其中真正的乐趣闭口不提的女人,也十分可笑。我们可曾见到过愿意用修长的美腿换取苏格拉底智慧的女人?

蒙田肯定道,哲学本身不会劝大家逃避身体本能的性欲望,只要适可而止就可以了。当阿里斯提波①被腼腆的年轻人看见自己进出于妓院时,他就是这么为自己辩解的:进妓院并没什么错,但待着不走就是罪恶了。我们知道,蒙田所追求的是一种听从自己内心"快乐的"智慧,所以爱情延伸的范围就更大了。此外,我们的道德荣辱观不也是相对的吗?蒙田在《随笔集》中丝毫不放过任何机会来证明这点,他在书中讲到,在某些遥远的国度里,越是不同寻常的行为越是被社会认可。在第一卷"论习惯"这一章中,作为一名淡定从容的怀疑论者,蒙田探讨了自由爱情、堕胎的权力、露阴癖以及某些部落通过集体滥交来庆祝新婚初夜等各种主题。

而他的探索有时竟带上了一丝性虐的色彩:"我迷恋伤口,也喜爱淤青伤痕,我迷恋锋利的刀伤,也喜爱骨肉里的挫伤。"火一碰到冰,就会摇曳不定。"肉欲之乐想要通过痛苦来变得

---

① 阿里斯提波(Aristippus,约公元前435—前350),古希腊居勒尼学派的创始人和主要代表,是快乐主义的支持者。——译注

更加刺激。煎炒烹炸、磕破擦伤后的性爱的确更为香甜。"关于此点,乔治·巴塔耶①也并非是一个观望的局外人,他曾肯定道,与跛脚的女人做爱肯定最为尽兴,因为她们不同常人的动作将会增加性爱的乐趣;他还补充道,这种女人的私处肯定最为紧致,因为其他部位的缺陷会使得私密部位吸取更多的养分!于是他亲身实践,然后声称得到了一些足以使人浮想联翩的性爱体验,从而误导众人此类性爱会带来更多的快感,尽管事实并非如此。蒙田属于"随性派"②,比压抑欲望的伊壁鸠鲁派或许好些,又和享乐主义差不多。这就是为什么尼采在后来将蒙田视为精神之父,他肯定道:"不管这样的一个男人到底写了什么,尘世间生活的乐趣的确因他而增加了。"

第一课:慢慢入醉

尽管贪念声色成了一种美德,但实战时还是得表现得像个艺术家。要学会挑逗欲望,让乐趣更持久。蒙田便是一位性爱

---

① 乔治·巴塔耶(Georges Bataille, 1897—1962),法国哲学家,被视为解构主义、后结构主义、后现代主义先驱。——译注

② 此观点由法国形而上学哲学研究专家马塞尔·孔什(Marcel Conche, 1922—),在《蒙田与乐趣》(*Montaigne et le Plaisir*)一文中提出,于1979年发表于《蒙田的国际友人简报》(*Bulletin de la société internationale des Amies de Montaigne*),第29—30期。

大师。"若有人问我爱情的第一步是什么,我会回答说,是学会慢慢来,甚至第二、第三步都是如此。"在蒙田看来,乐趣来自于猎艳,而非早早送死。他甚至厌恶高潮时的表情,因为这让爱情里最温柔的一刻出现了"一具沉重、凄厉又精神恍惚的尸体"。高潮被延缓了多久,就会在最后增加多少。"步骤越是复杂,越是层层递进,男人在最后一步得到的尊严和荣耀就越多。我们或许很开心能够进入蒙田的性爱大厦,但首先你得绕过柱子、穿过长廊,再路过几个趣味展厅,最后还要再绕几个圈。"在一个野蛮的时代里,他高歌性爱前戏。各种各样的前戏……不放过任何一根汗毛。每一次的语气,每一次的爱抚和撒娇,甚至连胡须都可以被他"用于战场",在温柔缠绵后,它总会残留几分来自"湿热"亲吻后的余香。同样,他也建议女人去学学如何"抬高身价",如何装模作样地假正经,如何在恰当时机撒谎,如何吊住男人"贪婪"的胃口。身为一个很快就卸下面具的男人,蒙田竟然在这里大肆吹嘘爱情里的遮遮掩掩或者层层阻碍。"通信的困难、惊喜背后的危险、次日醒来时的耻辱感,就好比是让滋味更加鲜美的酱料。"为了延续美食这个比喻,他补充道,"昂贵会使肉变得美味"。莱库古①曾下令,所有夫妻必

---

① 莱库古(Lycurgue,公元前 800—前 730),古希腊斯巴达的王族,是传说中斯巴达政治改革、斯巴达教育制度以及军事培训的创始人。——译注

须偷偷摸摸进行床事,真是一个好点子!那么可笑的便是,倘若没有"性幻想"的参与,性爱之事就只会成为一种"倒尿壶"般的乐趣。这样一来,人类的爱情便和动物的交配没有差别。正如柏拉图的观点,用他的话来说,我们只是上帝的玩具,是只能屈服于这股可笑冲动的牵线木偶。

那么,到底为什么,不管世界的哪个角落,性爱都被别人蔑视?此外,如果说它只是一种最为简单的生理功能,那么与其他功能相比,这一部位的器官带来的快乐不应该是绝对有限的吗?然而,正如莫里斯·梅洛-庞蒂①所说,"没有一种欲望只与身体有关,所有的欲望都会寻求在其之外的另一个欲望或另一种认可"②。这是一种在疲倦之后仍然存在的激情,"它永远都超出自己的范围",蒙田写道。这就是为什么得不到回应的欲望只能是一场枉然。"有些人认为这一切都和人的意志力有关,他们是有道理的。"此外,蒙田虽揭发了"那些只用一个屁股做爱的女人",但他绝非是一个自私的享受者。"想到我的身体不带任何爱意,就很恐怖。"他在文中举了一个在未经允许的情况下,从他人的身体里强行获得快感的残忍例子,即一个埃及人强奸了一具正在被填充香料的尸体,也就

---

① 莫里斯·梅洛-庞蒂(Maurice Merleau-Ponty, 1908—1961),法国著名哲学家,其思想深受胡塞尔和海德格尔影响。——译注
② 莫里斯·梅洛-庞蒂,《符号》(*Signes*),伽利玛出版社,1960。

是佩里安德①在去世的妻子身上获得快感的例子。爱情是一种"需要同种货币才能进行"的交易,它需要建立"关系和联络"。性爱之乐不仅来自自身的感受,同样也来自于他人的感受。它并不是慷慨相赠,"没有不劳而获的快乐"。"不带任何感情和意志力的做爱,像个小丑一样,这样的确能够全身而退,但也很可耻。"这种人也别期待"任何一个能够触碰或者实现美好灵魂的果实"。蒙田悲叹道,这是一种背叛,但他的时代却对此习以为常,司空见惯。于是,他预言女人们会在未来折磨男人,进行报复,或者像他提出的更好的主意那样,女人们将会时刻准备"游戏爱情",但却变得"心灰意冷,漠不关心,爱情也早已荡然无存"。无耻的寻乐者必将会为他们犯下的罪过接受惩罚,将会被女人们当成农场的苦力使用。

作为一位富有责任心并尊重他人的完美情人,蒙田以一副极具现代思想的姿态,对女性伴侣保持着真诚的敬意:"我唯恐将其冒犯,并发自内心地尊重心爱之人。这不仅仅只是因为爱情,而是不尊敬他人之人都会失去尊严。"他甚至承认,关于"调情",与自己被满足相比,给他人带来快感更能使他进入飘飘欲仙的温柔梦境之中。要像意大利高级交际花那样提

---

① 佩里安德(法语:Périandre,公元前665—前585),古希腊科林斯的第二任僭主,也是古希腊七贤之一。——译注

出要求,"为了您自己,让我快乐吧!"

掌控情绪

"直至今日,在爱情市场里,我从未放任自流:我享受于其中,却从未在其中迷失自我",会有一丝激情,但从不痴人说梦。爱情,对蒙田而言,不过是一次"清醒、鲜活且快乐的情绪波动"。此外,他丝毫没有感觉到任何的"混乱和愤怒",而是单纯地感到"浑身发热,甚至饥渴"。"但到此就该停止了:爱情只会毒害疯子。"什么,爱情里不能有疯狂!暂时的情绪失控也不行!"为你我蓦然回首"都不可以!激情的熊熊烈火去哪了,文学里所歌颂的特里斯坦(Tristan)、伊索尔德(Iseut)还有维纳斯,都去哪了?好吧,维纳斯,"全裸的时候并没么美"。而诗歌,往往都是用激动人心的词汇营造出"一种比爱情本身更加浓烈的爱意"。于是,有一句关于爱情的真理也只能是出自蒙田:"若不暴力,便违背了爱情的本质,若稳定长久,又违背了暴力的本质"。或用那句霸气十足的话来说,"没有丘比特,怎会有维纳斯"。但倘若坚持把丘比特看成一个背着小弓箭的人畜无害的小天使,那么爱情里显而易见的矛盾是否就不存在了?试图控制激情的哲学完全是一种悖论,说到底,都是为了获得最高掌控权的斗争。蒙田毫不避讳地坦白了激情给自己带来的苦恼,他甚至承认自己在整个青春里都一直遭受着诗人们所描写的各种类型的"狂热激情"。但也正是"一记记的鞭打"教会了他成长。

"他们的生活,"卢克莱修谈起恋爱中的男女时说道,"是在对方的任性中度过的。"①正是爱情里的这种被动地位让蒙田深感恐惧,他公开表示,一定要待在一种"量身定做"的空间里。不触碰个人的自由、独立、自主权的快乐才是好的。他在《随笔集》第一卷中写道,"世上最重要的事,就是学会做自己"。总而言之,正如斯蒂芬·茨威格②所说,"愿意听从他人,但只对自己付出"③,这就是蒙田所有作品中唯一不变的准则。于是,只有当爱情是一次自由的、发自内心的并且可以掌控的行动时,才是可以被接受的。但在这份夹杂着斯多葛主义色彩的信誓旦旦的爱情决心里,蒙田还是失败了。现实是,他的感情生活相当不幸。在硕果累累的猎艳名单上,没有任何一个名字抑或一段持久的感情会让人印象深刻。

---

① 卢克莱修,《物性论》,第四章,第 1122 行。
② 斯蒂芬·茨威格(Stefan Zweig,1881—1942),奥地利著名犹太裔作家。中短篇小说巨匠,擅长人物的心理分析,也著有多篇名人传记。——译注
③ 斯蒂芬·茨威格,《蒙田》,1941 年。

固若金汤的城堡

"尽可能地站得高点,与自由和冷漠并肩",蒙田厌恶被爱情里那股让人失控的力量玩弄。对他而言,在世界上"永恒的跷跷板"游戏里,唯一的保身之计就是待在旁边,紧紧地守住自己的心。他对爱情中的"心理间歇期"深恶痛绝,因为与他不听话的生理器官相比,这更难掌控,所以他拒绝在任何一段可能失败的感情里孤注一掷。所以就尽情享乐吧,忽略那位"肇事者",就像叔本华在后来所建议的那样。蒙田很少会嫉妒,因为他相信:嫉妒是"折磨人类灵魂的最无用的疾病"。这位大哲学家不允许"内心的城堡"——斯多葛派的比喻——出现任何一个缺口。或许,这能与那个年代里的混乱进行面对面的完美对抗,而关于体验最为热烈的感情这一方面,毫无疑问,也是比较令人遗憾的。然而,是否只是在法国历史上最为暴力的时代,在愚昧主义和鲜血横流的环境下,才会蔑视感情的羁绊呢? 我们或许会这么认为。但在我们的时代里,另一个平行世界——圣巴托洛缪大屠杀[①],2001年的911恐怖袭

---

① 圣巴托洛缪大屠杀是法国天主教暴徒针对国内新教徒胡格诺派的恐怖暴行,该事件成为法国宗教战争的转折点。——译注

击,宗教战争与善恶之争,瘟疫与艾滋——爱情同样在被虐待,被欺骗。正如弗洛伊德所说,只有我们在爱的时候,才会遭受最大的苦难。对于这位享乐主义者来说,要永远地躲避痛苦,但疾病却在一段时间内追赶着这位波尔多市长。

或许还要说明一下的是,蒙田是属于从小就没有母爱的孩子。几乎刚呱呱落地,蒙田就被送去别的家庭寄养;后来"小米修"①又从一个信奉天主教的奶妈怀抱转到了另一位德国家庭教师的手里;他6岁就在居耶那中学开始了寄宿生活。对蒙田而言,父亲皮埃尔·埃康②是"世上最好的父亲"。父亲出身于波尔多一个新近被封为贵族的商人世家,受伊拉斯谟的启发,决定对儿子进行严格又开放的教育。如果说父子关系其乐融融,那么相反地,蒙田和他的母亲——《随笔集》中最缺席的人物——之间,却是一场公开的战争。母亲安托瓦妮特·德·卢普(Antoinette de Louppes)是一个冷酷无情又斤斤计较的女人,她从来都不曾容忍身为长子的蒙田的风流韵事。于是这位泼辣的家庭主妇想尽一切办法说服丈夫剥夺蒙田的财产继承权。看到母子间的仇恨已根深蒂固,父亲皮埃

---

① 米修(Micheau)来自于蒙田全名 Michel de Montaigne 中的 Michel,是对蒙田的昵称。——译注
② 皮埃尔·埃康(Pierre Eyquem, 1495—1568),出生于蒙田城堡,1554—1556年任波尔多市长。——译注

尔不得不在遗嘱里规定好自己去世后母子二人共同居住城堡时的各种要求,甚至连两个人各自该走哪个楼梯都交代得一清二楚。尽管遗言如此谨慎周到,但母子二人仍然无法和谐相处。母亲后来离开了城堡,在波尔多度过晚年,一直活到了98岁,但在生命的最后一刻,她也不愿给孙女莱奥诺尔(Léonore)——蒙田唯一存活下来的孩子——留下一分一厘。

如此深恶痛绝的仇恨到底给一个人带来了多大的影响[1]?有些人认为[2],"母亲的憎恨"决定了蒙田的多愁善感以及后来与世孤立的生活。

高级友谊

尽管陷于保持忠诚的苦恼中,蒙田还是选择了一条多情的放荡之路。而与他共同分享这份喜悦的却是一个男人。艾蒂安·德·拉博埃西,他或许可以被称为蒙田的一生所爱。

---

[1] 参见文集《蒙田》,伽利玛出版社,"七星文库",2007 年。文中让·拉库蒂尔(Jean Lacouture)提出了这个问题。同时也可参考其著作《骑马的蒙田》(*Montaigne à cheval*),瑟伊出版社,1996 年。

[2] 米歇尔·阿·斯库其(Michael. A. Screech),《蒙田和忧伤》(*Montaigne et la mélanconie*),法国大学出版社(PUF),2002 年。这是一项十分出色的研究,它向读者对比了蒙田易怒和多愁善感的性格与《随笔集》中所宣扬的克制的哲学之间的关系。

两人第一次相遇大概是在 1559 年,拉博埃西当时是一位著有《自愿奴役论》(*Discours de la servitude volontaire*)、年仅 28 岁的青年作家,蒙田当时 25 岁。前者只钟情于自己的妻子,后者却热爱所有女人。这两位分别是法学家和法官的年轻人,到底有没有在身体上享受过这份深厚的友谊,这份"三百年不遇"的幸运呢? 关于这个问题,由于《随笔集》所提供的信息少之又少,我们无法定论。但很少人会因他们的关系联想到古希腊时期的同性恋情,"这恰是我们的道德观所深恶痛绝的",人们对此的批评仅限于爱人与被爱人之间的年龄差。总而言之,关键在于,正是与拉博埃西在一起时,蒙田才体验到了一种灵魂深处几乎"天衣无缝"的契合与共鸣。在《论友谊》(*De l'amitié*)篇中,蒙田几乎以一种激情式爱情的悲剧口吻,向读者讲述了他与拉博埃西的关系。在波尔多议会某次晚宴上的一见钟情,"或许是上帝的旨意",是"一种难以说清却又致命的力量"。这是一种"神圣的关系":"他比任何人都要懂我","直到我心里最深的角落"。不幸的是,拉博埃西患上痢疾,英年早逝,年仅 32 岁就永远地消失于人世。临死之前,他选择依偎在蒙田,而不是自己妻子的怀里。他留下了失魂落魄的蒙田——他的另一半灵魂,让他独自一人存活于世,于是蒙田又重新被丢弃在了"黑暗又苦闷的夜"里,回到了孤苦伶仃的生活。他深爱着拉博埃西,他的理由是坚定的,"因为是他,因为是我"。

随后,在短暂却又关键的四年里,关于人与外界的关系,蒙田锤炼出了属于自己的最为重要的思考,并将这些想法统统写进了《随笔集》。或许,倘若悲剧没有发生,《随笔集》也不可能存在,借用米歇尔·比托尔①的话来讲,《随笔集》象征着拉博埃西真正的"安息之墓"。通过《随笔集》,蒙田在那间装满了"爱的祭品"的书房里,与"最为温柔、最为珍贵和最为亲密"的友人再次倾心交谈。"只有他爱最真实的我,这已足够。这就是为什么我迫不及待地想暴露本性的原因。"

正如让·斯塔罗宾斯基所强调的,《随笔集》给了拉博埃西"永恒的"葬礼,毫无疑问,这将是他有限生命里的唯一一个永恒。对蒙田而言,这也是一种男女情色关系永远无法超越的、至高无上的友谊。

毫无疑问,爱情的火苗肯定"更加地活跃、炙热和激烈",但它也更加"轻率鲁莽和见异思迁",它是"人人都能得到的,并且是会贬值的"。情爱是不持久的,它永远也无法将我们带进"某个唯一的角落"。而友谊则相反,它被一种持久的、舒适的热情所包围。它稳定而可靠。无论如何,它永远是高级的,

---

① 米歇尔·比托尔,《关于〈随笔集〉的随笔》(*Essais sur les Essais*),伽利玛出版社,1968年。

它"终日翱翔于高高在上之处,轻蔑地俯视"着爱情,"看着爱情在它身下很远之处移动着脚爪"。它从来不向暴力的规则低头,也从不转向本身外的其他关系,不像婚姻在最后转变为了生殖繁衍,最真诚的友谊只与互相的选择、仰慕和给予有关。它实现了依赖他人和自由独立的完美结合。

女人们是否能维持这种深厚的情感交易呢?作为一位歧视女性者,蒙田提出了质疑。"她们那不够坚强的灵魂似乎不足以承担如此紧密、持久的情感羁绊"。话虽如此,蒙田还是退让了一步:如果说可以与弱势性别建立起高级的友谊,那么这必将是一种全身心投入的关系,灵魂和肉体将合二为一,成为人类完整性的完美状态。于是,爱情的欲望拥抱了古人们之间的友谊——"兄弟之情"(*Philia*)。但他很快恢复了冷静,"这样史无前例的性爱,还不能真正地到来"。

拒绝笼中爱情

想在婚姻中调节好爱情、友情和欲望三者之间的关系,这种如痴人说梦般的现代乌托邦幻想可能要被这位怀疑论主义者嘲笑了。在拉博埃西去世后的两年里,蒙田过着放浪形骸的日子,似乎忘记了失去挚友的悲痛,并且还选择了婚姻,哪怕在当时,婚姻里最大的不便就是"易进难出"。1565 年 9 月

22日,与父亲结婚时的年纪一样,32岁的蒙田迎娶了比自己小12岁的未来波尔多市长的女儿——弗朗索瓦丝·德·拉·沙塞涅①为妻。可以肯定的是,这段婚姻更多的是在父母的威胁下促成——不结婚便没有继承权——而并非出于个人意愿。蒙田曾说自己被"某些奇怪的状况"带进了婚姻,甚至还说如果当初坚持己见,或许就可以"躲过娶一个端庄贤惠的女人"了。"生性放荡如我,憎恶任何形式的羁绊和义务,我的性情并非如此适合婚姻。"蒙田,再一次在蠢蠢欲动的自由渴望和传统的家庭观之间备受折磨。

想要二者兼得,首先得完全保证感情是可以一分为二的。爱情是爱情,婚姻是婚姻。情妇住在市里,妻子住在城堡里。将二者混在一起,就是罪过了:其中任何一方都有可能因此变质。朱庇特(Jupiter)娶了仅有"露水情缘"的女人为妻,就是糟糕的结合。用一句十分精妙的比喻来讲,好比是"先在篮子里大便,然后又把篮子顶在了头上"。此外,影响两种关系并存的原因还源于一个双重阻碍:婚姻的要求和爱情的规律,爱情会使我们的心"只属于一人"。婚姻与爱情唯一的共同之处在于使人异化,对蒙田而言,这也是它

---

① 弗朗索瓦丝·德·拉·沙塞涅(Françoise de la Chassaigne, 1545—1602),出生于波尔多贵族家庭。——译注

们最主要的缺陷。显而易见,不可能在婚姻生活中找到幸福了。正如欧里庇得斯①在自己书房的顶上刻下的那句话,"我永远都不会认为婚姻带来的快乐比眼泪多"。

然而,一旦步入婚姻,再想反抗已为时过晚。因为我们必须要认真地遵守诺言,哪怕实际是在强迫自己。"结婚却不相亲相爱,这是一种欺骗。"因此,向来不轻易许诺的蒙田,便自然而然地吹嘘自己"极其仔细地研究了婚姻法规",因此既不会承诺婚姻,也不对其抱有希望。

面对婚姻的束缚,蒙田认为必须要学会管理好自己独立的自由,他在第一卷中写道,"要为自己保留一片完全属于自己的、不受任何约束的后仓库,在那里我们可以建立起自由,可以抽身而出,逃离到此,一人静处"。1571年,为了全身心投入诗歌研究,蒙田卖掉了议会的官职,然后搬进了距离妻子卧室五十米以外的塔楼里。独自一人居住在两室一厅带厨房的小城堡里的好处是:首先,他住在塔楼,肯定可以中断夫妻生活——唉,无人疼爱的弗朗索瓦丝!其次,他独自拥有一间书房,一个小礼堂,还有一间卧室,他十分享受"一个人安安稳稳地睡在硬地板上"。就像第欧根尼

---

① 欧里庇得斯(Euripide,公元前480—前406),与埃斯库罗斯、索福克勒斯并称为希腊三大悲剧大师。——译注

(Diogène)住在木桶里一样,蒙田在塔楼里一共待了二十年,中间因好几次特别有名的旅行而中断过。被派往意大利的外交任务——一次离开老婆和孩子十七个月之久的漫长旅行!——让他完美地从夫妻生活的监狱里逃出来。他在《意大利游记》(*Journal de voyage*)中写道,"我想睡就睡,想看书就看书,当一时的心血来潮把我带出门时,我总能找到一些女人来陪伴我,找到一些男人来聊天……"蒙田骄傲地坐在马背上,足不沾地,衣不沾泥,便可发号施令,他悠闲自在地对罗马和佛罗伦萨的美女评头论足,他单纯地感到快乐和自由。于是在最后,他甚至大胆妄言:"就算结婚,我们也无法把一个人绑在另一个人身上。"

弗朗索瓦丝或许嫁给了一个四处乱跑的"发情的兔子",她的床永远都是冰冷的。蒙田似乎很少去看望他的妻子。他们的朋友弗洛里蒙[①]曾十分肯定地说,蒙田从来都没有完整地看过他妻子一眼!然而大家一致认为她算得上是位"十足的美人",虽然性格清心寡欲,她还是为蒙田生了六个女儿,但除了莱奥诺尔,其他都早早夭折。

对于已婚的蒙田而言,性爱就是为了繁衍后代,它并不属

[①] 弗洛里蒙·德·雷蒙(Florimond de Rémond,1540—1601),法国历史学家,波尔多议会成员,曾写过多本关于法国天主教历史的著作。——译注

于能对婚姻起决定作用的"互相性服务"的范围。说到底,他在婚姻中看到了某些放荡的东西,甚至是乱伦。是某位母亲或妓女的风流韵事?在明智的婚姻交易里,"欲望的胃口不再那么疯狂",它会减弱变淡。尤其是一段好的婚姻,"倘若它在世上真实存在",都会成为"一种温馨的共同生活,它稳定牢固、充满信任,拥有无数个有益又可靠的帮助和互相性的义务:但凡尝过这种婚姻滋味的女人,再也不愿意当自己丈夫的情妇了"。爱情是以男欢女爱为基础,而婚姻则是以"实用性、合法性、体面性和稳定性为基础",这是一种"无聊又普遍的快乐"。所以,任何一位已婚妇女都会在焦躁苦恼之下成为包法利夫人。

男人与女人,同一场战役

蒙田真正的壮举在于,他彻底并且坦白地接受了女性的欲望这一事实。蒙田之所以常常夸大女性欲望里的暴力,最终是为了承认女人与男人的欲望在本质上是平等的。如果女人们与他人通奸时被当场发现,蒙田则建议她们这样为自己的错误辩解,女人和"各式各样、追求新潮的"男人一样,都有着一种共同的"癖好"。有时他甚至成了女权主义者,他肯定女人有权拒绝被大众强加于身的生活规则,因为这些规则是一群完全不考虑女人的男人独自定下来的。不仅如此,他还成为了女人的参谋,在《随笔集》第三卷里,他劝女人都尽可能地投入情人的怀抱,建议她稍微"保持谨慎和低调"就够了。只要表象是好的,犯错又有什么关系!于此,还有一些非常有效的办法:"不想丢掉良心的话,就把名字丢掉。"被人指责时又该怎么回答?"你们其中的每一个人都让别人戴了绿帽子。"此外,一件非常普遍的事实是,当我们蒙着眼睛质问伴侣的时候,的确不会感到那么痛苦。越不害怕被伴侣欺骗,我们越不会被欺骗伤得深。所以"眼瞎的女人和耳聋的男人才能组成好的婚姻"。当婚姻束缚着夫妻双方的自由时,正如社会和宗教所希望的那样,这份美丽的契约便成为了一只笼子,"笼外鸟想进来,笼中鸟想出去"。

蒙田为女性作出的难以置信的回击,我们甚至会以为是出自于波伏娃的《第二性》:"我会说雄性和雌性都是从一个模子里出来的,除了构造和用途,其他没什么大不同。""指责异性常常要比原谅异性容易得多。正如我们常说,五十步笑百步。"女权主义作家玛丽·德·古尔奈①,《论男人和女人的平

---

① 玛丽·德·古尔奈(Marie de Gournay, 1565—1645),《随笔集》第二卷第十七章"给干女儿"就是蒙田献给玛丽的礼物。她继承了蒙田的手稿,并在1595年出版了《随笔集》的修正版,把对手稿的修正都增加了进去。——译注

等》(*L'Egalité des hommes et des femmes*)(1622年)的作者,这话说得并没有错。

最后一场爱?

自学成才、精通拉丁文、性格极其坚忍独立的天才——玛丽·德·古尔奈为蒙田55岁的灰暗生活带来了"云雾"中的一线晴天。1588年,蒙田代表纳瓦拉国王①前往巴黎与亨利三世进行军事谈判时,结识了这位天资聪颖、年仅23岁的女孩,不久之后,她便成为了他口中的"干女儿"。玛丽虔诚地仰慕着《随笔集》的作者,当她在18岁第一次阅读这本书时就深深地被蒙田吸引了,由于这次与心心念念的男神竟然距离如此之近,她便寄给了蒙田一封赞美信,看完信后颇感兴趣的蒙田立即回复了一句最鼓励人心的话:"让我们明天相见。"在初次会晤后不久,蒙田前往皮卡第(Picardie)地区拜访一位女哲学家,与其进行了三个月之久的密切的精神交流。而在此期间,他从未间断过与玛丽的信件往来。尽管历史在后来不公平地把玛丽遗忘了,甚至把她丑化为一个赚死

---

① 即亨利四世,本名"亨利·德·波旁",纳瓦拉国王,继而成为法国国王,也是法国波旁王朝的创建者。——译注

人钱的老处女,但正是因为她,我们才有1595年出版的新版《随笔集》。蒙田去世后,玛丽花费了十五个月的时间与蒙田的遗孀和平地居住在城堡里,从而完成了对蒙田笔记的枯燥的整理工作。在新版《随笔集》的前言里,她这样形容她与蒙田的关系:当他赞美我时,我是拥有他的。和他在一起时的我和没有他的我,完全是两个人。他只陪伴了我四年,并不比陪伴拉博埃西的时间更长。"一个完美的对比,蒙田在自己的存在之初和存在之尾,能有幸分别有两位挚友相伴——或者是两次爱情?"她对我的爱肯定远远超出了对父亲般的爱,她陪伴着我的隐退和孤独,就像是我生命里最好的部分之一。在这世上,我的眼里只有她。"这份保存在《随笔集》第二卷中的誓言,或多或少,都代表着蒙田发自内心的、颤抖的、真实的坦白,这是"一种极其神圣的友谊",而这种友谊里,绝对的自由允许一个男人对一个女人拥有最深厚的依恋。或许蒙田已经完成了自己的目标,那就是"把现在的我们给堕掉,释放出我们的灵魂,要么用演讲将它唤醒,要么用别人的事迹将它唤醒,它要远远地超越普通"。但要获得绝对的自由,往往是拿着自由去押注的。

突然之间,蒙田,"在人生的这个钟头,格外温柔"。尽管身体每况愈下,挚友拉博埃西的逝去使他心如刀割,多年以来承受着痛苦,可蒙田仍然向往新的开始,面对爱情,甚至比以前任何时候都准备得更加充分。他在第三卷第五章中写道，如果拉博埃西仍活于世，"他肯定会提醒我，要时刻警惕、适当饮酒、保持优雅、照顾好自己；他会确保我从不失态，不让岁月畸形又可怜的鬼脸来摧毁我的面容；他会将我重新带回神圣又智慧的学习之中，这样我就可以更加受到他人的尊敬和喜爱，他会赶走我思想本身里的绝望，赶走我对思想的无用的绝望，然后将它恢复原位；他会带我远离无所事事的苍老岁月里的千丝烦恼，远离力不从心的身体里埋藏的万缕伤感；至少在梦里，他可以温暖我身体里被岁月抛弃的血液；他托着我的下巴，放飞我的思绪，延长正奔向毁灭之路的可怜的我所剩不多的生命精力和喜悦"。

在《墓外回忆录》(*Mémoires d'outre-tombe*)里，夏多布里昂(Chateaubriand)曾忍不住讽刺地嘲笑道，"我可怜的米歇尔，你讲的故事很美，但到了我们这个年纪，你瞧，爱情能带给我们的并不是你说的那样。我们只需要做一件事：老老实实地待在一旁"。

蒙田很清楚衰老会从我们这里剥夺什么，他早已提前回答了这一质疑："若不抱任何希望和欲望，我们将一文不值。"

或许是命运的捉弄，当蒙田刚刚意识到爱情里的高级力量，并承认这种力量不会成为生命的阻碍，反而会使自我走向丰富的时候，他却再也不能，哪怕是在去世后，体验到身体和灵魂的完美结合。他的身体被埋葬在波尔多斐扬修道院的礼堂里,而这位哲学家的心脏却被妻子弗朗索瓦丝安放在了圣米歇尔蒙田教堂里。他身心分离地去了彼世。

4

让-雅克·卢梭
浪漫主义的生与死

一旦你对爱情的定义足够理想,足够高贵,足够完美,那你无可救药了。从此以后,什么都无法满足你。

——米歇尔·韦勒贝克,《活着》(*Rester vivant*),1997

当今社会,随便哪本旅行社小册子都可以满足我们长久以来——出于惰性或媒体的宣传——所称为的"浪漫"。土著居民裹着裙布,拿着一篮子天然新鲜水果出门迎接情侣。在下龙湾①的落日里,他们手牵手,放松身心,尽情享受。倘若预算紧张,那就去近一点的阿加

---

① 下龙湾(la baie d'Along),位于越南东北部,颇受欧洲人欢迎的度假胜地。——译注

迪尔①。在世界的另一端看种植的椰子树林时,他们的身上有那么几分卢梭的气质。

接下来,便是众人皆知的镜头了。再次回到莫伯日②或者杜塞尔多夫③后,几个月前还在度蜜月的游客情侣,现在已在家摔盘子了。对于古希腊人来说,爱情——半神半人的精灵,始终是有保质期的。通常呢,是三年,到处都是这么写的,那肯定就是这样了。不久之后,便会在网上重逢,瞧,保尔(Paul)和薇吉妮(Virginie)再次举起了香槟,坐在了飞往安的列斯群岛的私人飞机上。当然,他们各自的"伴侣"都在时不时地更换,但这几乎是不值一提的小事。

最后,社会上那些很有想法的人明白了什么是浪漫的爱情:用来骗洗头妹的谎言。它是一种过分的执着,并且基本上来自于女人,一本藏起来的情色杂志就可以说明它的反面真相:一切都是性,剩下的都是伪装的温柔,是大型社会动物的欺骗。情况好的话,它可以暂时勾住对方的性欲,兴许还能生

---

① 阿加迪尔(Agadir),位于摩洛哥西南、大西洋沿海的海滨城市。阿加迪尔以沙滩、海鲜和冬季温暖而闻名,也因此成为北欧人冬季避寒的胜地。——译注
② 莫伯日(Maubeuge),法国北部-加来海峡大区北部省的一个市镇。——译注
③ 杜塞尔多夫(Düsseldorf),德国北莱茵-威斯特法伦州首府,位于莱茵河畔。——译注

一堆崽。情况糟糕的话,正如一位沮丧的马克思主义单身者所说,爱情还能带来各种各样的生意。从一块面包再到豪华游艇双人游的分期付款,都可以逼着一个"追求民主的男人"日夜奋斗。

被淹没的爱情乌托邦

需要花费一定的心思才能明白的一件事是:实际上,十八世纪末,浪漫主义是因反对资产阶级的形式主义而诞生。由于对追求自私自利的个人主义深恶痛绝,卢梭想再次找回情感的力量。他反对霍布斯(Hobbes)提出的"人类最大的敌人就是自己"这一观点,他希望建立起一种新型的个人与他人的关系,即带有骑士精神或具有升华意义的"典雅爱情"。为了反对当时正侵蚀欧洲的科学性和商业性的呆板生硬,一场解放运动——最原始的浪漫主义,便应运而生了。在这场抗争之中,爱情自然而然地成为了卢梭的客观盟友。

不可否认,爱情中有一股强大的力量。如果说这股力量足以引诱犯罪,那么它同样也可以带来最无私的伟大行为。单凭这股力量,我们就可以证明人类并不是一副只忙于算计利益抑或充满了现代社会所强加的各种细致入微的恐惧的骷骸架。兰波①曾写道,"啊,我们的骨骼又重新穿上了爱情的躯体",他认为,这副躯体不会整日为道德家所编造的情感小说做宣传。爱情里有一种东西可以击退死亡,即使是爱情带来了死亡。这就是这位浪漫主义思想者的观点。当世界因商业和科学正渐渐褪去色彩之时,有一人在绝望地努力让世界重新获得活力,他的名字众所皆知——让-雅克·卢梭。

艾伦·布鲁姆②曾写道,"一个瑞士人对一群法国人说他们一点都不懂爱情。让人惊讶的是,这群法国人居然相信了他,还称他为爱情大师"③。这位伟大的美国批评家于1992年去世,由于对现代社会中爱情的生死存亡持有保守的态度,他生前仍希望在卢梭身上找到某种极具现代意义的思想,从而再次点亮柏拉图式的爱情。他在生命中最后一篇随笔中写道,"棘手的爱情游戏里存在着一种文明开化的力量"。

对布鲁姆而言,想在当今社会做个"浪漫"的人,好比在妓

---

① 阿蒂尔·兰波(Arthur Rimbeaud, 1854—1891),法国著名诗人。受法国象征主义诗歌影响,是超现实主义诗歌的鼻祖。——译注

② 艾伦·布鲁姆(Allan Bloom, 1930—1992),美国政治哲学家,曾师从列奥·施特劳斯、科耶夫等人,被公认为施特劳斯学派第二代掌门人。——译注

③ 法文译本:艾伦·布鲁姆,《爱情和友谊》(*L'amour et l'amitié*),法卢瓦(De Fallois)出版社,1996年。

院里守贞。"这与气氛不和,也不被人支持。"作为列奥·施特劳斯①的资深信徒,布鲁姆总结出了如此伤感消极的结论,毫无疑问,他忘记了向后反踏也是会带来动力的。在二十世纪,除了纳博科夫②的《阿达》③,我们再也找不到其他任何一本歌唱爱情的小说。性器官的勃起不代表爱情,它只是生理反应。《茫茫黑夜漫游》(*Le Voyage au bout de la nuit*)中,鲁滨逊描绘了在血肉四溅的战争年代里爱情不得已才有的模样,可当今的我们却仿佛感同身受。

首先,就现代读者的阅读品味而言,《新爱洛伊丝》或许是大家最陌生的一本书。于此,也不会有一个人站出来否认。这本书到现在,到底还值得读吗?它已很难重现当时带来的极其震撼的文学冲击。我们必须再次强调的是,朱丽(Julie)与圣普乐(Saint-Preux)的爱情故事曾经让《新爱洛伊丝》成为

---

① 列奥·施特劳斯(Leo Strauss, 1899—1973),德裔美国政治哲学家,专事古典哲学研究,被认为是美国新保守主义的一个思想渊源。——译注

② 弗拉基米尔·弗拉基米罗维奇·纳博科夫(Vladimir Vladimirovich Nabokov, 1899—1977),俄裔美国作家,同时也是杰出的文体家、批评家、翻译家、诗人、教授以及鳞翅目昆虫学家。他在流亡时期创作了大量优秀的俄语小说,但真正使他成为享有世界级声誉伟大作家的是他用英语完成的《洛丽塔》。——译注

③ 《阿达》(*Ada*)是弗拉基米尔·纳博科夫的第六部英语小说,也是他整个创作生涯中最长的一部作品,讲述了一段同胞兄妹之间的不伦之恋。——译注

了文学历史上第一本畅销书。它在历史上取得的巨大成功不是当今的我们所能想象的。它曾拥有让人难以置信的辉煌灿烂,堪称空前绝后。1761年1月,这本书一问世几乎便家喻户晓,人手一本。从遥远的瑞典到巴黎的城郊,再穿过伦敦,穿过德国年轻思想"先锋"们聚集的沙龙,先于大家为怀特而叹息的十五年前,他们就已为朱丽落泪。整个欧洲都为这段爱情动容。从欧洲大陆的一端到另一端,不管是春心萌动的纯情少女,还是久经爱情战场的成熟男人,无不为之潸然泪下。

而如今,这份儿女情长似乎成了让人作呕的事。这对饱受艰难但骨子里仍然坚守高尚情操的情侣,似乎激怒着读者的每一处神经。女人的母性促使朱丽重回婚姻的正轨——她一心一意回到了"正统夫君"沃尔玛的枕边——即使已经和家庭教师发生了关系。这一切似乎显得可笑。整本小说所渲染的淳朴田园爱情也使人愈加反感。更不要提那一段段被强加在这对情人对话里的抽象空洞、如地下隧道般黑暗漫长、莫名其妙的台词。"婊子永远不会布道,攀炎附势的女仆成不了哲学家。"伏尔泰痛斥这本小说不堪入目,并且更糟的是竟然有一群读者为之喝彩。或许,这一反应与同行的嫉妒之心稍微有些关系,但伏尔泰的这一判决却深得人心。总而言之,安娜·卡列尼娜的卧轨自杀都要比楚楚动人的朱丽的慢性死亡要显得可信。至少,安娜在爱情里的执着还是会引起一些现代读者的共鸣。

到底发生了什么,这本书被贬低到了如此地步?我们看到一个梦想崩塌了,卢梭伟大的浪漫主义之梦崩塌了,他曾幻想将肉欲激情和天主教义放在一个纸糊的瑞士羊圈里调教。最终,他追求的一个和谐并且可控的爱情世界之梦被丢在了地上,这位埃尔芒翁维尔①城堡里的孤独漫步者放弃了他一直歌颂的"存在的温柔",对于一个充斥着核电站和虚拟游戏世界的新时代来讲,这份浪漫早已穷途末路。特里斯坦和伊索尔德的爱情,在如今瑞士沃州(Vaud)的资产阶级市民群体里恐怕找不到第二个版本;在一个大家都抢着雇佣同一个保姆的年代,没有人会幻想所谓的凄美绝伦的爱情故事。在现代社会的温柔里,有一种变质腐朽的东西。然而,卢梭也绝非天真之人,毫无疑问,他是第一个知道自己失败的人,他已预感到一个时代像一个人一样朝他走来,在这个时代里,爱情注定要存活于凄风苦雨之中。

而卢梭自己本身就因女人而时常在天堂和地狱间来回。

---

① 埃尔芒翁维尔(Ermononville),法国瓦兹省的一个市镇,属于桑利斯区南特伊勒奥杜安县。卢梭曾受友人邀请,在此居住了40多天,并于此逝世。——译注

但他却不曾公开表示出丁点的对爱情的狂热或激动。对他而言,激情是一种漫长的再教育,是再次对自己内心恐惧的克服。他疯狂的性行为已不胜枚举,他本人也在《忏悔录》中一一坦白,并且给与了证实。在 25 岁时,卢梭成为了瓦朗(Warens)夫人的情人,这位夫人是沙尔梅特(Charmettes)城堡①的主人,年纪也已足够当卢梭的母亲了,因此卢梭大多数时间都称她为"妈妈"。他曾以为瓦朗夫人是一位"面目可憎、笃信宗教的老太太",但在 1728 年的某一个棕榈主日②,亲眼见到瓦朗夫人时,却发现她有"一张风韵十足的面孔,一双温柔似水的蓝眼睛,光滑闪耀的皮肤以及迷人的胸部轮廓"。后来,卢梭笔下回忆的二人的往来便开始带有乱伦色彩,这也足以解释日后这份感情伤痛的深度。"我幸福过吗?没有,我只是品尝着快乐罢了。但这份快乐的魅力却一直被某种不知名又看不见的忧伤所毒害。"卢梭所体验的爱情快乐从来不是纯粹的,从不像柏拉图的希腊天空般清澈明朗。他一直在寻找一种对抗激情的解药,为此他贡献出了大半生的时光思考。

---

① 卢梭和瓦朗夫人曾于 1736 年至 1742 年在此同居,过着远离世俗、享受自然的日子,这段时间成了卢梭人生中最为幸福的时光。——译注
② 棕榈主日,是耶稣复活日的头一个主日(星期日),或称为"圣枝主日"。——译注

爱情,会传染的戏法

由于从未在人生中体验过一场刻骨铭心的伟大爱情,卢梭在《忏悔录》中这么写道,一个男人"不曾活过,就这样死去"。的确如此。但一旦陷入与女人的鱼水之欢无法自拔时,灾难便会逼近。卢梭的爱情观是最不"自然的",它夹杂着人为的干涉,充满着让人毛骨悚然的危险。《论人类不平等的起源》中那位裹着腰布的原始人,也并不比阿猫阿狗或豺狼虎豹更懂爱情。

所有女人于他而言都足够好。自尊心、性爱的竞争、爱情的排他性以及嫉妒心引起的巨大痛苦,所有这一切都与人的社会生活相关,并且根据卢梭的逻辑来看,它们都是一种畸形的胎记。事实上,在《爱弥儿》(*Emile*)一书中,卢梭所探讨的远远不止孩子的教育。在书中,他将性欲望描述成一种非自然的需求。他甚至提出,倘若让一个男人独自一人生活在一座孤岛上,完全能够一直活到死也不会有过一次性欲望。

严格意义上讲,卢梭与十七世纪的道德家一样,他们一致赞同爱情是一种人为的激情。正如拉罗什富科[①]写道,"有些人或

[①] 弗朗索瓦·德·拉罗什富科(François de La Rochefoucauld, 1613—1680),法国箴言作家、道德家,其著作《回忆录》最为出名。——译注

许永远都不会坠入爱河,如果他们从来都不曾听到别人谈情说爱"。爱情是一种可以传染给他人的力量。卢梭在《忏悔录》里肯定道,他是在听索菲·乌德托①动情地讲述她与情人圣-朗贝尔(Saint-Lambert)的故事时,才疯狂爱上了眼前这个女人的。爱情是一种肆意传染的社会病。上帝的选民们做出了爱情的选择,尽管这个决定看上去如此隐私,可事实上都被社会惯例控制着,都是跟风随众的结果。为什么我们都爱这一个女人?是因为其他人对她的欲望使这个女人成为了众人渴望的对象。

又或者,有时是因为一些较为虚伪的原因。说到底,爱情里的成与败,不可避免地诱惑着每一个人。要说爱情里可怕、激情、恐怖的一面,恐怕没有谁能比普鲁斯特笔下的斯万更有发言权了。众人所知,奥黛特·德·克雷西(Odette de Crécy)起初并不是斯万喜欢的"类型",她不过是一个有着一双忧郁眼神又平淡无奇的女人。直到某个晚上,斯万不得不在巴黎大街小巷的咖啡馆和饭店里四处寻找这个女人的时候,对失败的担忧竟然使他对这个起初在他看来再也普通不过的女人产生了深深又致命的迷恋。在这样的情况下,嫉妒本身的激动催生出了爱情,这就是悲观的卢梭主义者对爱情的一种纯粹的化学反应性解释。

---

① 索菲·乌德托(Sophie d'Houdetot, 1730—1813),法国贵妇,因与卢梭之间短暂却热烈的爱情风流史而备受世人瞩目,其与丈夫及情人圣-朗贝尔三人间持续多年的三角关系也十分出名。——译注

然而还存在更糟的观点,如果我们可以这么定义的话。以尼采的道德观来看,爱情与各种阴险黑暗的心理癖好紧密相关。所以,女人的回击便是将男人紧紧地禁锢在对她们的种种幻想之中。卢梭曾在《论人类不平等的起源》中隐晦地提出,"爱情里的道德只不过是一种人为设定的虚假情感",他写道,"它为服务社会而产生,女人们巧妙地、故意地去赞颂它,从而建立起她们自己的王国,从一个本应该服从的性别变成了统治者"。后来,当看到"欧洲夫人"们开始寻觅天真汉来作为满足自己额外性需求的奴隶时,叔本华便在文章中再次探讨了卢梭的这个观点,进而讽刺了一夫一妻制以及女人的背叛倾向。此外,女人在成为男人的情妇时恰好被称为"女主人"①,这算是一种无缘无故的巧合吗? 看来爱情也是具有政治性的,它夹杂着某些女性公会运动。

在《新爱洛伊丝》中,我们可以隐约地看到拉罗什富科的影子,书中朱丽引用了他另外一句著名的箴言,"没有人会觉得最初相爱相依而后来形同陌路是一种耻辱"。言外之意便是:对爱情的永恒承诺都是假的,昔日如梁间燕子般成双人对,如今也可以互相厌恶到憎恨,到头一场空,爱情什么都不是。"这是一本永远不会被好人欣赏的书",卢梭在书页的留白处评价道。

这本催人泪下的热销小说的第三章——华丽优美、富有

---

① 法语 maîtresse 既可指代情妇,又可指称"女主人"。——译注

韵律的十八世纪语言风格——延续了拉罗什富科黑暗又悲观的思想。"没有美貌支撑的爱情会逐渐褪色,岁月的冰块会熄灭爱情的火苗,自从万物诞生以来,还未曾见过白发苍苍的夫妻仍在为对方愁眉苦脸,叹息难过,"朱丽向略显窘迫的情人大胆控诉道,"所以我们要相信,或早或晚,我们都会停止相爱;然后,一旦曾经崇拜的完美形象被摧毁,我们便会互相看清对方。我们惊慌地寻找曾经深爱的那个人,却无法找到,而眼前剩下的一面,只能让我们更加愤怒,想象力曾带来了多少的装饰,今日就带来了多大的摧毁。"从如胶似漆到漠不关心,甚至到互相反感,到底怎样才能将爱情最后那段——从古至今便如此——艰辛旅程,说得稍微委婉动听些呢?

世上没有不夺人性命的爱情,没有不枯萎的爱情。在阿拉贡(Aragon)之前,卢梭就早已明白这点。在他看来,任何爱意都必然夹杂着担心和焦虑。所有的激情都是磨人的和被折磨的。说到底,最完美的状态就是学会忍受孤独。正如帕斯卡尔(Pascal)①追求的那种孑然一身的独居生活,

---

① 布莱兹·帕斯卡尔(Blaise Pascal, 1623—1662),法国著名数学家、物理学家、哲学家、散文家。继1654年末一次信仰上的神秘经历后,他离开数学和物理学,专注于沉思和神学与哲学写作。他是坚定的詹森教派信徒,其关于宗教论战之作《致外省人书》(*Lettres provinciales*)被奉为法文写作的典范,去世后,其所有笔记被编为了《思想录》。关于爱情,1652年著有《爱情中的激情》(*Les passions de l'amour*)。——译注

哪怕是在一些闲聊或娱乐的文章里,他都直接或间接地回避了爱情。①

《爱弥儿》中有一段对"超人类"的震撼人心的描写,其实在尼采之前,卢梭或许就已经成为了超人类的代表。空手道武术师的自我控制,阿索斯山中智者的节欲生活,两者结合起来就能够风驰电掣。他们拥有一切与放纵的性情毫不相关的高尚品质,因此注定与爱情无缘。如果在当今的年轻人中能找到这么一个人,"他的心灵、血液和品德都是纯净的,"卢梭写道,"那么在其30岁之时,他可碾压其他一切弱小的昆虫动物,成为主宰。"他甚至还补充道,"他或许会因为实在蔑视其他的人,从而根本不屑于屈身当他们的主人"。

显然,卢梭对斯多葛派自给自足的观点仍然念念不忘。但这也只能是不切实际的微弱念头,对于注定要生活在社会之中的人而言,确实无法成为一条可行之路。对卢梭本身而言更是如此,从《忏悔录》的第一卷开始,卢梭就戏称自己与一切易燃易爆的物品有关。"一出生,我的骨子里就流淌着放荡不羁的炙热血液。"

---

① "人类的所有不幸都源自于一件事,那就是不知道如何一个人待在房间里。"帕斯卡尔,《思想录》,"没有神的人类的不幸"(Misère de l'homme sans Dieu)。

爱情不会自己消失

要先走进爱情,才能走出爱情。用爱情本身的巨大力量去打磨它的钩爪锯牙,好比"是骡子是马,拉出来遛遛"。在失望地看清了爱情的种种现实后,卢梭产生了一种乌托邦的空想:这位悲观的"日内瓦公民"也因此成了"启蒙时期"的一位思想家,他认为——就像后来兰波在《地狱一季》(*Une saison en enfer*)中所写——"爱情需要被重新创造,我们都很清楚这点"。这就是卢梭用尽全力想做的事情,这一点在《爱弥儿》——不婚主义者及哲学家康德(Kant)最喜爱的书之一——结局中也表现得十分明显。

毫无疑问,爱的对象存在于想象之中,卢梭一直都在强调这点。尽管所爱的对象点燃了想象力的火焰,可带来的影响却十分真实。"爱情里的一切都是幻觉,我承认这点;但它给我们带来的感觉和情绪却真实存在,它使我们爱上了真正的美。这种美与我们所爱的对象没有任何关系,它是由我们的诸多错误产生的一部作品。啊!能怎么办?让他对想象中的心上人奉献更少的感情?让他收回那颗献给了心爱之人的高尚的心吗?还是让他不要再表现出人性的自卑?那个没准备好为情妇出生入死的真正情人在哪儿?一个愿意赴死的男人身上哪里会有淫荡下流的欲望?我们还在嘲笑中世纪的骑士!他们才懂得爱情,而我们只知道享乐纵欲。"

卢梭从不曾像卢克莱修——即使他是对卢梭的青春影响最大的思想家之一——也不像叔本华那样警示后世要想办法一劳永逸地挣脱出爱情的幻想。这如同是大海捞针,痴心妄想。即使是世上最风流薄情之人,也逃不了将来某一日在某个女人的裙摆下摇尾乞怜。如此坦诚的结论,可看出卢梭内心深处的诚实。

与其他的幻想破灭者不同,卢梭从来不曾主张用频繁的露水情缘式性交来消除固定关系中潜在的失望。相反地,他建议年轻人留下"一部震撼人心的作品,那里有荒淫过度后的恐惧,有一时被冲昏头脑的愚蠢,也有那些无法察觉的个人癖好,是它们让人生中的第一次混乱可以胡作非为"。每一次性爱都会留下痕迹。某些次肌肤之亲留下的不愉快感受——尤其是青少年时期的性爱初体验,卢梭认为是会影响终身的——甚至有可能决定着一个人的终身痛苦。

没有爱情的性就如同是奴隶贸易,这是教育家卢梭在《爱弥儿》中最为重要的忠告之一。失去敬意的性爱,将会带来一种扭曲变形的、充满谎言的、在责任和欲望之间左右为难的生活。从这点来看,成熟男人和处女的结局都一样。历史上曾出现过一种非常腐朽的观点,在某些年代里,除了做苦力的女仆,几乎所有女人都被禁止与年轻男子发生关系,当然,不包括那些被献上祭坛的女人。

梅特伊侯爵夫人[①]——卢梭的信徒

我们惊讶地发现,肖代洛·德·拉克洛竟然是卢梭的头号粉丝。当整个时代都沉浸在《新爱洛伊丝》的道德颂歌带来的兴奋和光明时,瓦尔蒙子爵和梅特伊夫人冷漠无情的性爱故事出现了。此时,若认为问世于1782年的《危险的关系》就是某个卡萨诺瓦[②]的风流韵事史,或者一场现代社会所追捧的不计后果的性爱"养身"游戏,那么它必定会遭遇历史的失败。

相反地,只有相信性爱会带来无法弥补的伤痛,相信性爱的"神圣"性,才能明白拉克洛小说中直至死亡的抗争。他们

---

① 梅特伊侯爵夫人(la marquise de Merteuil),《危险的关系》中的女主人公。故事发生在十八世纪的法国,宫廷内风气糜烂,道德沦丧。梅特伊侯爵夫人拥有高贵的社会地位以及亡夫留下的巨额财产,但却生活在一个传统男权社会,于是"为了给自己的性别报仇",她一边玩弄和欺骗男人,践行放荡的享乐主义,一边通过花言巧语与每个情人维持关系从而保全名誉。她与同样玩弄感情的男主人公瓦尔蒙子爵间复杂的感情较量是全书的中心内容和精彩之处。——译注

② 贾科莫·卡萨诺瓦(Giacomo Girolamo Casanova,1725—1798),极具传奇色彩的意大利冒险家、作家、"追寻女色的风流才子",许多人都会将卡萨诺瓦与拜伦的《唐璜》相提并论,因为他们在一生中同样拥有不计其数的伴侣。——译注

强行夺取他人的自尊,永不承认是自己主动在施虐:众所周知,游戏规则残忍无情。拉克洛之后便一直如此,如果需要提供证据来证明的话,那就是这些规则并没有受到当时天主教残留的道德标准的多大影响。尽管把"原罪"当成古董丢在了阁楼上,但性爱战场里的伤痛并没有因此结束——恰恰相反,我们更了解它了。

在消灭虾兵蟹将后,这两位令人生畏的终极选手,在小说的尾声进行了正面交锋。结局大家都知道:两人同时"Game over"(游戏失败)。但需要强调的是,瓦尔蒙子爵和梅尔特伊夫人的死是不一样的。对这个男人而言,他的死算得上是迟来的救赎。而对梅尔特伊夫人而言,在物理死亡之前,她经历的是名誉扫地、销声匿迹的社会死亡。男女主人公最后下场的差别,也是在向所有的女人敲响警钟。

我们可以很清楚地看到这本小说对卢梭主义的借鉴:无忧无虑的腐败的社交生活,被视为毁灭性的爱情或者救赎的爱情,太多共同的主题了……而最能将拉克洛与卢梭明显区分开的则是:拉克洛关于男性统治地位的大胆言论。事实上,《危险的关系》中的梅尔特伊夫人就是一位在"女性问题"的战场上光荣倒下的新生女战士。

1783年沙隆文学院曾提出这么一个问题,"什么是完善女性教育的完美方式",或许拉克洛回答这个问题时,会把女性的生存状况与殖民地的奴隶相比较。社会为了扭曲女性的发展，在其文化教育的路上铺设了太多的障碍。而反过来，一旦女人们隐约识破了自己正被禁锢在一个服从体制时，她们马上就会成为危险人物。事实上，正如这位勇敢的梅尔特伊夫人所证明的那样，十八世纪末还远不能成为一个女人不再需要用自己的生命去换取自由和性爱幸福的时代。

女人们在哪？

有太多的问题，或许卢梭永远都不会提及。爱弥儿，一个从小便与世间的丑陋隔绝，在大自然中长大的野孩子，他的家庭教师是如何给他挑选伴侣的？对于所有人来说，这是人生中最为重要，也最为棘手的一刻。爱弥儿的一生，将会是岁月静好，还是星落云散，都取决于此。在书中第五卷，完美的"另一半橙子"的形象几乎就像一个机器人，这也正是卢梭的本意。她相貌平平——因为美貌通常会给家庭带来不幸；但也算不上丑——还是需要保持在能避免丈夫以后偷吃的水平；不能是知识分子——理性又智慧的女人往往都桀骜不驯；但也不能太目不识丁——因为度过了前期活跃的生理冲动期后，维持夫妻感情只能靠交流和沟通的魅力。

女权主义者们都不喜欢卢梭。可以说，对卢梭深恶痛绝，群起而攻之。美国某些女权主义者甚至建议大学图书馆下架卢梭的作品。那位在卢梭书中名为索菲的女人,未满25岁,却早已俨然成了模范家庭主妇;显然,这一形象与解放"弱势性别"的宣传手册是不可能有任何交集的。但在她们眼里,更严重的事情则是:《社会契约论》(*Contrat social*)中,这位伟大的思想家把所有女人都排除在了政治生活之外。

一山容不下二虎,卢梭的确是这么想的。丈夫还是国家,必须二选一。那么这个事情便很好解决了。女人命中注定要为她的战士守在家里,搅搅菜汤,再给他的崽儿换洗尿布,不要提什么参加公民活动了。柏拉图在《理想国》里提议让女人和男人做同样的工作时,肯定猜不到自己会被卢梭狠骂一通,因为在后者看来,这"不可能不产生滥用权力的危险"。

首先,这位哲学家认为,一直以来,男女混居都是社会秩序混乱的根本原因。女人们在性爱里的贪得无厌——这也是卢梭一直念念不忘的性幻想,他在《忏悔录》中描述了主人公不计其数的射精行为——注定了她们是要被驯服,甚至"身心分离"的。比如让她们待在清真寺或公共厕所里。诸如此类的想法,竟然导致卢梭这位斯巴达体制①拥护者——在这一

---

① 斯巴达(Sparte)是古代希腊城邦之一,位于中拉哥尼亚平原的南部,埃夫罗塔斯河的西岸。斯巴达女性相对于其他古希腊城邦的女性而言拥有比较高的社会地位,按当时规定可以继承40%的家族财产。——译注

体制的公共事务方面,家庭妇女与男人拥有同等比例的决定权——主张实行歧视女性的男女隔绝制度。

然后,家庭中必须要有一个发言人。套着两副绳缰的马车不会跑得太快。更不要提经常不合时宜到来的月事会让女人们永远都有那么一段"无所事事的间断期"——这个事实也让卢梭感到恼火。最后并且最重要的是:丈夫对妻子的一举一动拥有绝对的监管权,因为他要"对自己的孩子放心";毫无疑问,他必须得保证自己就是他们的亲生父亲。

自古以来,人类社会存在一种担忧——在自家养了个敌人、野种或叛徒布鲁图斯①——迫使这位激进的民主思想家转而求助于"最强权力"②,而他在《社会契约论》中最为火光四射、勇敢无畏的精彩片段却证明了这种强权是一种荒谬的独裁体制。更让人咋舌的事情是,除去家境潦倒的原因,我们暂且假设是父亲这一身份深深地困扰了他,卢梭才将五个新生儿丢弃在了"孤儿院"里。

---

① 马尔库斯·尤利乌斯·布鲁图斯(拉丁语:Marcus Junius Brutus Caepio,公元前85—前42),又译布鲁图。他组织并参与了对凯撒的谋杀。凯撒的著名遗言是:"还有你,布鲁图斯?",看清布鲁图斯以后,凯撒便以衣袍遮面不再抵抗。布鲁图斯向罗马群众说明行刺的动机时,也留下了一句名言:"我爱凯撒,我更爱罗马。"——译注

② 卢梭的名言之一,"强者永远无法足够强大到成为永恒的主宰者,除非他知道将力量转为权力,将服从转为义务,那样,才算是最强权力……"——译注

在《致达朗贝尔的信》(*Lettre à d'Alembert*)①中,卢梭已提前为当今社会饱受争议的"遮面长袍"②投赞同票了。于此,叔本华也曾在《论女人》(*Essai sur les femmes*)中赞扬了卢梭。性情温柔的卢梭在信中狠狠地批判了自己时代里的那些热爱戏剧的女人,甚至称她们是一群堵住了剧院的聪明母猴。他肯定地写道,不管在哪里,自古以来,女人是否受尊敬都要看她们是否够谦虚。但欧洲却成了一个例外,在那里"最受尊敬的女人是制造噪音最多的女人",是会判断抉择、当机立断、决定自己甚至所有人价值的女人,即使她对既定的规矩一点都不懂。

卢梭将同一时代的"先进"女人置于难以描述的愤懑之中。他评论道,"男人们坚信的雄性自尊心受到了践踏,女人们也因这种可耻的模仿行为变得低贱,她们不仅侮辱了自己

---

① 达朗贝尔倡导在日内瓦开一个剧院,而热爱日内瓦的卢梭反对剧院。于是,1758年3月卢梭给达朗贝尔写了一封信,标题为《关于戏剧艺术致达朗贝尔的信》,实际上全标题是:《日内瓦公民让-雅克·卢梭致法兰西学院院士、巴黎皇家科学院院士、普鲁士皇家科学院院士、伦敦皇家科学院院士、瑞典皇家文学院院士、波伦亚院士达朗贝尔的信,论他在〈百科全书〉第九卷〈日内瓦〉一文中提出的在该城市建立剧院的建议》。卢梭的意义在于,期盼自己以一个"日内瓦公民"的身份对抗达朗贝尔所有的院士头衔,以反对戏剧在日内瓦的推广。——译注
② 2010年10月,法国颁布法令禁止在公共场所穿戴任何遮脸衣物。——译注

的性别,我们的性别也受到连累"。于此以及其他诸多方面,在卢梭看来,西方文明进程正在走下坡路。这是一种致命的倾向,并且他认为一切都为时已晚。正如这位瑞士预言家所言,不久之后,女人们用自己新建的王朝葬送了自己的前程。关于戏剧方面,卢梭早已为女人宣告了死亡书:"这些女人熟知男性掌握的知识,多亏了男性作者,才得以成为哲学家,用我们的才华来碾压我们的性别,那些愚蠢的男观众还虔诚地向女人们学习自己曾在课堂上传授给她们的知识。"

在如此残忍的字句里,我们再找不回那位《新爱洛伊丝》中戴着绒毛帽子,对女人彬彬有礼的绅士了。尽管如此,卢梭的这番言论却远不能决定女人的未来。从此以后,女人们就像是被蛊惑了般,乐此不疲地追捧着烈士花名册里的故事。第一批女权运动者,奥兰普·德·古热①或者斯塔尔夫人②,尽管都是卢梭的信徒,也都没有失去理智。面对社会对女人

---

① 奥兰普·德·古热(Olympe de Gouges, 1748—1793),原名玛丽·古兹,法国女权主义者、剧作家、政治活动家,其有关女权主义和废奴主义的作品拥有大量受众。作为民主的拥护者,德·古热一直寻求法国女性与男性的权利平等,在其作品《女性与女性公民权宣言》中,德·古热向男性权力和男女不平等的观念发出挑战。——译注

② 热尔梅娜·德·斯塔尔(Germaine de Staël, 1766—1817),以德·斯塔尔夫人而著名。法国小说家、随笔作者。祖籍瑞士法语区。《关于卢梭作品和性格的书信》(*Lettres sur les ouvrages et le caractère de Jean-Jacques Rousseau*)(1788)是其主要作品之一。——译注

在公共事务中的话语权和自主权的种种打压,女人们内心深处的不安正在发声。这种不安,需要我们尝试着去发现、去聆听,尤其在当今社会,它往往藏于重获自由的平静表面背后。

岌岌可危的爱情

说到底,卢梭最担心的是"斗争范围延伸"到性别本身之上。在他看来,倘若男人和女人停止成为双方的互补者,而转向成为竞争者,那么一场性别大战是在所难免的。卢梭很早就开始担心女人有朝一日会成为凶猛的母狼,而在其之后,一个越来越庞大的散文作者队伍也开始担忧"一家之母"①统治时代的到来,于是他们将女人的诉求定义为对社会秩序的根本性威胁。

关于此点,以及在其他诸多方面,这位日内瓦公民的思想都早已超出了他的时代。"我们正在走向一个危机的国家,一个革命的年代……"他在《爱弥儿》中写道。在他眼中,争取男女平等的运动正在进行。资产阶级男人们一心只顾着守住那

---

① 心理学专家米歇尔·施奈德(Michel Schneider, 1944—),《一家之母:政治生活的精神病理学》(*Big Mother. Psychopathologie de la vie politique*),奥迪勒·雅各布(Odile Jacob)出版社,2003年;《性别的混乱》(*La Confusion des sexes*),弗拉马里翁出版社,2007年。

丁点家产的时代要到了。在他们的旁边,是为了离婚自由权而斗争的女平民。在卢梭的眼里,她们就是带来世界末日的女骑士。

如果说在所有的政治思想作品中,卢梭都是在宣扬政治条件平等的话,那么他却没有在性别这一栏里做到公正。对他而言,这个范围内的平等就如同是给罪犯平等的权力。而这意味着,他否认了男人和女人之间现实存在的差异以及各自的优点,即使这是男人和女人之间可以或应该互相丰富的地方。正如阿里斯托芬在《会饮》中一边打着笑嗝一边揭露的那样,每个存在只有找到自己的"另一半"时,才能获得绝对的完整;但于此,卢梭选择将其视为一种文学创作。

在《爱弥儿》中,我们看到一套按性别划分的心理学。由于社会的限制,女人们必须要注意自己的贞洁名誉,所以她们的观察力和敏感力往往都超过男人。而另一方面,女人们善于社交并且在意外界看法的特征,对于男人或者小肚鸡肠的卢梭来说,都是让人鄙视的,尽管她们自己认为这是值得欣赏甚至值得培养的能力。事实上,男人与女人应该合二为一,"女人为眼,男人为手,互相依靠;女人向男人学习怎么思考,男人像女人学习怎么做事"。反之,"倘若两者永远互不来往,相互独立,那么人类将生活在永恒的混乱中,人类的社会也无法幸存"。

至于女人们在将来成为旅行社经理、外科医生或者牙医之时,社会到底会发生什么,毫无疑问,卢梭是不会回答这个问题的。因为在他的时代里,他还无法想象出如此难以接受的结局。但我们可以毫不费力地猜想出他能够预测到的未来。为了赶走寂寞的魔鬼,所有的社会原子将会被释放,在它们之间发生一次致命的碰撞。在整个欧洲,这将会是一次自杀式的家庭模式的解构。对于卢梭来说,女人的第一任务本应是照料自己生下来的孩子。但他认为,未来社会将会抛弃这一"小事",社会将在正道上越走越偏,最终走向衰败,重回兽性之中。

最终,挽救性别的差异,对卢梭而言就是拯救爱情的可能,或者说,挽救人类的本身。我们永远只会爱我们缺少的事物。也正因如此,卢梭——第一位以人类永恒的"不完美性"去质疑人类本质稳定性的哲学家——却对自己亲生的一窝崽儿视如敝屣,但人无完人,金无足赤。毫无疑问,人类的适应性也远远超出了他所预想的界限。本已形形色色的世界越来越变化无常。在这个世界里,我们看到了时尚大师卡尔·拉格斐①,看到了驾驶着战斗机的女飞行员。我们还在电影院

---

① 卡尔·拉格斐(Karl Lagerfeld,1933—2019),本名卡尔·奥托·拉格斐特,生于德国汉堡。拉格斐懂得英、法、德和意大利四国语言,是巴黎时尚设计师、艺术家,曾与许多时尚、艺术品牌合作,为知名意大利时装品牌芬迪与顶级法国女性时装品牌香奈儿的首席设计师。——译注

里看到了在爱情里欲火焚身的同性恋牛仔。

卢梭认为女性在本质上是稳定的,他认为"男人来自火星,女人来自金星"。但这份信仰似乎是在后来才逐渐形成的。事实上,他年轻时混乱的手稿揭露出了他另外一种大胆前卫的观点。时间还得追溯到1735年卢梭在沙尔梅特(Charmettes)的那段时间。那时的卢梭只有23岁。可以说,这应该是一份"小学生作业"。他在文中总结道,女人被男人的独裁统治剥夺了自由,男人成为了一切领域的主宰,获得了王冠、官职、工作、军队。"他们在第一时间靠着所谓的先天权力占领了一切,但我从来都没有明白,权力的背后除了雄性力量,还有其他什么。"这本女权手册歌颂着狄多①、圣女贞德和芝诺比娅②的形象,他俨然成为了这些女英雄们的特别秘书,

---

① 狄多(Didon),古迦太基女王,迦太基城的建立者。最使她出名的当属古罗马诗人维吉尔在《埃涅阿斯纪》中的记载:埃涅阿斯与狄多相爱,但因为要建立未来的罗马,埃涅阿斯不得不离开迦太基,狄多因此心碎自杀。——译注

② 芝诺比娅(法语:Zénobie,约240—?),曾与其子共同掌管巴尔米拉。在任期间,她与罗马当局对抗,并夺取了西到埃及的广大土地,甚至试图夺取安条克。272年,罗马皇帝奥勒良反攻并俘虏了芝诺比娅,在罗马的凯旋式上让她戴着金锁链以炫耀战功。关于她的死有许多不同的记载,或是病死的,或是绝食而死,或是被砍了头。在这些说法中,最乐观的一个版本则是:奥勒良对芝诺比娅动了恻隐之心,把自由还给了她,赐给她位于蒂沃利(今意大利共和国境内)的一处环境幽雅的住宅里安度晚年,而在那里,芝诺比娅成为一名罗马主妇、著名哲人和社会名流。——译注

最后他断言:"我再重复一次,相对而言,倘若我们的不公没有剥夺女人的自由,没有剥夺女人在大众面前展现自己的机会的话,她们或许能远远超越男人,成为无数个伟大的灵魂,或者伟大的道德爱情典范中的主人公。"

尽管"青春期的错误"很快就被纠正了,不管卢梭到底是什么样的人,要将其定义为一位粗俗的性别歧视者却仍然有失妥当。他与女人的关系从来都不简单,但他在别的方面是否较为单纯呢?一生下来,他的母亲就离开了人世。这是一位曾经流连于各种晚宴舞会的日内瓦美人,是一位被钟表匠丈夫的疼爱所宠溺的"一家之妇",没有人能知道如果这位母亲——苏珊·卢梭(Suzanne Rousseau)活下来的话,她的儿子又会发生什么①。驱之不散的罪恶感、母爱的缺失等都被拿去尝试解释卢梭身上数不清又奇怪的性别观点的根源。对于这位思想家来说,一张长沙发就能被常常想象为普洛克路斯忒斯之床②。在《忏悔录》中,这位作家的私人生活和文学创作间的交错叠合持续且明显地贯穿了全文。或许,除蒙田之

---

① 参见奥莱特(Marc-Vincent Howlett)的传记《信仰男人的男人:让-雅克·卢梭》(*L'homme qui croyait en l'homme. Jean-Jacques Rousseau*),伽利玛出版社,1989年。

② 古希腊传说中的普洛克路斯忒斯(Procuste)把抓到的人放到一张特制的铁床上,凡身体比床长者,就会被锯短,凡身体不及床长者,则被拉至和床一样长。——译注

外,再也没有哲学家像卢梭一样如此详细地描述自己纠结又痛苦的性欲望。凭借着诸多荒唐古怪的情感经历和理论,卢梭一直在探索如何解决这个永远困扰着他的痛苦问题——爱情。

非单身的不婚者:鱼与熊掌兼得

有一个女人陪伴了卢梭一生。一位最不解风情、最卑微质朴的女人。泰雷兹·勒瓦瑟尔(Thérèse Levasseur),是卢梭在绳商街道认识的一位旅馆女仆,当时的他只是一个无人问津的作曲家,我们先不说他已是穷途末路。他从未爱过她,他在《忏悔录》中如此冷冰冰地坦白道。并且此时,我们还不能草率地像中国古代人那样称她为卢梭的"通房丫头",一种附带打扫房间职能的最方便的泄欲工具。在获得文学奖之日,当《新爱洛伊丝》的作者向孔蒂(Conti)亲王谈起这个女人之时,他的态度已经说明了这个女人的身份不是那么随便就可以定义的:"她是这么一种存在,她既不是我的妻子,也不是我的情妇,称不上我的女仆,更不是我的女儿;但她集以上身份于一身。"

后人对卢梭最主要的控诉之一便是"泰雷兹事件"。事实的确如此,卢梭抛弃了他们的五个孩子,这一事件将他沉重地压在道德的天平之上。拉马丁(Lamartine)强调道,这位勇气可嘉却又"缺心眼"的女孩成了一个伪君子、一个能被脑力活儿填满却无法承担人性最基本责任的白日梦患者的牺牲品。我们还是不要提伏尔泰了,在他眼里,这位可怜的泰雷兹是丑陋可怕的"猫头鹰",是"凶神恶煞的丑巫婆",正如他的死对头卢梭的存在和思想一样,这个女人卑微下贱。

显然,这一事件实际十分复杂,但整体而言又十分普通。一开始,卢梭就已向这位腼腆的旅店女仆表明,自己不会娶她,但也不会离开她,他希望这份共存的关系以一种既没有过去也没有未来的方式,间间断断地持续下去。这段开场白与爱情中最为重要的永恒背道而驰,与其没有一丁点关系。但事实上1768年8月30日,他与泰雷兹完婚,在25年之后给了这份爱情一个迟来的名分。于是,泰雷兹成为了唯一一位写入卢梭遗嘱中的遗产继承人,她用洗衣女极其拙劣的字迹,艰难地维护着卢梭的知识产权。1794年,她光荣地得到了补偿,在卢梭的骨灰被移到先贤祠前,这位粗鲁肥胖的"卢梭夫人"得到了国民公会的召见,以公开纪念她伟大的丈夫。

我们还是跟随让·斯塔罗宾斯基——《透明与障碍》①的

---

① 让·斯塔罗宾斯基,《透明与障碍:论让-雅克·卢梭》(*Jean-Jacques Rousseau. La Transparence et l'Obstacle*),伽利玛出版社,1971年。

作者,最为杰出的卢梭点评者和研究者——的步伐吧,他在卢梭的爱情观中,看到卢梭一生都在害怕自己会因依恋他人而丧失自我。这是一种对亲密或过于亲密的交往的恐惧。于是,泰雷兹允许"卢梭不离开他自己,不走出他自己的安全区域"。说到底,比如手淫这件事,卢梭很厌恶,但他也常常乐在其中。

和这位不怎么迷人的伴侣在一起时,卢梭终于找到了"一个可以被视为自己血肉的人,面对她时,永远不存在另外一个人的问题"。这位伟大的瑞士批评家点评道。她是一个不会有人想去依赖,至少不会痛苦地依赖的个体,一个可以用来疗养世人给他划下的伤口的基地。由于男人们无法忍受一个女人,或者说一个真实的女人,这种解决办法似乎一直很受欢迎,它完美地让男人避免了在晚年独自一人被某只德国老牧羊犬生吞掉的结局。所以就这样,卢梭成了一个歌颂浪漫主义的完整存在,甚至自发地成为了婚姻哲学里的第一专家?如果卢梭只是一个无聊的神经病的话,我们或许会很恼火。但在他的身上,与他人亲密关系的不可能性却成为了一部绝妙的作品。

解决苦恼的点子

爱情使人迷失,然而但凡心思敏感的人都无法克制爱的冲动。面对这个四方形的轮子,卢梭找到一个十分可笑却又很人性化的办法。和一个不爱的女人生活在一起,然后再去爱那些不适合在一起生活的女人。那些"不可能的"女人,永远不会把你囚禁在一段稳定关系里。于是,他接二连三地爱上那些年长到足以当他母亲的女人,如瓦朗夫人,或者某些已疯狂爱上了别的男人的女人。但最完美的对象,还是那些只存在于想象中、现实中无法找到的女人。

所以,让我们想象一下,卢梭手拿印着贴花的信纸,给自己寄了一封封激情四射的信,然后又跑进森林里热泪盈眶地反复阅读,就好像他收到了某位爱慕他的情妇的信。这位哲学家,在 45 岁的年纪,真真切切地过上了精神意淫的生活。在这段时期里,大约在 1756 年的夏天,甚至连泰雷兹都严肃地考虑过是否要离开这个怪胎。他在支离破碎的幻想中忍受折磨,他的孤独已经走火入魔。但此时,一个女人突然闯进了他的世界,给卢梭带来了《新爱洛伊丝》中那般因头脑发热而产生的一场爱情美梦。她叫索菲·乌德托,曾经将卢梭收留于蒙特莫伦西①的埃皮奈夫人②是她的嫂子。

---

① 蒙特莫伦西(Montmorency)河谷,位于巴黎北部,埃皮奈夫人与丈夫合法分居后,获得此地一处城堡,并坚持举办沙龙,接待十八世纪众多的男性作家和哲学家。——译注

② 路易丝·埃皮奈(Louise d'épinay, 1726—1783),波伏娃《第二性》中主要的女权主义作家之一,著有《反回忆录》,因与卢梭等多名男性作家的情史而被世人知晓。——译注

"她坐在马背上,一身男装。尽管我对此类特殊装扮毫无好感,但仍然被这种浪漫的腔调所吸引,而且,这次是出于爱情。"是的,这出于爱情,卢梭人生中"第一次也是唯一一次"肯定过的爱情,但却也是他一厢情愿的爱情。因为这位一头棕发的索菲,是王室近卫队军官的妻子,并且早已有另外一位军官——圣·兰伯特作为自己的情人。当这两个男人在前线冲锋打仗之时,她是否和卢梭躲在盛开的刺槐丛林后偷偷摸摸地激情拥吻,又或者用其他的方式来传达爱意呢?出轨的证据并不确凿,甚至是微乎其微,就像尼采和那位桀骜不羁的露(Lou)一样不太可能。倘若《墓外回忆录》所讲为真,那就更不可能了。夏多布里昂曾在书中略微回忆过索菲和圣·兰伯特之间的感情,就像是忠诚爱情或旧制度的化身。

和索菲在一起时,面对这个一心想着另外一个男人的女人,无论如何,卢梭还是装出了一副仿佛忍受着火刑般痛苦的样子,以此故意使这段关系显得坎坷曲折,吃尽苦头。"我们可能无法想象,在这里我失去了一切知觉,就像是待在泰雷兹和母亲的身旁一样。"卢梭准确地描述道。在长达四个月之久的煎熬里,蒙特莫伦西的隐士收获的却是索菲对另外一位英俊军官的种种真情吐露。"我只想在乎她的情感,即使我像她一样坠入了爱河;我慢慢地喝下了一杯毒酒,却只尝到了甜蜜。"对她而言,卢梭什么都不是。爱情的苦涩,甚至可以这么说,从卢梭一出生就跟随着他,这种苦涩一直都小心翼翼地保持在无法"结束"的状态里。

与朱丽叶塔那场"缺失的乳头"的桥段,似乎,又带来了关于卢梭的另外一种诠释。这件事本身一点也不浪漫,1743年,卢梭在威尼斯担任外交助理时,"获赠"了这么一位高级妓女。而阳痿却成为了对他的报复。年轻的卢梭一下子被这位清新脱俗的威尼斯美人吸引住了,"她面色红润,牙齿洁白,气息温柔",他在《忏悔录》中写道,他迫不及待地想要采摘这份风情和妩媚,却又"害怕失去它的果实"。

随即,一阵致命的寒意袭击了他。他的腿直打颤,他像个孩子一样开始嚎啕大哭。在后来,他才注意到朱丽叶塔胸部的不完美之处。没有乳头!终于,他给阳痿找到了一个理由。在关于此事的回忆中,卢梭的讲述十分浮夸,甚至像一部喜剧。"于是,我开始在大脑里思索人怎么能够没有乳头;最终我被说服了,我相信这只不过是某种较为明显的天生缺陷罢了,通过不断地强调这个观点,在这位我不太想得起模样的迷人的女人身上,我清清楚楚地看到了一个正躺在我怀里的怪物,一个被大自然、男人和爱情丢弃的废品。"我们都知道与这个威尼斯美人的故事结局是什么。她重新穿好衣服,在房间里踱步许久后,蔑视地摇起扇子,扔出了那句人尽皆知的话:"放过我们女人吧,小屁孩,回去做算术吧。"

神学思考上的溃败、无法克服的与女人亲密交往的恐惧以及在性爱中的无能为力,同时发生的这一切足以形成长久的打击。在《忏悔录》中,我们忽略了卢梭意外透露出的一个心事:"我向来对那些妓女们持有一种无法抹去的恐惧;我无法不带蔑视或恐惧地正视一位放荡者。"在无法获得的完美爱情和要么是无聊至极,要么是令人作呕的性交之间,卢梭就这样被不断撕扯着。和轻浮无情的狄德罗以及那些放荡的皇室女人们相反,卢梭,正如启蒙哲学家们所吹捧的那样,强调这是触犯圣经的罪行。

在最后一次与这位蒙特莫伦西的孤独者会晤的那个夜晚,在友谊经历了多年来起起落落的误会后,狄德罗写道:"他让我十分担心,在他的身上,我似乎看到了一个遭受地狱之灾的灵魂站在我的身旁;他让我相信地狱和恶魔的存在。"是的,地狱存在于卢梭的怪癖之中,并且最重要的是,这个地狱和女人有关。我们或许可以篡改柏拉图的理念来这么认为,任何一位过于算计考核的勘察家都无法进入女人的世界。或者用朱丽叶塔的话来说,那些过于算计的数学家也是如此。他们会在整个一生都应该经历的爱情堕落里遭受过度的痛苦。

无数次的失望以及种种含糊的妥协使得卢梭的生活在沮丧的泰雷兹和被他美化的纯洁圣女之间徘徊。这一切都被卢梭归咎于家庭教育的失败。作为思想的前卫者,卢梭从不会压抑自己的欲望,但同时作为严格的反现代社会者,他也从不放弃自己的理想,他注定要一直遭受流血的教训。讲明白点:他会一直遭罪到死。

不可能的爱情

这个关乎存在的心结使得卢梭萌生出一种"新型男人"的幻想,一种位于女人和男人自身之间的调和者。对于这种男人而言,性爱既不是刀刃也不是伤疤,对他而言,爱情再也不是一种耗时最久,用来折磨人或者被折磨的和平手段。他在《爱弥儿》中就想塑造出这种男人的形象。在书的结尾,卢梭给这对在田园风光中惬意享受生活的夫妻所设想的结局似乎也不太可能,他认为世界上任意一个男人终将在某日获得尘世的幸福,这个在他眼里唯一真实的幸福。

这部作品其实十分奇怪。它尚未完结,被命名为《爱弥儿和索菲,或孤独者们》(*Emile et Sophie,ou les Solitaires*),在卢梭逝世两年后[①],于 1780 年在日内瓦问世。我们猜想,是克雷基

---

① 《孤独者们》收录于《让-雅克·卢梭辞典》(*Dictionnaire de Jean-Jacques Rousseau*),雷蒙·特鲁松(Raymond Trousson)、弗雷德里克·埃热尔丁格(Frédéric S. Eigeldinger)编,奥诺雷·尚皮翁(Honoré Champion)出版社,2006 年。

夫人（Mme de Créqui）的一封信激发了卢梭在后期用更加阴沉的笔调来创作《爱弥儿》。在长达八年风平浪静的婚姻长跑之后，这对模范小夫妻的幸福开始瓦解，然后"永不回头地消失了"。在安葬好父母和幼女后，丈夫将索菲带到了巴黎，希望驱散她的悲伤，而这却成了一个最坏的主意。巴黎摧毁了曾经的美好。在怀上了另一个男人的孩子后，索菲向丈夫坦白了自己的罪过。至此，故事似乎仍然属于"家常便饭"般普通。可后续故事却突然转变成了一部拖沓的"电视连续剧"。

这对夫妻在巨大的痛苦中分开了。爱弥儿做起了木工，故事节奏开始放慢。他从"希望的焦虑"里解放了出来，他学会了用斯多葛派的隐忍克服不幸，将生活里的七情六欲压缩为当下的唯一感觉。在喝了"忘情水"之后，爱弥儿乘船踏上了去那不勒斯的路程，甚至在阿尔及尔的监狱里当了一段时间的囚犯。卢梭这部尚未完成的作品，故事大概止于此。

根据他的友人贝尔纳尔丹·德·圣-皮埃尔（Bernardin de Saint-Pierre）的说法，卢梭所设想的结局也算得上有些感人。在非洲冒险之后，就像德·朗热（Langeais）公爵夫人[①]那样，爱弥儿又逃到了西班牙某个陡峭的小岛上，而索菲在经历了多年的寻找后，终于在岛上与爱弥儿重逢。但在此之前，又

---

① 巴尔扎克的小说《德·朗热公爵夫人》中的女主人公。——译注

发生了一个较为无聊的情节——爱弥儿和岛上某位土著美女纠缠不清。故事的结局出现了不太符合实际的三人家庭的组合,这与《新爱洛伊丝》中的手法有相似之处。

难以想象卢梭将自己生命中的最后时光都贡献在了对结局的构想上,着实感人。在去世前的一个星期里,根据他的医生回忆,卢梭仍想继续撰写《爱弥儿》,于此若非要说明什么,我们可以说,对于卢梭而言,爱情远远先于政治,爱情才是他真正在乎的问题。凭此略显滑稽并令人费解的悲剧结尾,我们是否可以说,卢梭野心勃勃想要培养的"新型男人"的教育最终失败了?不完全是,因为这本书的道德观深深地留在了卢梭追随者们的血液里。妻子与他人通奸并不是因为男人特别糟糕,而是因为社会必定会使他堕落。爱弥儿将索菲一人留在了乡下的住所,从此以后,夫妻生活的幸福只剩下痛苦。

然而,结局中那座陡峭的孤岛象征着一种无法挽救的,与外界融合的失败。在爱情乌托邦的尽头,卢梭向往着一种历尽千辛万苦,终会获得完美的孤岛生活。但还得是几个人一起的孤岛生活。尘世没有永恒的爱情。所以,那里根本不存在爱情,唯一真实的幸福存在于自己身上。这就是这位戴着美式软帽的孤独者在生命的尽头最想传达给世人的终极信息。

《一个岛的可能性》(*La Possibilité d'une île*)——米歇尔·

韦勒贝克的小说——这本书的名字就已经体现了西方社会性变态的冰山一角。这种变态通常自称是叔本华的天性论。然而,我们是在卢梭的爱情哲学中才能感受到性爱情色里的那份带着苦涩的浪漫气息。"将情色与爱情对立起来,在我看来,毫无疑问,是我们时代里最为糟糕和淫荡之事,它残忍无情地把另一种文明判了死刑",语气间夹杂着些许卢梭主义的口吻,《一个岛的可能性》的故事叙述者肯定道。《忏悔录》的作者或许很想去预防爱情的这般下场,尽管他一直都预感这终究是躲不过的。

5

伊曼努尔·康德
爱的荒漠

"生活中从不疯狂的人并没有他自以为的那般聪明。"
拉罗什富科,《箴言集》(*Maximes*),1665 年

它是哲学上的黑洞,它与锡耶纳圣凯瑟琳(sainte Catherine)的圣伤痕、肯尼迪遇刺案以及复活节岛上的石像群一起,成为了世界历史的未解之谜——它就是康德的性爱观。我们应该用雨果的方式来感叹,这是一个没有理智的冰洞。有在高中看到康德的生平简介时差点吓晕的人吗?"1724 年出生于哥尼斯堡①并长居于此,他将自己的一生贡献给了思考和教育。"②

---

① 哥尼斯堡(Königsberg),即如今俄罗斯加里宁格勒州首府加里宁格勒,位于桑比亚半岛南部。哥尼斯堡曾是德国文化中心之一,伊曼努尔·康德、E. T. A. 霍夫曼和达维德·希耳伯特都曾在此居住过。——译注
② 大多数在弗兰出版社出版的康德文集的书背面都附有此句。

这位伟大的思想家并没有任何特殊的事迹。他从未娶妻,也不曾拥有情妇,未留下任何子嗣,从未有过任何一段引人怀疑的、不为人知的同性恋情,更没有与女仆发生情感纠纷:康德教授永远都不会屈尊离自己壁炉里的柴火太远,除了前往距离最近的但泽市(Dantzig)——当时普鲁士知识分子聚集的高地。他从来没有蜥蜴闯进家里的苦恼,也没有一位叫爱洛伊丝的姑娘——梦中情人也好,现实真人也罢——出现在这位卢梭的铁杆粉丝的生活里。他的生活几乎一片空白,或者说他生活里只有一个年迈的仆人、一个瑞士时间表和从未间断的工作。

然而,若把哥尼斯堡看成是普鲁士的阿多斯山(Athos)——思想者的苦修地——则是错误的。同样,将康德看成是现代社会的德尔图良①更是大错特错。与信仰詹森主义的帕斯卡尔相反,这位德国哲学家,由于过度担心自己的健康,甚至得了疑病症,因此他远不是一个从衬衣里抽出一条钉子皮带的厌恶肉体的男人。他十分注意他的衬衣和丝袜的搭配,带着一头棕色的假发,完全不是某些人所描述的一个身着睡衣的阿尔切斯特(Alceste)。"宁愿当个追求时尚的疯子,也

---

① 德尔图良(Tertullianus,150—230),基督教著名的神学家和哲学家。他生于迦太基,也卒于此地,著有《护教辞》。——译注

不要站在时尚外",康德积极地建议道。

1764年《论优美感和崇高感》问世时,康德仍然是一位"对女人献殷勤的乡村教师",在格尼斯堡大学被称为一个受追捧的演说家。他有些孩子气,活泼快乐,有着一双天空般湛蓝的眼睛,从不会朝葡萄酒或者纸牌上吐痰,那个时候的康德甚至还能在卡萨诺瓦(Casanova)口中的"外貌投票机制"中占据上风。这张脸不用他开口说话就吸引来了成堆的女人。换句话说,这就是魅力。

性,必要的罪恶

从这里开始,事情开始变质了。只要打开《道德形而上学》,便足以看到这位光鲜亮丽的大学老师对性的蔑视。康德写道,人类已经被"贬低到低于动物的等级",他认为,"在一个文明开化的社会里,即使是婚姻允许的性爱交易,当我们必须谈论它时,也要十分谨慎,甚至还得给它蒙上一层纱"[1]。它比畜生、魔鬼的等级还要低下……康德继续反问道,"性爱"本因物种的延续而产生,倘若将繁衍大自然的根本目的置之不顾,沉迷于性爱,这是否与"性行为本身的责任相悖"? 关于这

---

[1] 《道德形而上学》,1797年,"道德观",§7。

个问题,康德给出的解释还是较为乐观的。因为在享受床事之乐的技巧上,人类永远都不想表现得差劲。

然而,同样也是康德,他在《人类学》中冷酷无情地与那些因节欲或隐居而愁眉苦脸的教徒决裂。"玩世不恭者在节欲克己,隐修士在坚守贞洁,他们都被剥夺了社会性的快乐,这是一种扭曲的道德,它与现实一点也不沾边;这两种生活都被圣恩抛弃,它们不能被称之为完美的人性。"①至此,康德无情碾压的思想巨轮是否有些前后矛盾? 让我们一起在下文中仔细研究。

我们都很熟悉康德那句著名的命令式格言。"永远要以你的行为能上升到普遍性真理的标准去行动。"一个由禁欲的单身汉和处女组成的社会,换句话说,就是一个清洁派②,人类物种将会轻而易举地灭绝,原因也很好理解。《实践理性批判》的作者还是不知道怎么前后一致地做个激情四射的演说者。此外,在上文所引用的《人类学》中的那句话中,康德还在文章的最后肯定道,一个毫无情欲的世界极有可能成为一个"被圣恩抛弃"的世界。他还表达了一个观点,可能是受卢梭作品的启发,他认为,女人,用这位哲学家的话来说,是一个狡

---

① 《从实用主义观点看人类学》,1798 年。
② 清洁派(Catharism),又译作纯洁派或纯净派,常泛指受摩尼教影响而相信善恶二元论和坚持禁欲的各教派。——译注

猾多变并且"没有原则"的动物,她们也是让贪恋女色又举止粗鲁的天真汉们学会美化言行举止的原因之一,她们让男人在真正意义上"自我开化"。

我、康德,哲学家、单身者……

康德的节欲生活实际一点也不正常。据他的一位身边人,康德晚年时的秘书瓦西安斯基(Wasianski)所言,康德是一个"极其耿直"的人,"他宁愿失去生命,也不愿撒一次谎",那么,康德自己是否也违反了人类本身的责任呢?2000年,博度(Botul)①在著作中写道,"康德的性生活,是西方形而上学哲学研究的最大问题之一"②。这本书揭露了康德的各种不雅性事,但在世界范围内的哲学家们看来,这是一种"修正主义"的行为。

或许康德选择单身只是一时的不得已,就像他的同行尼采一样,这也是一种不容忽视的可能性,年轻的博罗夫斯基

---

① 让-巴蒂斯特·博度(Jean-Baptiste Botul, 1896—1974),一位虚拟的哲学家,由法国哲学家、记者富德里克(Frédéric Pages)以及博度社团成员于1995年共同发明,他们以博度的名义发表了一些著名的哲学作品,《康德的性生活:一千零一夜》(*La Vie sexuelle d'Emmanuel Kant*)是博度的第一部作品。——译注

② 博度,《康德的性生活:一千零一夜》,2000年。

(L. E. Borowski)肯定道。作为这位"哲学界哥白尼"的近友，他在后来出版了一本"由康德亲自审阅并且校正"的简短的康德传记。"为什么我们从来没有见过康德步入婚姻呢？"他写道，"这个问题太常见了，不管是他的朋友，还是陌生人，都提出过这个问题。当我们直接问他的时候，尤其是在他晚年的时候，他常常会因为这个问题感到不舒服，于是他直接避开不谈，并且让大家不要向他提及这个话题。"①而于此，必须要强调的是，《纯粹理性批判》的作者也有恋爱的时候，这位信徒补充道。"我知道有两个年轻姑娘都非常地尊敬他，并且康德前后对这两个都有过好感。但康德早已过了当机立断、敢爱敢恨的年纪。他犹豫了，他慢了，其中一个女孩离开了他的城市，另外一个女孩则嫁给了一个很快就对她示爱的男人。"小心翼翼又成熟稳重的康德，被在爱情里勇敢的男人远远地超越了；尽管表面上坚定地不露声色，实际上他早已心生爱慕。

看看来自本人的官方版本吧。这位哲学家亲口承认道，尽管语言极其地谨慎，"在我需要女人的时候，我养活不了一个；当我能养活一个女人的时候，我却一个都不需要了。"首先，这句话不太讨好女人，并且，也不太符合他恪守禁欲的作

---

① 《密友康德》(*Kant intime*)，博罗夫斯基、雅赫曼(R. B. Jachmann)、瓦西安斯基三人合著，让·米斯特莱(Jean Mistler)编译自德语，格拉塞(Grasset)出版社，1985年。

风。同时,康德似乎并没有鄙视性冲动带来的肉欲之欢。这是"一种敏感的巨大快乐",他写道,"它与合乎道德的爱情毫无关系"。这是否意味着,他不仅没有否定性爱,或许还已经尝试了它的乐趣呢?关于此点,后人们争论不休。

夏洛塔之谜

这位哲学家去世后,一位叫做路易斯·丽贝卡·弗里茨(Luis Rebbeka Fritz)的女人十分骄傲又坚定地自称康德对自己有过爱慕之心。但这个无法确定的故事在康德的追随者圈子里没有引起任何反响,而某封于1762年6月寄给康德的信却成了焦点。就当时较为严苛的道德标准来看,这封信的口吻是十分亲密的,寄件者也并非一位隐名埋姓的女粉丝。她在信中署名为玛丽亚·夏洛塔·雅各比(Maria Charlotta Jacobi),是哥尼斯堡人人知晓的一位已为人妻的年轻美女。"亲爱的朋友,能给像您这样杰出的哲学家写信,希望您不要感到诧异!昨天我本以为可以在花园遇见您,便和朋友悄悄地逛完了那里的每一条路;可我们在任何地方都找不到您,于是我做了一条佩戴在剑上的丝带给您。殊不知,明日午后,可有幸与您相见?我似乎听见了您在说,'好的,好的,我会来';我们会等您的,我也会重新给手表上弦(原谅我如此提醒自己)。我的友人与我,向您致以最温柔的吻面礼,但愿空气可以将它炙热的温度传递给您。希望您幸福、健康。"这封来自夏洛特的热情的情书,暧昧程度足以让旁观者对他们的关系想入非非。

  与这位年轻姑娘的插曲,那一句"我也会重新给手表上弦"足以激起外界的各种猜测。但也有人认为,事情其实十分清楚:即使她隐晦地表达了与康德的亲密关系,也不足以引起任何猜测①。事实上,在这封信出现的两年前,劳伦斯·斯特恩(Laurence Sterne)的小说《项狄传》(*Tristram Shandy*)在整个欧洲文人圈风靡一时,夏洛塔也包括在内,康德本人也很喜欢这本小说。而于此,必须要指出的是,这本著名的英文畅销小说的主人公是在什么样的情况下被父母带来人世的。特里斯舛(Tristram)的父亲有一个习惯,每周日下午在履行丈夫的夫妻生活义务前,都会给家里的大摆钟上弦。在小说家某些性幻想的安排下,特里斯舛目睹了父亲与母亲的"交媾"场景,用他的话来说,正因如此,母亲总会强迫症般地将钟摆声和床榻的咯吱声关联起来。那么康德和夏洛塔,是否也是一对藏

---

  ① 阿尔森·古留加(Arsenij Goulyga),《康德的一生》(*Emmanuel Kant, une vie*),奥比耶(Aubier)出版社,1895 年。俄语原版《康德》(*Kant*)出版于 1981 年。书中作者认为,夏洛塔和康德之间存在着一种超乎情侣的男女关系。

在某个普鲁士贵族客厅里偷偷摸摸的情人呢?尽管这传言滑稽可笑,却依旧流传多年。

但只要仔细阅读康德的《人类学》,便足以识破谣言。与康德对女性其他的讽刺相比,在这本书中,我们发现了一个明显的不同之处,它从另外一个角度解释了康德所认为的女性与钟表的准确性之间的重要联系。"那些受过教育的女人,她们对待书的态度差不多像对待手表一样;戴手表是为了让人们看见她有一只手表,至于手表是不是停了,或者时间不准了,一点也不重要。"①所以,我们不能忽略的另一种可能就是:或许在写信之前,夏洛塔小姐已对康德针对受教育女人的这种风趣的调侃方式略有耳闻。这种解释,不管是否为真,与想象这位谨慎多虑的哲学家和一位已订婚的风骚女人私通相比,更加容易让人信服。

两性之战,即将打响

这位哥尼斯堡的老男孩基本上被公认为是一个鄙视女人的男人,一个保守又拘泥于老思想的普鲁士人。关于此点,即使是康德性情最为温和的信徒们也不会替他遮遮掩掩。博罗

---

① 《人类学》,引自第二部分,章节 B,"性的特点"。

夫斯基曾说过,康德常常会和一群来自各个领域的精英共进午餐,但若让他和一个女人讨论自己的哲学研究进展,哪怕是他所热衷研究的法国大革命,他都会感到拘束,并且厌恶。毫无疑问,他与巴黎沙龙里的女性氛围相隔甚远,尽管康德所热爱的法国启蒙思想是在那里碰撞出了火花。

所以,听到康德在和他的小团体闲聊时说出这样的话也不足为奇。他说道:"了解和管理厨房是一个女人最真实的幸福,当一个男人经历了一个上午的辛苦劳作和思考后,一顿丰盛的午餐便可以极大地补偿他。"在康德看来,根本无需花费精力便可以证明这个观点的绝对成立。"有一位夫人,曾经想与康德探讨一些高深的问题,却发现康德一直在躲避她",博罗夫斯基回忆道,"因为她让康德意识到女人也可以像男人一样富有学识,最后她得到了一个略微粗鲁的回复:'就是这样,永远也不会变!'"

这位极其激进武断的思想者作出了一个不带任何玩笑成分的答复,他迫切地想要证明,从道德的角度而言,"既定的事实"不需要做任何的辩护。此外,我们可以找到很多康德歧视女性的言论,尤其是热衷于学习希腊语的女人,她们应该担心自己长出"络腮胡"。同时,值得注意的是,康德毫不留情地剥夺了女人的选举权。不仅是因为女人在经济上和社会上都不是"自己的主人",更因为她们"本质即如此",

并且永远将是如此。[①] 然而,康德十年前在《什么是启蒙运动?》一文中的态度却并非如此强硬,他曾认为女性地位的低下源于男人的约束或者操控。

垂死的激情

我们都知道,《纯粹理性批判》的作者有一个习惯,他经常会向自己的学生重复念叨卢克莱修的一句名言,这句话差不多也是他自己的座右铭:"请相信,最极限的苦难就是选择荣耀的人生,并且为了延长生命,忘掉所有活下去的理由。"然而,面对他们同样恐惧的激情里的危险,《物性论》的作者与他的德国崇拜者的解决办法截然相反。其中一人选择将其视为普通平凡的交配,另外一个则采取了最极端的禁欲。

在康德年轻时,曾发生了一件事使得爱情、贪婪的爱情、激情四射的爱情闯进了他的生活。这件事与他母亲的死有关,当时康德16岁,他乖巧温顺地爱着自己的母亲。这位为人正直而备受尊敬的女人有一位挚友,她的挚友对一个男人"付出了所有真心,除了自己的贞洁",博罗夫斯基回忆道。而

---

① 《论俗语》(*Sur le lieu commun*),1793年,伽利玛出版社,"七星文库"第三卷,1986年。

这个男人不久就另娶了他人。经历了背叛之后,这位被抛弃的女人陷入绝望,发了一场致命的高烧,并以药物过于难吃为由,拒绝服药,康德的母亲认为没有什么方法比先于挚友吞下一口药更能说服她吃药。"随即,她(康德母亲)感到一阵恶心和恐惧:她开始胡思乱想,相信自己在挚友身上看到了一块块斑,并认出那就是紫癜,她当天就倒下了,不久之后就离世了,成为了友谊的受害者。"或者说,激情的受害者,被中间人的致命之剑射中?我们知道家族历史的重要性,它们将决定每个人的命运。尽管这件事十分戏剧化,但我们的确在后来,听到歌德在晚年时动情地讲起了这段故事。

卢梭,性教育者

英国小说家托马斯·德·昆西(Thomas de Quincey)在《伊曼努尔·康德最后的日子》①中透露,康德一生之中很少与女人来往,除了他的姐姐。姐姐长期远居他乡,当年迈的康德陷入晚年狂躁期时,她才搬到了他的附近。当康德在对"美的性别"即对女人大谈特谈时,我们可以看到,卢梭对这位德

---

① 《伊曼努尔·康德最后的日子》(*Les Derniers Jours d'Emmanuel Kant*),影子(Ombres)出版社,"影子文库"(Petite bibliothèque Ombres),1986年,马塞尔·施沃布作序。

国哲学大佬的影响是无法衡量,甚至是难以想象的。说得直白些:《爱弥儿》就是康德的性启蒙教科书。这本书作者的肖像图是康德办公室里唯一的装饰品,每天开始繁忙的工作之前,他都会在那里泡上清晨五点冒着热气的第一杯茶。

通过种种细节,我们可以在《道德形而上学》①作者的思考中看到卢梭主义的影子。首先,关于手淫的危害,手淫几乎被康德认为是一种比自杀还严重的行为倾向,所以青少年必须坚决杜绝。康德还建议,去妓院担惊受怕一次也比手淫要好,哪怕极其地克制和谨慎。于此,我们不禁联想到了一封信:温柔的爱洛伊丝曾建议情人圣普乐在有需求时找妓女解决,而不是做出手淫这种让人作呕的行为。但这一剂药方却让同时代的爱尔兰哲学家埃德蒙·柏克(Edmund Burke)感到恶心,在他看来,这过于追求圣洁,人类在本质上都是动物。

阅读《人类学》,我们便会发现康德是一个顺从的信徒。康德关于夫妻幸福的秘诀,有时甚至与卢梭的某些观点一致。康德担心的是,"势均力敌的野心",于一对情侣而言,"只会带来争吵",所以其中一方"有必要服从另一方"。显而易见,女

---

① 《道德形而上学》发表于1785年,是康德在道德哲学领域中第一部成熟的作品,至今仍在该领域发挥着举足轻重的作用。本书参考了译作:伊曼努尔·康德,《道德形而上学》,李秋零译,北京:中国人民大学出版社,2013年。——译注

人就是屈服的一方。由于在语言上"热衷于滔滔不绝",女人们极其适合待在家中打游击战。此外,这位单身哲学家还认为,由于女人十分擅长利用楚楚可怜的脆弱,所以往往女人们是领舞者。"研究男人很简单,但女人不会轻易出卖自己的秘密。"女人们只要"委屈地哭泣",指责男人"没有绅士风度",便几乎能够获得一切。于是,这为男人当上一家之主又找了个理由,并且得到了民法的支持。我们或许会说,这就是为了平衡家庭内部的关系。然而关于这件事,我们的哲学家却转向了极其个人的思考。

当康德维护女人时

在《人类学》中,当我们读到作者对那些热衷于取悦和引诱多位男性伴侣的女人的解读时,卢梭思想的巨大影子消失了。我们是否可以这么说,不管世俗偏见到底怎么认为,至少于康德而言,女人就是绝对的猎艳者,她们生来就水性杨花,并且骨子里比男人更加不忠?答案是完全肯定的。因为尽管康德言辞谨慎,半遮半掩地讽刺,但意思很明确。至于女人那套让人无法抗拒的撒娇献媚,以及对华丽衣物的永恒追求,这位哲学家也找到了一个看似平庸无奇实际却阴险狠毒的根源。

女人，在社会上附属于他人，一直都面临着某日沦为寡妇的风险。所以，不难理解女人们会与一群备胎男友保持暧昧，从而保证在任何时刻都能找到新的男人来代替自己心爱的亡夫，这一行为在康德看来，无可厚非，甚至合法，他曾暗示道。于此，这位哲学家又补充了一个观点，同时也暴露出他在内心深处悄悄地赋予了女性权力，"当讨好女人成为了一种时尚"——在写这句话之时，康德可能想到的是自己时代里的法国社会——当嫉妒成为了可笑的行为时，"不过这在一个奢侈的年代里也无法避免"，"女人们的本性便会暴露无遗，她们妄想从她们的支持者——男人——手中获得自由，然后就这样，再将男人全权掌握于手中"。从历史上的道德标准来看，如果我们可以这么说的话，那么：忠诚的妻子就是一个被束缚的女人，是一个违背了女人本性的女人。我们还能想象出比康德还要自相矛盾的女权主义者吗？

当今社会里，女人的从属地位似乎改善了，但有趣的是，康德的观点似乎没有失去任何分量。被男人抛弃的风险替代了沦为寡妇的风险，爱情市场上每年都会涌进成千上万个经济上脆弱无力的单身母亲。用康德的话来说，当今社会里的妻子或者情妇，她们应该感激男人像扔破抹布一样将她们抛弃？的确，在康德的年代里，或许除了伏尔泰，其他任何一位哲学家都不会像他一样对女人出轨表示出如此多的理解或者讨好。毫无疑问,康德想要置身婚姻之外的坚定决心使得他比同行更加冷漠地看待这个问题。

除了这些独树一帜的想法外,康德的另外一些观点,对于理解现代社会中两性关系的困扰同样也会有所帮助。苏格兰哲学家大卫·休谟(David Hume)在他的《随笔集》中写道,于女人而言,哪怕是老处女,讽刺婚姻比讽刺她们的性别更使她们感到愤怒①。康德在《人类学》中也提到了女人的这个怪脾气,他作出了如此解释:"对女性性别的讽刺,的确没有任何严肃之处,然而,这种讽刺,如果能将这其中的痛苦、将单身男人为此所遭受的不幸全部解释清楚,或许就会变得严肃。"康德也向未来的女权战士发出了警告:"然而,自由思想在两性关系中的形成,或许会,必然地给整个女性群体带来严重的后果:女人将会沦落成'一种用来满足另一个性别的爱慕之心的低级工具',而这种爱慕随时都有可能变为厌倦疲惫和三心二意。女人通过婚姻变得自由;男人通过婚姻失去自由。"

欧洲的道德是一列通向地狱的列车,车上的康德似乎已看到了未来的一刻,那时婚姻于女人而言,将会是一张无用牌,他鼓励女性提前去蔑视这场只会让她们处在一个更加野蛮的、被奴役地位的解放运动。在这场恐怖的性别大战里,所

---

① 大卫·休谟,《随笔集》,"论爱情与婚姻"(Of Love and Mariage)。

有人都只不过是满足彼此欲望的一个渠道,是任性时就能够随意丢弃的玩具。这是一场女人觉得自己肯定会输的战斗,我们可以这么猜想,因为母性生理机制带来的束缚和岁月的摧残会使她们比男人遭受更多的不幸。关于新生女性解放运动,曾参与其中的德国哲学家、于1969年去世的法兰克福学派首领狄奥多·阿多诺认为,从某种程度上说,这场运动实际为一次纯粹的受害者联盟。

一谈起两性关系,康德仍然坚持一种极其保守的态度,并且表示出一种矛盾的思考。从爱情的角度来看,男人的态度往往是索取,而女人则是矜持,是冰冷的克制。"女人在拒绝,男人在追求",康德写道。爱情的关键就在于消除女人的拒绝,"古老的骑士精神对女人的百般讨好"正是如此,他强调道,我们很清楚这种讨好使得欧洲女人将自己的性别和地位变得高贵。这也是为什么,康德写道,男人的身体魅力只是一种附加的优点,大自然是否"粗糙地创造"了它并不重要。他写道,"关于外观上的美貌",倘若女人在挑选配偶时像男人一样挑剔,那又会怎么样?爱情的运作法则可能会被完全颠覆。"女人们就需要既站在追求者的位置,又扮演拒绝者的角色,在男人看来,这种双重角色会使他们赋予女性的价值全部崩塌。"

这只是属于旧时代的顾虑?实际上,谁先迈开"第一步"

这个问题,在当今社会和康德的时代实际都差不多。女人们还是很少主动邀约第一次晚餐,男人们最后还是会被蓄力许久的女肉食者折磨得生不如死。不管二十世纪反映社会现象的文学如何丰富多彩,不管它怎么看待爱情的变化,人类的繁衍都将生生不息,混沌不清的性爱法则也会随之永恒地存在。

爱情人类学

"我们可以十分肯定的是,康德的作品中没有任何爱情哲学。"亚历克西·菲洛南科(Alexis Philonenko)[1]写道。丝毫没有。哪怕一丁点。别大费周章去找了,他说道。这就好比是在亚里士多德的作品中寻找关于电子游戏的理论。康德,就是爱情的荒漠。然而我们又可以确定的是,关于爱情,比起那些赤裸裸的坦白,康德的话语往往更加意味深长,毕竟他一生中从未听过父母讲过一个脏字或发生一次争吵,他也为此深感自豪。

《法权论》[2]——因语言粗鲁而名气较小——中的某一章节,清楚地向读者透露了康德内心深处的悲伤,在肉欲爱情

---

[1] 亚历克西·菲洛南科,《康德的作品》,弗兰出版社,1972年,第二卷。
[2] 《法权论》,是《道德形而上学》中的一部分,在李秋零的译本中,名为《法权论的形而上学初始根据》。——译注

里,语言是无力的。关于性爱交合,这位哲学家在书中写道:"女人心甘情愿地在水乳交融或怀胎十月中耗费精力,再或出于无法克制的母性而深陷其中,男人心甘情愿地忍受女人对其性能力无数种过于苛刻的要求,除了高潮的方式不同,两者并无差异,他们互相利用对方的性器官,成为了'被消费的对象'。"互相贪婪地消耗,痛苦不堪地折磨,让人疲惫地消费,在康德看来,爱情就是属于人类学。

而这位极其隐忍、禁欲的哲学家的语言却又是猛烈的,甚至是淫荡的,我们几乎看到了卢克莱修描述的那对互相吞食的男女。最暴力的语言实则透露了康德对"物化"的担忧,在这种状态里,性爱会把人类丢弃。尤其是女人——康德最不讨好的人——不管她们怎么想,她们将把自己变成一个"符合每个人口味的物品",康德写道。毫无疑问,男人将一如既往地像占有物品一样在女人的身上获取快感。即使男人真心爱一个女人,还是会将女人"物化",不合理地将女人视为一个"属于自己的物品",一个人偶。这种爱情观或许有许多有待探讨之处,尤其是它否认两性关系可以成为一种解放,否认它可以带来除粗鲁的肉体关系之外的另一种境界。"我望着她的眼睛,就好像看见了天空。"据雅赫曼(Jachmann)的回忆,这位大思想家似乎经历过一次这样的感受,经历过一次恋爱。但唯一的问题是,这样的感受实际发生在他与某次被他拿在手上的一只燕子之间。

至少,"物化"的困扰能够说明一件事:为什么性爱对于康德来说是一种无法接受的折磨。对于这位远超过所有人思考着一种脱离尘世的绝对自由的思想者来说,那是最可怕的一件事。烟草杂货铺里的心理咨询师或许会将此诊断为一种严重的性压抑。可对康德来说,却是能够让他一心一意将自己贡献于头顶上的那片星空、自己内心的道德以及那些辉煌灿烂的作品之中的保护壳。留下子孙,还是留下作品,每个男人都要在自己的能力范围内选择一种走向永恒的方式,狄欧蒂玛在《会饮》中说道。选择性爱,还是作品,康德或许早已在心里将这位柏拉图主义者给出的选择推向了极端。

6

亚瑟·叔本华
被暗杀的爱情

"开场时是诗人,结束时成了妇科医生!无论如何,最不值得羡慕的就是爱情。"

——萧沉①,《苦涩三段论》(*Syllogismes de l'amertume*),1952 年

爱情,是一部由两个傻子自导自演的毫无意义的喜剧片。或许,我们可以用这句话来概括叔本华对爱情的生动有力的思考。毫无疑问,对这位性格孤僻的不婚主义者以及普鲁士军队拥护者来说,爱情这件事就应该偷偷摸摸地进行,并且得

---

① 萧沉(Emil Cioran,1911—1995),罗马尼亚旅法哲人,二十世纪怀疑论、虚无主义思想家。有罗马尼亚语及法语创作格言、断章体哲学著述传世,以文辞精雅新奇、思想深邃激烈见称。——译注

在封闭场所完成，越幽暗越好。毕竟这件略微使人作呕的事情，确实没什么值得炫耀之处，它要么一如既往地成为一场悲剧，要么就是一场闹剧。爱情是"鬈毛狗才能得到的永恒"，二十世纪的塞利纳①写道。显而易见，他并不喜欢我们这位忧郁敏感哲学家最情有独钟的品种。与在四处寻欢做爱、赤身裸体的男男女女不同，动物，至少对它们而言，不需要提醒自己肌肤之亲可以到达光芒闪耀的永恒星空。

1819年，叔本华的毕生之作——《作为意志和表象的世界》出版，他在书中建议读者去人群中观察情侣间激情四射的眼神交流，或去观察大街上素不相识的两个人如何暗送秋波，再或者，在某个周六的晚上，去看看舞池里的两个人如何搔首弄姿、卖弄炫耀。为什么人们总是"躲躲藏藏、偷偷摸摸？"因为他们在潜意识里知道自己是个"背叛者"，叔本华不容分说地作出了回答。因为人们在揣测，或许偷偷地用一些罪恶勾当，"就可以让所有的不幸和痛苦持续下去，但同时又保持自己置身事外，直到遇到下一个目标"。所有的不幸与痛苦？可这就是生活，倘若没有这两个滑稽木偶谋划的性爱诡计，这种无穷无尽的不幸既不会蔓延，也不会永存。

---

① 路易-费迪南·塞利纳（Louis-Ferdinand Céline, 1894—1961），法国著名作家，著有《茫茫黑夜漫游》（*Voyage au bout de la nuit*）。——译注

生活,恶魔的伎俩

"生活如钟,在痛苦与厌倦间,左右摇摆",叔本华写道。在这两种不幸之间,永远没有永恒的快乐,所有诚实的人都应该承认这点。这位伟大的德国悲观主义者——1788 年出生于但泽(Dantzig)——早已领悟到了这个残酷的信念。幸于父亲是一位富有学识的国际商人,青年叔本华在 17 岁时就和父母一起周游了欧洲各大首都。而他既没有倾倒在圣母大教堂的恩泽下,也没有迷恋上维也纳热闹喧哗的咖啡馆,青春旅行给他留下的是一个坚守了一生的信念:车夫野蛮地抽打着马匹,马车在嚎叫声中消失在了医院的窗户里。在这匹马身上,他看到了如此荒谬的世界绝不可能是被"某一个永恒美好的存在"而创造的,它是被尼禄式的怪物创造的,一个"创造了人类的存在,只为了心满意足地看着他们被折磨"的恶魔。

叔本华很早就形成了世界末日的想法。对佛教与婆罗门教的了解,尤其是《奥义书》(*Upanishads*)的阅读,决定了他对世界最初的认知即是如此。他唯一知道的真正幸福,就是不诞生于世。而由于这种幸福是无法体验的,所以要拼尽全力摆脱荒诞的"生存意志",因为"物种天才"通过"生存意志"肆意地将我们束缚住,从而让"用以祭祀痛苦和死亡的牲畜棚里永远熙熙攘攘"。悲观主义大师叔本华向人类物种发起了一场真正的挑战。在 31 岁时——唯一一位如此年轻有为的哲学家——叔本华从对生活的痛恨出发,完成了一部不朽之作——《作为意志和表象的世界》,在不受外界任何关注的情况下出版了这本书。数年之后,这本书就像枚连环炸弹一样引起轰动,受到了无数人追捧——包括文学界著名的叔本华主义者,从普鲁斯特到托马斯·曼(Thomas Mann),再到当今的韦勒贝克——它的万丈光芒从未消退过。

爱情,性本能的陷阱

如果说叔本华对生活的抗争,就像是在某块领地上的争夺战,那么这块领地一定是爱情。根据哲学家克莱芒·罗塞[1]的说法,我们完全可以这么认为,"无可置疑的是,对性爱的思考是叔本华思想的主要来源之一"[2]。在这种思考下,所有面具将被揭开。只在这种方式下,我们才能最清楚地看到,个人对超出本身范围的,甚至会摧毁自我的一些动机的屈服。

---

[1] 克莱芒·罗塞(Clément Rosset,1939—),法国哲学家,毕业于巴黎高等师范学校哲学系。——译注

[2] 克莱芒·罗塞,《叔本华:荒诞哲学家》(*Schopenhauer philosophe de l'absurde*),1967 年,2001 年再编,收录于《关于叔本华的思考》(*Ecrits sur Schopenhauer*),法国大学出版社(PUF),"批评的角度"(Perspectives critiques)。

关于这一点,叔本华认为,自我欺骗是无意义的:爱情,尽管有时看似纯洁高尚,尽管有时化成了思想的感性,它的根源永远都是原始的冲动。更糟的是:说到底,它的最终目标就是物种繁衍。

于是活在青海市№里的年轻夫妻,只相信自己的感觉,只根据个人的意愿行事。而事实上,他们不过是屈服于最为兽性的原始欲望,生出脸蛋通红、哇哇大哭的小孩,这就是所有人类爱情在本质里的根本目的。一旦爱情的浪漫幻想被打破,人们便只能非常狼狈不堪地感叹一个新生儿就是一笔终身无法摆脱的债,一个婴儿摇篮就是一对夫妻的坟墓。这个新生命,和拥有他的那对荒诞的父母一样,生来就注定了服从,注定了死亡,没过了婴儿时期,就要开始遭受生活的苦难。

我们或许会认为这些思想没有什么革新之处。在虚无主义盛行的时代里,叔本华的真相已经相当普遍,只有那些受社会影响的天真派——事实上,这样的人还有很多,并且占多数——还是无法明白他们引以为豪的巨型婴儿车已经威胁到了行人的安全。然而,这样说也许忽略掉了叔本华思想中激进的创新之处。叔本华的思想与把爱情看为纯粹的动物交配的大腹便便的物质主义者们,毫无共同之处。物质主义?"一种针对理发店小哥的哲学",这位大作家断定道。如果爱情是一种美丽的陷阱,是物种的生存意志激发出的一种生存手段,那么它也就是一件重要且复杂的事情,甚至是关乎"所有人类的事情"。"是每个会呼吸的人的终极目标,"叔本华甚至如此写道,"它是一切严肃性行为的出发点,又是所有玩笑的对象。"没有任何激情能够比它带来更多潜在的暴力,但它却未曾料想到,人们会假装淡定地对待它,粗鲁下流之人会吹嘘它,声称爱的感觉就是脱个裤衩的事。

一见钟情的解剖

关于人类爱情中的这种奇怪现象,叔本华并不感到诧异,并且对其进行了一番颇具特色的分析。这种奇怪的现象,即选定唯一一人为爱情对象,每时每刻都在周围发生。根据这位哲学家的观察,他在《论爱情的形而上学》[1]中写道,男人竟然"先天性地将完全拥有一个女人与拥有永恒幸福等同起来,将不能得到这个女人与无法承受的巨大痛苦等同起来",这简直让人难以置信。这种现象不会发生在发情动物的身上,我们永远不会看到动物像少年维特一样痛

---

[1] 《作为意志和表象的世界》第四版的补充章节,第44章,于1869年补充到主书中。此章节常常被独立改编出来,名为《论爱情和死亡的形而上学》(*Métaphysique de l'amour. Métaphysique de la mort*),由玛丽安娜·西蒙(Marianne Simon)译自德语,1964年10月18日。

苦地自杀,或者像彼特拉克①那样悲叹,更不会像蒙特里沃先生(Montriveau)②一样在被轻浮的朗热夫人折磨后在痛苦中耗尽生命。失去一个女人,等于找到十个新的?相反地,任何一个被抛弃的男人,经历的都是悲痛时光。失去一个女人,意味着失去了全世界。于女人而言,也是如此,她们也会像男人一样无法控制这股激情。"在最高级别的爱情里,这场美梦是如此地让人心乱神迷,尤其是它无法实现时,生活便失去了意义,从此以后毫无快乐可言,黯淡无光,索然无味,对生活的反感甚至可以超越对死亡的恐惧;于是,有人乐意赴死。"

对唯一一人的渴望和思念,可以让整个世界都变得萧瑟,叔本华对此感到惶恐和震惊,同时在他看来,这也正是"爱情里最感人、最高尚"之处。不要忘了,尽管他是与爱情抗争的激进派对手,但这位哲学家并没有假装对爱情的巨大力量一无所知。他时刻敬畏着自己的敌人。不像那些窃取观点的小偷,叔本华不会突然袭击毫无防备的敌人。在彻底打败爱情之前,他先带着一种可贵的兴奋去赞美它的魔力。

---

① 弗兰齐斯科·彼特拉克(Francesco Petrarca,1304—1374),意大利学者、诗人,文艺复兴第一个人文主义者,被誉为"文艺复兴之父"。他以其十四行诗著称于世,为欧洲抒情诗的发展开辟了道路,后人尊他为"诗圣"。——译注

② 巴尔扎克《人间喜剧》中的人物。——译注

此外，他更不像某些变态的心理学家一样，一心一意只想证明情感本身就不合理。与萍水相逢之人疯狂地一见钟情，背后肯定存在着一个强烈的原因。这不是因为黑格尔——柏林大学的明星教师，叔本华的同事，一位"精神怪物"，曾抢走了叔本华的学生，有次只给他留下一个牙医和马夫当听众——所认为的"存在即是合理"，而是因为，在叔本华看来，激情式爱情里的暴力充分证明了它触动到了人类的高级爱好。

男人们愚蠢并夸张地认为某个女人是自己世上唯一关心的，在这种固执的追求行为背后，叔本华到底发现了什么？——"后代的形成"，一见钟情的关键所在。我们应该将"一见钟情"视为一次关于后代子孙的无数种可能性事件的瞬间计算，一种以人类的永恒繁衍为动机、选定对方并坚信这是最好选择的瞬间意识。只有这种假设可以解释一见钟情里的突然，以及旁观者们无法相信的坚决。这也解释了为什么一见钟情表面上是极其随意地选定了某人，事实上，却具有一定的必然性。尽管这套理论有些不如人意，但叔本华却乐此不疲地、严肃认真地维护着他的可笑结论。

他解释道，个头矮小的男人会倾向于苗条的高个女人，又矮又胖的南方男人更喜欢瘦高的瑞典女人。二次平衡的本能性倾向存在于每个人的骨子里，人类一直都在预防自己生理机制的衰落。关于男人为什么喜欢看袒胸露乳的丰满女人，这位哲学家是这么解释的："女人丰满的胸部对男人来说是一种巨大的魅力，这是因为，胸部与女性繁衍后代的功能有着最为直接的关系，丰满的胸部保证了新生儿丰富的营养。"诸如此类的例子，我们可以无穷无尽地列举。在巴尔扎克的《幽谷百合》(*Lys dans la vallée*)中，男主人公仅仅是不小心瞥到了莫尔索侯爵夫人的"爱情的后背"，便在正举行得热闹的舞会中情难自禁地亲吻了这个陌生女人的肩膀。于此我们或许会怀疑，这是天才的一种投机行为。迷恋一个女人优雅高贵的后背，毫无疑问，就是为了这位贵族青年的子子孙孙能躲开某些致命的身体缺陷。

多么卑鄙和可笑，叔本华总结道。即使在选定对方的那一刻，在男人和女人自以为自己的选择完全地自由并且特殊的那一刻，实际上，他们已经可笑地沦为了人性中最为功利、最为冷冰的心机的阶下囚。在这一刻，人生中最重要的一刻，在他们挑选"灵魂伴侣"抑或"所有痛苦的来源"的那一刻，正如我们所愿，实际上他们极其温顺地屈服了一种无法消除的，客观而言十分愚蠢的，并且因根本目的与个人命运毫不相关而显得有些侮辱的一种需求：生命的延续，因为生命这场醒着的噩梦要在古往今来的岁月里永恒延续。

哲学的不幸

毫无疑问,我们可以确定地说,叔本华这位多愁善感的天才,青春期的悲伤忧郁和成年后的复仇心切,必将使他在日后将爱情摔个粉碎。当然,在叔本华之前就已经有了先锋者——卢克莱修。然而像叔本华这样对爱情的探索如此之深远的思想家实为罕见,叔本华一砖一瓦地摧毁了爱情,即使爱情给人类生活里最真切的痛苦带来了些许安慰。此外,关于此点,这位德国刽子手也毫不避讳地自吹自擂。他大声并且坚定地得出定论:关于爱情这个问题,在他之前,从未有人真正地、严肃地揭示出真理。

"我们或许应该很惊讶,"他写道,"在人类生活中扮演着如此不一般角色的事物,可以说直至今日,都未曾被哲学家正视,于现在的我们而言,它几乎还是一块从未加工过的原材料。"这样的说法有些夸张,或者说是在有意识地误导读者,但这不重要。"最关注这个问题的,是柏拉图",但他的作品本质上都与"希腊同性恋"相关,叔本华肯定地说道。在嘲笑康德在爱情话题里众人皆知的无能,讽刺斯宾诺莎的爱情定义"极其天真"之前,叔本华还批评了卢梭,他认为卢梭在《论人类不平等的起源和基础》中的某些爱情观点是"错误且站不住脚的"。叔本华总结道,"所以,我既无需向前人求助,更无需反驳他们的观点"。

多年之后,保罗-阿尔芒·沙勒梅尔-拉库尔①——年纪轻轻就已在巴黎获得哲学学位——回忆起自己与叔本华在一家不知名的小酒馆里的谈话时,他讲到自己当时被这位当之无愧的德国悲观主义哲学大师震撼到全身无法动弹。和这位年轻的对话者在一起时,叔本华就像一只苍老的猫,顶着一头花白的头发,此时《补录与拾遗》②已问世,他对年轻的欧洲深深地感到绝望,毫不犹豫地挑战和蔑视所有时代的思想家和作家,因为在爱情这片领域里,他坚信自己就是思想的革新者。"你们可以把爱情变成一种奢侈,一种消遣,只要你们开心,还可以把它看成艺术家。"他用苦涩的口吻向这位年轻人讽刺道,这位后辈也在不久的将来成为了法国参议院主席。尽管如此,这位年轻的"天才却是一个只想着生产制造的工业家"。

---

① 保罗-阿尔芒·沙勒梅尔-拉库尔(Paul-Armand Challemel-Lacour, 1827—1896),法国著名政客,从巴黎高等师范学校毕业后,获得哲学学位。拿破仑政变后,因其共和观点遭流放,其间在比利时进行讲座,在德国成为教师,后返回法国从政。——译注

② 书中收录了叔本华的 40 篇名言,法语译本为《补录与拾遗:哲学散记》(*Parerga et Paralipomena. Petits écrits philosophiques*),让-皮埃尔·雅克松(JeanPierre Jackson)译,科达(Coda)出版社,2005 年。

"道德家诅咒的是这股粗俗又淫荡的欲望。诗人谈论的是被命运安排的灵魂和无法解释的爱恋。柏拉图讲了一个故事,当人类还是雌雄同体时,被激怒了的朱庇特像切鳎鱼一样将人类一分为二,以抑制人类的傲慢,从此以后,所有人都在追寻身体的另一半,直到找到为止。道德家们都是一些空想家,是蠢驴,柏拉图嘲笑了我们所有人。人类既不是靠着道德败坏的贪欲前进,也不是在某种神圣力量的驱动下前进;他们都在为天才们劳作;他们完全就是天才的佣人,是他们的工具和愚弄的对象。"[1]所以男人、女人不断经历的各种爱情交易,只不过是在不知情的情况下,进行着一种杂乱无章、令人作呕、大规模的血统混合,从而保证人类在成千上万种可能发生的毁灭性事件中躲开物种灭绝的结局。

这段黑暗悲观的话"撕毁了所有的面纱",沙勒梅尔-拉库尔回忆道,那天晚上他仿佛在叔本华眼中看到一团熊熊燃烧的地狱之火,叔本华大师用"一个负责物种延续的忧伤木偶"取代了"那位年轻迷人的神明,那位用一双带着烈火之箭的眼睛去亲吻人的心灵的神明"。"爱情,就是这片苍穹",涉世未深之人会在某一时刻耗尽所有勇气去尝试它。

---

[1] 保罗-阿尔芒·沙勒梅尔-拉库尔,《对一位悲观主义者的研究和思考》(Etude et réflexions d'un pessimiste),1901 年,发表于叔本华《论女人》的附录部分,埃尔纳(Herne)出版社,2007 年。

"爱情,就是罪恶",迷恋魏玛(Weimar)城的叔本华坚定地说道,还没来得及向他所不屑的爱情示好,他就已头也不回地走远。

向女人开战

"女人们从不曾想让人类灭种,这就是为什么我恨她们。"按照叔本华的要求,态度必须清清楚楚:拒绝做一个因言辞模棱两可、语气含糊不清而受人争议的厌女主义者。他比所有团结在一起的主教都要残忍,他就是哲学里的开膛手杰克①。女人是可恨的,因为她们就是集中营的看守者。她们是没有意义且极其虚伪的存在,她们以延长人类的苦刑为唯一目的。叔本华解释道,那些可怜的傻瓜往往会惨遭女人毒手,从此以后,他们得担当起照顾那些因女人的欺骗而被迫诞生的后代。只要女人活在世上一日,生与死的恐怖轮回将永无止境地继续。"打倒女人",这就是叔本华在战争里的呐喊。不惜一切

---

① 开膛手杰克(Jack the Ripper)是1888年7月7日到11月9日期间,在伦敦东区(East End of London)白教堂(Whitechapel)一带以残忍手法连续杀害五名妓女的凶手的化名。犯案期间,凶手多次寄信到相关单位挑衅,却始终未落入法网。其大胆的犯案手法,经媒体一再渲染,引起当时英国社会的恐慌。至今他依然是欧美文化中最恶名昭彰的杀手之一。——译注

代价地摧毁女人的作品。

在叔本华所有武器中,要属《论女人》①一书最为锋利。书中成堆的劝诫警告成为了当今各种各样绝望老男人最信赖的"行为准则",而于此我们也并不诧异。这种情况在当时就已经是如此,此外我们在莫泊桑的作品中也会发现这些劝诫的影子,莫泊桑在小说中常常会塑造出一些吹嘘自己可笑、放荡行径的狂妄人物形象,而掌管他们的神就是叔本华②。《漂亮朋友》——一个不折不扣的风流鬼的故事——夹杂了些许作者本人的自我批评,小说中的主人公也想成为这位德国哲学家的信徒,用他的话来说,一位"地球上存在过的最为凶猛的美梦摧毁者"。

"女人是低等性别,从各个方面而言都属于第二性,是应被划分开的性别,是属于次要级别的性别",在《论女人》中,我们可以读到许多诸如此类的叔本华式"金句名言"。叔本华对女人的攻击主要在于女人的地位,因为在他看来,女人极其荒谬地占据了优势地位,并且在西方文明中极其享受这种地位。

---

① 亚瑟·叔本华,《论女人》,埃尔纳出版社,2007年。亦可参见收录于《补录与拾遗:哲学散记》的《关于女人》一文,第905—915页。
② 参见让·萨朗的杰作《莫泊桑和叔本华》(Maupassant et Schopenhauer),收录于《揭开面纱的理性:叔本华研究》(*La Raison dévoilée. Etudes schopenhaueriennes*),弗兰出版社,2005年。

"准确来说,我们所称之为欧洲女性的女人是一种不该存在的事物。世界上或许只应该存在以管理家务为专职的家庭主妇,以及希望成为这种妇女的年轻女孩,她们应该学习的不是傲慢,而是劳动和服从。"对女人的法式讨好思想,以及中世纪的基督精神以来我们所给予"贵妇"(*dame*)——叔本华很喜欢用斜体标注这个词,从而故意表现出自己的失礼——的无穷无尽的关注,都因为叔本华的蔑视而被一一抹杀。只有改革婚姻才能从根本上镇压他的抱怨。于是,多配偶制的建立迫在眉睫,最后我们将会看到"那位自命清高的'贵妇'带着可笑的尊严和荣誉从世上消失,她是欧洲文明的怪物,是德式基督教犯下的错误"。

对"贵妇"文化的必然性否定,叔本华给出了某些人道主义的理由。他确信,在亚洲或东方实行多配偶制的国家里,没有一个待在闺房里的"老姑娘",她们更不会因为找不到男性保护者就只能去做苦力活。于此我们可以看出,叔本华对印度封建种姓制度并不是特别了解。此外,在叔本华看来,我们也应该为妓女鸣不平,这些不幸者"是一夫一妻制下真正的受害者,她们在婚姻的祭坛上被屠杀"。只要废除一夫一妻制,我们立马就会发现,在伦敦街头游荡的八万多位女性性工作者便会消失;叔本华甚至宣称,为了毁灭女人的所有所得,哲学早已准备好了胡诌瞎扯。

爱情,弱者的力量

对于人类中的雌性群体,叔本华甚至还要否定女性客观存在的外表上的美。他写道,将这些矮小身材、宽盆骨的事物定义为"美的性别"真是大错特错。正如在孔雀、鹿或其他动物种群里,毫无疑问,雄性才是最为优秀的物种标本。相反地,此时"弱势性别"特别地适合女人,尽管她们的弱势对男人来说是最致命的危险。狮子有锋利的尖牙利爪,象与野猪擅长自我防御,女人,就像是靠吐墨汁让周围水域变得浑浊的墨鱼,只能通过掩饰来自卫。这就是女人学会的俘获男人的技能。女人生性狡猾,永远具有撒谎的倾向,叔本华强调道。

在恐怖的"丛林法则"下,当所有物种混居在一起时,女人掌握的最致命的武器,在叔本华看来,就是婚姻。只需要通过婚姻的连接,女人便可以获得原本在体力和智力上缺失的能力。大自然也在帮助她,它赋予女人在年轻时拥有"戏剧性"的性格。让她拥有好几年让人窒息的美貌,尽管极其短暂,却足以"深深地征服男人的想象力",然后将男人驯服,让男人去照顾她的后半辈子和子孙后代。女性外表上的某个缺陷,只要通过精心打扮或穿戴华丽的装饰品便可以被弥补,叔本华充满恶意地夸张道。

此外,将爱情精神化也是女人的致命武器。叔本华强调道,如果说,最初是由一个女人——狄欧蒂玛——传给了苏格拉底这种毁灭性幻想,然后苏格拉底"自己为了让尘世的痛苦永存,便将这种绝望的信仰传给了世人"[1],那么这一切绝非偶然。此时,同性哲学被揭露为女人在哲学上的同谋者。倘若女人们为了维护愚蠢的一夫一妻制,或为了维护曾替她们在成千上万的蠢男人面前洗清罪名的"灵魂伴侣"这一噱头,而愿意拿起武器进行斗争,那么不管她们怎么解释,在叔本华看来,都绝非偶然。在这片战场上,实际上女人们的头号敌人早已抢先一步。叔本华敏锐地观察到,即使是一个毫无价值、面相丑陋的女人,也会毫不留情地诋毁一个意外怀孕的少女,或者更糟的是,去谩骂被发现与人通奸的妇女,这样毫不留情的严厉态度,我们也不知道该如何解释。面对此类事件,女人们之间的凶残,暴露出了她们恐怖的秘密。女人们不仅可以用一次放荡的行为让男人们看清自己是婚姻里的傻瓜,也可以在某个瞬间,成为自己这一性别的公敌。于此,男人们要么开始明白,婚姻里不必太认真也能获得一切;要么他们会发现,认真也不能保证他们不深陷绝望之中。

---

[1] 保罗-阿尔芒·沙勒梅尔-拉库尔,《对一位悲观主义者的研究和思考》,前揭。

关于这个结论,叔本华进一步提出了自己的论点:他甚至讽刺道,所谓两个性情多变的灵长类生物之间的真诚友谊,不过是一场可怜的笑话。"在从事不同职业的男性群体中,竞争关系是有限的,而在女人堆里却涉及到每个人,因为所有女人都从事着相同的职业,做着相同的事。走在街上,她们只需要碰个头,就足以像圭尔夫派和吉伯林派一样①进行眼神的较量",所以"女人天性互相为敌",叔本华坚信自己的判断。于此,我们可以确定的是,在当下西方社会中,婚姻制度已经开始摇摇欲坠,甚至垂死挣扎。但我们能就此总结道,叔本华的观点已经绝对过时了吗?远远不能,这个问题还有待反复思考。女人们不再满足于寻找一位丈夫,她们对爱情的渴望一直深深地存在,从某种程度而言,甚至称得上为一场被延伸了的引诱大赛。当离婚和分手成为了世间常态时,这场竞争也变得尤为激烈,甚至一直贯穿于整个一生。再一次,我们又看到,叔本华将一切残忍地看透。

我的母亲大人……

"每个人心中的女人形象都来自于他的母亲,这就是为什

---

① 圭尔夫派(Guelfes)和吉伯林派(Gibelins)是意大利十二、十三世纪两大主要敌对政党。

么男人要么铁了心地尊重女人,要么厌恶她们,再或者完全地无视她们",尼采在《人性的,太人性的》①中写道。这也就意味着,或许我们可以在约翰娜·叔本华(Johanna Schopenhauer)——一位教育儿子对女性同胞要怀有宽容之心的母亲——身上了解到更多关于叔本华的事情。在叔本华只有18岁时,他极其悲观的父亲突然从阁楼上掉下来摔死。对于其大多数亲戚以及年轻的儿子而言,他的死亡被理解成了自杀。"我的母亲大人正在举行晚会,而我的父亲却在孤独中薪尽火灭,当我的母亲在享乐欢愉之时,我的父亲却在难以忍受的痛苦中挣扎。瞧,这就是女人的爱情。"②一个对裙角的褶皱、对潜在情人的关心都远超过对亲人的关怀,甚至还想成为一位"作家"的无情的交际花,这便是母亲在叔本华心中所留下的根深蒂固的印象,因此面对人类群体另一半的女性,他极其地厌恶,并且感到无穷无尽的失望,他在日后亲口承认少年时就早已对所有女人感到失望。

父亲去世后,这位普鲁士的哈姆雷特和母亲大人的关系不断恶化,最终走向了决裂。约翰娜·叔本华在魏玛最为火热的文学沙龙里过着挥金如土的日子,歌德也是这里的常客。关于

---

① 《人性的,太人性的》,§380。
② 《叔本华年鉴》(*Schopenhauer-Jahrbuch*),n°58。

自己与各种男人积攒下的混乱情史,约翰娜·叔本华在儿子面前也毫不遮掩,甚至在自己小说的字里行间里,吹嘘自己不曾感受到一丁点来自丈夫的爱,与丈夫的结合完全是为了在爱情透支后还能有个财产保障。像叔本华这类天资聪颖却因遭受过侮辱而内心孤独的少年,很少有人会在后来组建一个幸福美满的资产阶级家庭,成为一家之主。《作为意志和表象的世界》的作者终身未娶,并且内心深处十分排斥为人父这一想法。于是,这套从小便已定型的哲学思想将叔本华与生活和解的最后一丝可能装进了棺材,钉上了最后一颗螺丝钉。

哲学家和他的杂种

作为一个性情暴躁又爱挖苦人的单身汉,叔本华实际有过无数次的感情经历,不过大多都短暂又平凡,并且无一例外,每一段感情都因嫉妒心、猜疑或极其缺乏大度而以失败告终。至于爱情里的快乐,想都别想。某些研究学者十分肯定并且严肃地指责叔本华内心深处澎湃的欲望,因为从某种程度而言,这种欲望与他所吹捧的禁欲、冷漠以及出世的态度函矢相攻,也由此可见他的冠冕堂皇[①]。但这种观点所忽略的

---

① 玛尔西娜·盖鲁(Martial Guéroult),《论爱情的形而上学》(*Métaphysique de l'amour*)引言,1964 年。

是,尽管叔本华的虚荣心时不时地有些走火入魔,但他也从未自称是"普鲁士的佛祖",他一生从未停止过抱怨那块让人倒胃口的混沌地带,因为心中那头"性欲望的母狗"时常会使他深陷其中。他视这种脆弱无力为"个人私敌,视女人为恶魔般的工具"。从痛苦到强烈的荒谬感,再到反感,实际上,他的爱情体验完美地吻合了他那套引人发笑的理论。

"男人,我越看越不喜欢;如果我要是也能这么说女人,那就再好不过了",叔本华在17岁时引用诗人拜伦的这句俏皮话感叹道。在不得已接受那些女仆、那些差不多算半个妓女的放荡女人以及与各种各样被他日后哲学上的成功所吸引的女人之前,似乎仍存在着几段恋情曾让叔本华忘我地投入其中。首先便是在威尼斯与一位叫做特雷莎·弗卡(Teresa Fuga)的女人之间的浓烈爱情,但这次爱情冒险快速化为了泡影。他日夜监视着他的情人,很快便引起了对方的不满。某一天,当叔本华与他每分每秒都在用眼角余光监视着的猎物一起在丽多岛(Lido)上散步时,他们看见了那位所谓的勋爵大人拜伦正好骑马路过。于是,"从那天起,这个意大利女人再也无法忘记那个男人了",叔本华在日后将这段意大利爱情故事讲给自己的妹妹时埋怨道。这个插曲,成为了激情爱情的完美阐释,甚至可以与普鲁斯特的《女囚》(*La Prisonnière*)相提并论。

叔本华后来的爱情故事明显地失去了些浪漫色彩。在德累斯顿①，他搞大了一个女佣的肚子，而他们的新生儿，一个女婴，在出生几个月后就夭折了。"幸运的是，这杂种在小小年纪就死了"，他在一封信中颇有兴致地评论道。后来，他与凯若琳·里克特(Caroline Richter)——半个属于上流社会的女明星——的爱情故事也在柏林留下了种，凯若琳·里克特在1820年前后为其生下一女。而叔本华并不是很领情，随即不久便离开了这位母亲，离开了他曾经的"小公主"。就叔本华逃脱责任的事情来看，我们必须要知道，这个一辈子睡觉时手里都拿着枪并且因为害怕房屋失火永远都只睡在一楼的男人，对踏进为人父这等糟心事的浑水，真的没有任何兴趣。

存活在一夫一妻制下

在爱情里如此丰硕的战绩无法阻挡叔本华向人类展示自己在夫妻生活里获取成功的宝贵建议。一旦爱情的美梦破灭，一旦物种的本能需求，即传宗接代得到了满足，剩下的便

---

① 德累斯顿是德国萨克森自由州的首府，德国东部重要的文化、政治和经济中心。——译注

如同是一个泼妇与一只阉鸡之间的惨淡对决。叔本华对婚姻生活的定论差不多就是这样。然而,在1822年的一篇文章里,他思考了如何应对这个早已设定好的人生悲剧①。这篇在很长时间内都未刊发的文章,可笑地完善了叔本华悲观的爱情观。此外,这位哲学家在书中捣碎了一夫一妻制,不过这次采用的几乎全是女权主义的论点,于此,实际也不足为奇。他在文中直截了当地提出:在婚姻里,年轻妻子"只使用了一半的能力,只满足了一半的欲望"。但在某种暂时性的"三人夫妻"的模式下,一个年富力强、充满干劲的情人的加入将会在很大程度上满足女人的欲望,因为让女人在性成熟的那些年只将身体献给一个男人,与她的天性大相违背。

男人面对的局面也并不是太有利。只要男人在婚后前几年无法满足妻子,那么他在后来便不可能只满足于妻子一人。事实上,在这种情况下,这位哲学家明确说道,男人不可能"用合法的方式满足自己的性欲望,从出生到死亡都无法做到,除非年纪轻轻就能当上鳏夫"。再加上一句精妙的叔本华式警告,然后恰如其分地总结问题的症结所在:"早婚的人将会一辈子拖着个老女人;晚婚的人先会得花柳病,然后又被戴绿

---

① 亚瑟·叔本华,《三人夫妻》,《文学杂志》,第328期,未刊,1995年1月。

帽子。"

于是,叔本华再一次批判世界,因为世界必定会无法运转。"大自然将性爱关系处理得极其不妥",他写道。我们在世界上统计到了同样多的男人和女人,我们便以为一夫一妻制才有意义。这是对所有人类犯下的错误。毫无疑问,这两者间毫无关系。此外,叔本华还构想出了一种"迷你团体"的模式,即一个年轻女孩与两个男人结合的团体,而当女孩开始"枯萎"之时,两个男人可在几年之后再引入一个更年轻更有活力的同居者,即第二任妻子,她将会"负责他们的生活,直到他们衰老"。这种解决办法,可以肯定的是,有些天真或者说奇怪,然而却被认为能够解决夫妻关系中因嫉妒或疲倦而引起的大部分问题。但叔本华本人到底相信吗?肯定不信,他的荒诞哲学是不允许他相信这种如同是同时代里激情澎湃的乌托邦幻想者夏尔·傅立叶所写下的胡言乱语。爱情与本身已是最悲观的概念之一的"生存意志"一样荒谬,它注定是无法被改造的。而爱情是否能被根除,则有待思考。

教育家叔本华

主动地守贞,是迈向禁欲主义的第一步,是叔本华所极力宣扬的行为,甚至我们可以大胆地说,这是为了反抗物种本身里的黑色恶念。它是一股强大的力量,正如波德莱尔所写,"这个心狠手辣的刽子手,举着快感的鞭子",永远地操纵着愚蠢卑鄙的芸芸众生。"可以说,性冲动是构成人类本质的欲望",《作为意志和表象的世界》的作者甚至描绘了每逢月圆之夜便难以遏制体内欲望的狼人形象。"它是年轻人每天脑子里都会想到的事,即使人老了也会如此,它是下流之人每时每刻都在想的事,是不断压迫在守贞之人脑子里的念想。"所以,我们是不是能够断定,所有人,哪怕是饱经人生风雨后隐退在寺庙里的尼姑,都不知如何才能完全躲过"生存意志"伸向人类的致命诱惑?

然而,存在着一种能够让人去玩弄这股意志,清除这些陷阱中的地雷的办法,这条逃生之路,在叔本华看来,就是美学思考。曾经的痛苦将会被浓缩成一团记忆,若愿意的话,还可以转化成一出"戏剧",甚至可以成为快乐的源泉。著名的法国作家、叔本华的追随者——马塞尔·普鲁斯特的所有作品便是建立在这股信念之上。这位"追忆者"从不期望在爱情中获得满足。阿尔贝蒂娜的出现所带来的快乐,说到底,无非是消除了因她不在而引起的焦虑,而这种快乐马上又会被一种"莫名的烦躁"所替代。不管是对普鲁斯特还是对叔本华而言,幸福永远都不在当下,当下永远是激情的痛苦。

爱情,普鲁斯特在《斯万的爱情》里写道,是"神圣的痛苦",本质上也是无所谓的小事。它唯一表现出的事实,就是它带来的痛苦。它能够带来的唯一快乐,便是通过不切实际却又振奋人心的幻想,存在于未来,存在于对爱情的想象中,或者当一切都化为回忆时,更加确定地留在了过去。"被拥有之物永远不会践行作为被渴望之物的诺言,因为它不会彻底满足我们的愤怒,我们的意志……"叔本华写道。关于此点,叔本华与斯多葛派的观点明显不同。我们都知道,马可·奥勒留皇帝以及那位被解放的奴隶爱比克泰德[1]都强烈推崇与叔本华相反的观点,他们要求一丝不苟地抓住现在,未来只能是担心和焦虑,过去则是遗憾和悔恨。

过去拥有让事物变得柔和的力量,这便是叔本华最重要的哲学发现之一,也是叔本华作品中十分罕见的乐观主义微光。尽管他过去的情史混乱不堪,但曾经的敏感逐渐消弱。过去的痛苦缓解了现在的痛苦,心只要没有被毁灭,终将会在炙热的阳光下慢慢发亮。对于《追忆似水年华》中的故事叙述者本人来说,亦是如此。他在《重现的时光》(*Le Temps retrouvé*)[2]中写道,"我曾为了吉贝尔特、盖尔芒特夫人以及阿尔贝蒂娜不断地承受着痛苦。但我也将她们一个接着一个地

---

[1] 爱比克泰德(法语:Epictète, 55—135),古罗马新斯多噶派哲学家。——译注
[2] 《追忆似水年华》第七卷。——译注

忘记,唯独对不同人的爱将一直敬存我心"。在经历了各种风流韵事后仍然存在的爱情,已不再是"一份"爱。往坏了想,它成为了话痨之人念叨吹嘘的资本,往好了想,它或许会成为一种独特的人生轨迹,一种关于自身的现象学,但不管它到底成为了什么,它已经开始彻底摆脱事情中的假象,即普鲁斯特式的爱情假象。

在《追忆似水年华》中,普鲁斯特从未引用过叔本华,相反地,却频频提起叔本华在爱情话题上的主要对手——柏拉图。在书中,只有年轻的康布勒梅夫人被普鲁斯特塑造成了这位恐怖的德国人的狂热信徒,她对叔本华的作品"谙熟于心"。然而我们很清楚,叔本华对普鲁斯特产生的决定性影响,普鲁斯特在《阅读的时光》(*Journées de lecture*)里将两页纸的篇幅献给了叔本华。对成为叔本华继承者的否认,一场精心设计的探险游戏,一封意味深长的"被偷走的信",说到底都不重要,这两位杰出的爱情诽谤者之间的惺惺相惜,都只会因此而变得更加动情、更加完整、更加热烈。

瞄准涅槃

无论谁在将来"撕开了玛雅人的面纱",无论谁在将来察觉到自己灵魂深处的那份不属于任何人、在暗处推波助澜并且永恒存在的"生存意志",肯定都会因恐惧而后退,因发现自己存在的毫无意义而被吓得僵住,叔本华写道。然而,大多数人都满足于演好自己的木偶角色,他们追随着一些虚无的事物,做着一些"像真的一样"的事,沉浸在可笑又愚蠢的幻想里,就好像一切真的会一直好转,又好像真的有什么事发生了一样。帕斯卡尔将这种不切实际的态度称之为"娱乐",这种说法也被大众化,而在娱乐态度中,爱情起着相当重要的推动作用。不管是爱情带来的虚假快乐,还是强烈痛苦,都不过是在浪费大把的时光,因为它们违背了现实,是一次毫无意义的情感反刍,可以不用面对荒诞的现实。事实上,爱情是所有人的娱乐。

如今,米歇尔·韦勒贝克——叔本华主义者,狂热的爱狗人士——再次清楚地阐释了这个观点。他在小说中彻底剖析了爱情,承认了它所带有的巨大力量。不管是从爱情能给人带来安慰的错觉来看,还是从爱情所带来的难以愈合的伤疤来看,它必定是一件重要的大事。因此,在《一个岛的可能性》[1]里,我们看到一个神经衰弱者向读者完美地阐释了当没有爱情这个必要的装饰品时,生活到底会是什么样的。"当性

---

[1] 米歇尔·韦勒贝克,《一个岛的可能性》(*La Possibilité d'une île*),法亚尔(Fayard)出版社,2005年。

爱消失时,一切都将会消失;毫无深度和意义的愤懑将会填满剩下的时光。"同样,在韦勒贝克看来,性爱的激情就好比是一种集中营。先是某个半老徐娘为了自己死去活来,再是自己被某个年轻漂亮的金发妞抛弃,在韦勒贝克笔下,对于这位带着反派色彩的男主角而言,爱情逐渐成为了最纯粹的地狱,一块血流不止的伤口。"爱情使人脆弱,而身处爱情中的两个人,更脆弱的一方将会被另一方压迫、折磨甚至杀死。"此外,小说中爱情的标准与纳粹主义——年轻、俊美、残酷——几乎完全相似,关于此点,叔本华本人或许也绝无异议,因为在他的笔下,成熟的老女人只会引起合情合理的反感。韦勒贝克写道,"无条件的爱情才有可能通向幸福,人类早已清楚这点,至少曾经的先驱者们很清楚。但清楚地认识问题,甚至时至今日,也并不能带来什么解决办法。"

然而,叔本华认为,那些非常之人、那些真正的勇士拥有躲避可怕的爱情的办法。改变视角、欲望和思想才能真正地解放。每人以各自的方式变化视角,正如这位德国哲学家将哲学视为艺术,这一点正好也是普鲁斯特所捍卫的。他们还听到了来自魔鬼的警告:生活是没有理性的。在一股只会生产人类的黑色力量的推动下,生活就像原子一样永无止境地发育、重构、再裂变、再瓦解,一切都是原子的融合。所以可笑的是,竟然有人坚定地相信某些存在就是爱情的对象,而实际上这意味着数不尽的痛苦。在巴尔贝克①的沙滩上,《追忆似水年华》的主人公看到的是一群年轻美丽的女孩儿,是一群骑自行车的人,是高高竖起的保罗衫衣领下的粉色脸颊,是心情愉悦的资产阶级,是空气中隐约传来的只言片语,比如某个天真汉在说"过自己的生活"。而疯狂,是想要在变化的视域中找到一种特别、一种会被认为是敌意的视角,找到一位阿尔贝蒂娜,一位只要独自一人时便会被难以满足的痛苦欲望缠身的小姐,她渴望着所有经历过的世界以及将会经历的世界。

这种疯狂,只有用艺术和哲学的视角才能治愈。这种视角与爱情中的视角完全相反。它让视域中的那份"流动着的、共同的、变化着的"美,变得更加流畅、更加灵动、更加广阔。"它让年轻女孩们变得更加难以靠近",雅克·朗西埃②在《文学中的政治》③中写道,"变得更加非人类。它将她们扔进了滚滚前进的人生车轮里,她们将会一次次地破茧成蝶,在领略到大自然的千秋统治、见识到艺术的千姿百态后,最终逐个地成为一群在沙滩上用某些神秘动作来求偶的海鸥,一颗划过

---

① 巴尔贝克(Balbec),《追忆似水年华》中的虚拟地点。——译注
② 雅克·朗西埃(Jacques Rancière, 1940—),法国哲学家,巴黎第八大学哲学荣誉教授。早年与阿尔都塞合著《读资本论》。其理论中最重要的两个概念是美学与政治。——译注
③ 雅克·朗西埃,《文学中的政治》(*Politique de la littérature*),《艾玛·包法利的死刑》(*La mise à mort d'Emma Bovary*),伽利略(Galilée)出版社,2007年。

夜空的闪亮的流星,或戈佐利①画中三圣贤之旅里的阿拉伯国王,一座伫立在希腊阳光海岸边的石像,或一丛长在宾夕法尼亚悬崖上的玫瑰"。这种视角的思考将会放弃人类荒诞的独特性,从而纯粹地思考。它不受欲望的束缚,将会获得唯一的永恒,人人渴望的永恒。

这种智者应该追求的完美精神境界,叔本华是认同的。他在《作为意志和表象的世界》中写道,心灵至高无上的宁静只有在经历了一切害怕、痛苦和幻想后方能获得。"他嘴角带着微笑,平静地凝视着人世间一幕幕喜剧,这一幕幕也曾使他时而激动、时而痛苦,而此时的他,却已八风不动;在喜剧落幕之时,或在次日清晨的冥想之时,前夜狂欢里的那些三三两两让他心乱神迷、思绪澎湃的精致伪装者们,对他而言,都不过是一盘棋子。"

狂欢过后,死一样的寂静压在人群里,爱情的尸体纹丝不动。

---

① 贝诺佐·戈佐利(Benozzo Gozzoli,约 1421—1497),意大利佛罗伦萨画家,以描绘十五世纪生活的装饰性挂毯样式壁画而闻名。佛罗伦萨美第奇宫礼拜堂的《三圣贤之旅》是他最重要的作品。——译注

7

索伦·克尔凯郭尔
绝对的爱情

"爱情于我而言,一直为最重要之事,或唯一重要之事。"

——司汤达,《亨利·勃吕拉传》(*Vie de Henry Brulard*),1890 年

大海里曾有这么一种怪物,他出现在波光粼粼的海面,用蛊惑人心的眼神引诱年轻姑娘。这种人身鱼尾的怪物身上有着闪亮的鳞片,在吸引女人注意力时,他的尾巴藏在波浪下晃动,女人们在岸边被迷得神魂颠倒,然后被他吞食在大海深处。有一天,他以同样的办法俘获了美丽的阿涅斯,阿涅斯忘我地沉浸在他的怀抱里,而当他即将把女孩的生命终结时,他的心突然被少女饱含深情、天真无邪、充满欲望和绝对信任的

眼神融化。他被这双纯洁的眼睛征服,他的心忽然变得沉重,一瞬间与波涛汹涌的浪花一同僵在了那里。

这时,他怎么忍心伤害这个让他怦然心动、心生爱意的无邪少女呢?可他是人鱼怪物。最初的引诱是为了消灭她,但他若坦白自己是魔鬼,则有可能会让女孩失去理智而疯掉。这份爱无论多一分还是少一分,都是不可能的。最后,他选择将她送回人类世界。他将她放在沙滩上,留下了自己的一颗真心和绝望。这是一份被爱情放弃的爱情,一份因强烈需要而不得不失去的爱情。人鱼怪物在慌忙中转身跳进咆哮的大海。孤单的身影被痛苦撕裂成了两半。他的心已碎为粉末,但这份让人难以置信的牺牲却广袤无垠。他的泪水与海水相融,他的哭声与浪声齐鸣。

"我一直游走于海底最深处,所见之处皆为黑暗。可我又时常浮于水面"[①],克尔凯郭尔写道,除了人鱼怪物,他再也找不到自己的同类,他活在"灵魂的秘密深处"。就像安徒生故事中的大海怪物,克尔凯郭尔离开了美丽的蕾吉娜(Régine)那一束"女人里的阳光",他将她丢弃在了人世的海岸,哪怕心中有无限爱意。

---

① 1840年12月9日给勒丽娜·蕾吉娜·奥尔森的第26封信,收录于《通信集》中,西尔特(Syrtes)出版社,2003年。此外,克尔凯郭尔在《全集》第五卷《恐惧与战栗》中描写了人鱼传说的故事。

他在1837年第一次见到她时,她只有14岁零3个月,是正值豆蔻年华的朱丽叶,而他已25岁。当时克尔凯郭尔在女友博莱特·罗丹(Bolette Rördam)家做客,在一堆年轻女孩中间,他唯独注意到了蕾吉娜——某位政府议员的女儿。这位"哥本哈根的孤独者"瞬间沦陷了。

在接下来的三年里,他想尽办法一点点地接近她,关心她的学业和钢琴学习。他时常去她家中拜访,那是一座位于博格斯加德大街①上优雅的贵族旧宅,底楼高高的罗马柱顶着来自芬兰的高级木材。父亲去世后,克尔凯郭尔游览了父亲的故乡日德兰岛,在旅行归来后不久便向这位年轻的姑娘求婚。1840年9月10日,她答应了。

但次日,他却在日记本中写道:"那一瞬间,我便知道自己犯了个错。一直以来我都是个忏悔者,我过去的生活,我的多愁善感,我受够了。"然而,他实际却深爱着她。他从未间断地去向她讨好、献殷勤,给她寄各种丝巾,要么亲手印上一些过时的花案,要么换成俗气的情侣画像,并且故意在背面潦草地写上几句情诗或情话,毫无疑问,他写了数不清的情书,在每封信里挥洒着自己的诗歌天赋。

"如果我必须要许一次愿,我很清楚它是什么;如果必须

---

① 哥本哈根市中心的街道。——译注

要许七次愿,我只会将这个愿望重复七次,即使在第一次我便知道它已经实现了。这个愿望是我内心深处的信念:不管是死神的降临,生活的摧残,还是天使的召唤;不管是王室子弟,还是富贵权势;不管是在眼下的当前,还是不久的将来;不管是平步青云,还是迟滞不前:这世上无一人、无一物可将你从我身边夺走,更无法让我离开你。"①

求婚后第十一个月,他突然将刻有未婚妻名字首字母 R 的订婚戒指退还回去,并附信道:"在东方国家,收到细丝带意味着自己的死期将至;但在这里,收到戒指意味着寄件人的死期将至。"

蕾吉娜以死相逼,在长达两个月激烈的情感斗争后,两人关系终于有所好转,整个家庭都恳求这位年轻的宗教学家不要再惹出任何事端。但理性的寒风吹在了克尔凯郭尔的心口,惩恶除害的天使将利剑插在了一个温顺的牺牲品上。他已下了人生的赌注,并且心意已决。

他的哥哥皮特·克里斯汀(Peter Christian),未来的主教,早已看透了他的心思,对他说道:"瞧,你已经迷失了。"几年后,克尔凯郭尔在自己的《日记》中②回应道,"但是,倘若我

---

① 给蕾吉娜·奥尔森的第 21 封信,无日期,收录于《通信集》。
② 《日记》,克尔凯郭尔死后遗作,第一卷,伽利玛出版社,1963 年。

真的存在问题,倘若这已是无可厚非的事实,那也并不是那件事导致我成为这样的"。或许,就是这种自相矛盾,就是因为克尔凯郭尔无法去经历爱情,他才成为了关于爱情——"一个如此诱惑人心的话题"——见解如此之多的罕见的哲学家之一。

在恋情基本正式瓦解后,这位年轻人全身心投入到了《非此即彼》的创作中,这是一部专门探讨婚姻价值的作品。1843年,《非此即彼》隐埋了作者真名,以维克多·艾莱米塔(Victor Eremita)之名正式出版,这本书使得克尔凯郭尔一夜间声名大噪,成为了丹麦最有名的作者。在此不得不提一下的是,这本书的第一部分便是著名的《诱惑者日记》。故事很有名,主人公约翰纳斯常常在私底下干涉年幼的考尔德丽娅的想法,并且刻意激发她的性意识,但当他成功引诱到考尔德丽娅时,却神秘地失踪了,可谓是一位不折不扣的偷心大盗。而于此,读者们不禁将主人公和克尔凯郭尔联系起来,这本书成为了对克尔凯郭尔的个人悲剧以及教义思想最大的误解来源。

这是"世界文学中最伟大的爱情故事之一",他的传记作者卡尔·埃比·普尔森(Karl Ejby Poulsen)点评道,两个无法在现实中结合的人终将在永恒中相遇,便是最震撼人心的哲学作品。当黑格尔在沉思无法阻挡的历史进程时,克尔凯郭尔,在十九世纪中期,将人类存在的不幸一层一层地剥开,他以自己的亲身经历为解剖对象,将自己的爱情悲剧、荒谬的分手、撕心裂肺的痛苦甚至自我矛盾和纠结,编织成一张密密麻麻的网。在"系统"的控制下,这位丹麦的反哲学家——被拉康评为"弗洛伊德之前最刻薄的灵魂审问者"——认为,真理存在于主体性之中,它与人内心的选择有关。我们出生时并非为人,我们是想要成为人。从海德格尔到萨特,以及雅斯贝尔斯①和维特根斯坦②等,这位存在主义先驱对二十世纪的思想者们产生了深远影响;无论如何都要"忠于内心"。这就是克尔凯郭尔在 25 岁时建立的人生信条。

她应该恨我

为什么克尔凯郭尔要和一个他曾经疯狂迷恋,用他的话来说,和一个他爱到至死的女人分手呢?他到底产生了或被强加了什么奇怪的念头,以至于从无辜的未婚妻手中收回真

---

① 卡尔·特奥多尔·雅斯贝尔斯(Karl Theodor Jaspers, 1883—1969),德国著名哲学家和精神病学家,基督教存在主义代表。1967 年,他成为瑞士公民。雅斯贝尔斯被看作是存在哲学的杰出代表人物,他将存在哲学与让-保罗·萨特的存在主义进行了严格的区分。——译注

② 路德维希·约瑟夫·约翰·维特根斯坦(Ludwig Josef Johann Wittgenstein, 1889—1951),犹太裔奥地利裔英国哲学家,维特根斯坦家族的成员之一,其研究领域主要在语言哲学、心灵哲学和数学哲学等方面。——译注

心?如何才能澄清这个被所有人认为是"罪过"的行为?他想这样"侮辱所有人"的用意何在?

他的每一部作品都像是一位诗人放在漂流瓶里、传达给挚爱女人的编码信息,这位诗人"独自坐在爱斯基摩人的独木舟里,在世间偌大的海平面上形单影只,时而浮起,时而沉落,永远都在上帝的手掌之中"。书中大量的文字陷阱引来诸多注释者进行各式各样的解释,甚至包括这位善于伪装的大作家本人,他以极其幽默和讽刺的方式使用了数不清的笔名,其中每一个都象征着存在里的矛盾,在引导读者的同时又刻意误导读者。

首先,他不得不以十恶不赦的罪人形象出现在蕾吉娜和整个哥本哈根上流社会面前。这是他想到的唯一能挽回这个年轻女孩名誉,同时又能让分手"容易一些"的办法。当孩子需要断奶的时候,母亲会将乳房涂黑,他在《恐惧与战栗》中写道。或许这也是一种躲避一段平庸无奇的失败爱情的办法。

克尔凯郭尔将一切心思和才华都用在了欺骗上。他偶尔只会对忠诚好友爱弥儿·博森(Emil Boesen)吐露真心话,但每次也都含糊不清,有时还别有心机地结束谈话。在柏林跟"啰嗦老头子"谢林[①]求学的六个月期间,他摇身一变成了侦

[①] 弗里德里希·威廉·约瑟夫·冯·谢林(Friedrich Wilhelm Joseph von Schelling, 1775—1854),德国哲学家,著有《先验唯心主义体系》(1800)。——译注

探,恳请朋友去监视蕾吉娜的一举一动,向他报告她的日常活动、身体状况以及感情生活。他使用着"前任们"惯用的伎俩,即在突然意识到自己无依无靠时,以近乎病态的好奇心去纠缠往日情人。"想要真正地理解我,从现在,并且在以后,都是一件难事。因为我有管控情绪的能力(或许这也是我的不幸!),只要我想去掩饰,想看懂我的游戏就并非易事,"他辩解道,"但倘若你非要追问,你问她的模样是否会重新出现在我眼前",他向他的同伙指责道,"啊,该死的,要下地狱的!你还想让我再变成一个不知道自己想要什么、永远躲在黑暗里、跪在地上唱圣歌,却只看见幽灵的胆怯小孩吗?"后来,当他的痛苦开始失去力量时,他又不惜一切代价让蕾吉娜认为自己是个伪君子。"我的生活是一章一章进行的,每一章我都可以给出准确的名字和顺序。现在正在进行的这一章叫做'她应该恨我'。"

一回到哥本哈根,克尔凯郭尔就夹着一把雨伞,拖着微驼的身子,在市中心的大街小巷里整日地闲逛。他愉快地和来往的行人或商贩谈天说地,每周一早上,他都会碰到蕾吉娜,但对她不说一字,又每天晚上准时准点地披头散发地跑去大剧院,最少待上十几分钟,好让所有人可以到处说他是一个无所事事的小青年。难道他的过去还不够证明这点?当他的父亲在世时,他就是一个对生活不抱任何幻想的纨绔子弟,他肆意挥霍家产,混迹于当下流行的各种咖啡馆之中。关于他的可笑生活,我们不得不说一件事,在正式解除婚姻的那天,他心不在焉地听着奥尔森家庭成员们的谈话,并且偷偷地从口袋中取出手表看时间,因为他不想在晚上的约会上迟到。

事实上,这位作家的确贡献出了无数个日夜在工作上。即使是如此该下地狱之人,几乎每晚一回到家,大衣还没来得及脱,就借着烛光,笔直地坐在办公桌前开始工作,他甚至在自己大公寓的每间房里都摆了一张斜面课桌。"舍赫拉查德[①]靠讲故事救了自己一命,而我是靠不停地写作来拯救或延续我的命",这位"哥本哈根的守夜者"、为最高真理而服务的"间谍"吐露着心声。

他觉得自己受着一种"使命"的引导,就像被一些命令"封印"在身。"在我的身体里,有着某种和传教士保罗[②]一模一样的刺,"他对友人爱弥儿说道,"这就是为什么我知道我肯定无法回到正常人生活的原因。此外,我更明白了我的任务是如此的与众不同。这也正是我和蕾吉娜之间的阻碍所在。"

[①] 舍赫拉查德是《一千零一夜》中故事的讲述者,也是书中故事的主人公,因为给国王讲述了一千零一夜的故事,才免得次日被杀死。——译注

[②] 保罗,早期基督教会的领袖之一,据《新约全书》记载,保罗原名扫罗,起初迫害耶稣门徒,后改信耶稣的教义。传说《圣经》中《罗马书》《歌林多书》等为他所作。——译注

恶的来源

"身体里的刺",克尔凯郭尔的另一个难解之谜。我们是否可以简单地理解为,这是对克尔凯郭尔极其多愁善感的一种比喻?他将这种伤感视为自己"最忠实的情妇",当他谈起自己的悲伤时,就好比是英国人谈起自己的房子,"我的悲伤就是我的城堡"?是否象征着他心中那头会思考自我的恶魔?这种过于活跃的精神活动将他带到了疯狂的边缘,医生们承认这已无法治愈。抑或,可能是因为性无能?恰好他一出生,生理和心理之间就存在了不平衡?再或者,是指那些钉在"圣人"皮肤里的钉子,而他则自认为是被钉在柱子上的"圣人"?

克尔凯郭尔对蕾吉娜的爱、他的婚姻承诺以及他对教士的使命产生怀疑的那一阶段,都为他质疑自己与上帝之间、与牙牙学语时就被反复灌输的路德基督教义之间的痛苦关系提供了契机。父亲迈克尔·帕戴森(Michael Pedersen)和母亲安妮·隆德(Ane Lund)老来得子,1813年5月1日,索伦·奥贝·克尔凯郭尔出生,此时父亲56岁,母亲45岁,他成了家中七个孩子最小的那个,也成为了父亲最疼爱的孩子。父亲是一位退休在家的富有商人,一个不折不扣的虔信派教徒。他对小儿子进行了极其严格的基督教式教育,当克尔凯郭尔回想童年时,都是"痛苦和责罚的场景","在人类看来,这是一种疯狂"。

可以想象瘦弱纤细的小索伦穿着短裤配厚羊毛袜的滑稽模样,这套正装让他在学校有了"唱诗班的孩子"、"长袜子索伦"的绰号。由于在学校里一直都被排挤在"除……之外"的行列里,小索伦在班上没有任何朋友。而他极富个性的言语和挖苦话从小就给他带来了不少苦头,就像他在后来激怒了新闻记者来反对自己一样①。

在家里,他几乎没有任何玩具,除非一个小滚筒也算得上是玩具的话。他想出去玩耍又常常被拒绝。但父亲又会以补偿他的名义,牵着他的手,在他卧室的木地板上踱来踱去,想象父子二人正在城市里的大街小巷中散步。毫无疑问,有这么一位想象力丰富的父亲存在,克尔凯郭尔学会了幻想;但他的童年就这样被偷走了。"一个抑郁症老头给了我一套西服。恐怕没有再糟糕的情况了!"他大叫道。然而,当所有人都回想起年幼的他时,他是一个一直带着微笑的小男孩,快乐又活泼。但实际上,他早已是一个双面人"亚努斯"②,他有一张微

---

① 参见瑞典传记家约翰纳斯·赫伦贝格(Johannes Hohlenberg)的《索伦·克尔凯郭尔》,阿尔班·米歇尔(Albin Michel)出版社,1956年。
② 亚努斯(拉丁语:Ianus),是罗马神话中的门神、双面神,具有前后两个面孔,象征开始与结束,过去与未来。——译注

笑脸,也有一张哭泣脸。在这种变质的家庭氛围里,母亲和姐姐们的温柔也无济于事,但小索伦仍然学会了去敬爱这个在痛苦和悲伤中挣扎的男人。

因为他的父亲纠结在罪过之中。父亲小时候在老家日德兰(Jutland)半岛放羊,某一天,当他饥饿难耐、深深地绝望之时,就举起了拳头,决定从此再也不相信上帝,因为上帝从来没有在他需要时出现。从此以后,就像犹太人辱骂将死的耶稣后被诅咒要四处流浪一样,他开始相信将来的某一天最恐怖的惩罚会降临在自己身上。即使在后来成为了富甲一方的商人,在他看来,万贯财产就是不祥之兆。再后来,当12岁的儿子死于一场事故时,小儿子索伦又恰好6岁,于是他坚定不移地相信向上帝还债的警钟已经敲响,所以他必须通过严格的宗教教育,将最后一个孩子献给上帝,就像亚伯拉罕将以撒献给上帝一样①。

---

① 亚伯拉罕的独生子以撒出生后,上帝考验亚伯拉罕,要他以以撒献为燔祭。亚伯拉罕走了三天,在摩利亚地区,上帝所指定的山上筑坛后,正举刀欲将以撒杀死时,上帝的使者前来阻止,嘉许亚伯拉罕的信心,知道他是敬畏上帝者,连自己的独生儿子都愿留给上帝。亚伯拉罕就以当地的一只公羊,献为燔祭,代替了儿子以撒,并为该地取名为耶和华以勒,意为"上帝必有预备",而上帝更赐福他说:"论福,我必赐大福给你,论子孙,我必叫你的子孙多起来,如同天上的星,海边的沙,你子孙必得着仇敌的城门,并且地上万国都因你的后裔得福。因为你听从了我的话。"亚伯拉罕也因此被称做信心之父,为因信称义做出了最美好的注脚。——译注

而他所受的诅咒则是,亲眼目睹所有子嗣在先于耶稣受难的年纪逐个死去,仅有自己一人存活。于此他深信不疑,他劝服了小儿子相信这个诅咒。命运的安排让这场诅咒几乎成真。在21岁时,克尔凯郭尔已经埋葬了五个兄弟姐妹和母亲。然而犯错的父亲却安然无恙,被判了一场漫长的赎罪期,去世时82岁。父亲去世后一个月,克尔凯郭尔出版了他的第一本书:《一位健在者的论文》。然而,父亲的话却对这个年轻人产生了严重的阴影,在34岁生日那天,他特意去教区教堂查询了出生登记簿,从而验证压迫在身的死亡期限是否存在。

然而,对神灵的触犯并非是老爷子内心深处罪恶感的唯一来源。1835年左右,父亲在某次酒后吐露真言,向儿子说出了一个惊天秘密,让后者瞬间感觉到了可怕的"天崩地裂","让所有事情发生的必然性有了新的确信无疑的理解规则"。他是不是向儿子坦白了自己在25岁时曾和姑母有过一个孩子?然后当未留任何子嗣的前妻死后,他又马上再婚了?而再婚娶的其实是被他玩弄过的一个女仆,也就是他的母亲安妮·隆德?

可以确定的是,这对夫妻婚后五个月左右便产下第一个孩子。所以,倘若父亲强奸了女仆就是整个家族之谜,那么就可以明白为什么克尔凯郭尔,"女仆的儿子",从不谈论自己的母亲,并极其反感孕育后代,"我把原因埋在心底,这个原因,实话实说,或准确来说,对我而言,可以将痛苦牢牢地锁在心中"。此次酒后的坦白使得儿子成为了父亲罪过的保管者。保管者,抑或牺牲者。

或许,这个秘密约定让父子二人的关系更加紧密,他们成为了对方的镜子,这也是克尔凯郭尔和蕾吉娜的关系变得神秘的原因①。"如果我必须要站出来解释,或许我会将她也带到痛苦的事情上去,我和我父亲的关系、父亲的压抑、漫无止境的黑夜、我的迷失、我的欲望和极端……②"在某次吐露真心话后,克尔凯郭尔匆忙地享受了一番一个人的性爱乐趣。或者在某天晚上,他任由自己的酒鬼同伴把自己拉进了妓院。不料这却是一场悲剧。大多数人或许都会忘记这样的事,但他在数年之后还在念叨。这位哲学家出场了,"他现在就想结婚。但马上又感觉到苦恼。因为婚后他或许会成为一个父亲,在世上的某个角落里,或许会有一个人的命是他给的,这件事情发生的可能性将会日日夜夜地折磨他"③。另外一个不结婚的障碍,他是这么劝说自己的。

---

① 参见大卫·布里兹(David Brezis),《克尔凯郭尔,镜中的主体性》(*Kierkegaard ou la subjectivité en miroir*),基梅(Kimé)出版社,2014年。书中分析了父子之间互相模仿的关系。此外,该作者还著有《克尔凯郭尔与女性》(*Kierkegaard et le féminin*),塞尔夫(Cerf)出版社,2001年。
② 《日记》,第一章。
③ 《文稿》(*Papier*),第四章,A篇。

然而,这并不能阻挡克尔凯郭尔在偷吃禁果时的那种难以满足、超越了理性的冲动。当"用快乐填满了这片无底大海"时,他并没有感觉到突然袭来的巨大失落。他感觉受到了欺骗,因为"在这股几乎无人可挡的力量下,快乐将会四处辗转并带来新的乐趣,这种混杂的激情过后,是空虚和心碎"①。显然,这条堕落之路是不适合他的。

欲望的死胡同

克尔凯郭尔先后在 1843 年的《非此即彼》和 1845 年的《人生道路诸阶段》中介绍了生命经历的不同阶段,这些阶段也是通向最高等爱情的步骤。主要包括美学、伦理和宗教三个阶段,这也是圣奥古斯丁认为所有人类精神升华的主要阶段。一次生命,三种可能,千千万万个错综复杂的选择。

如果说小索伦,孩提时期的克尔凯郭尔,在卧室的木地板上走来走去,是为了在想象的散步之旅中碰到形形色色的路人;那么成年后的克尔凯郭尔以及他用过的各式笔名,在一张张白纸上跋山涉水、翻山越岭,便是为了去引诱、玩弄甚至迎娶他笔下虚构的年轻美丽的姑娘,去体验生存的不同阶段。

---

① 《日记》,第一章。

换句话来讲,"他自导自演了一部电影"。他认为,在美学阶段里,不知满足的男人们专心于寻找过往云烟般的快感和乐趣,但最后只会剩下幻想破灭的失落空虚。风流鬼唐璜,纵使有过"一千零三个情人",也从未找到过幸福;在孤单苦闷之时,他在内心深处清楚地意识到,永恒的快乐永远是遥不可及。他"就像是海面上激起的白色浪花,存在于那么一刹那,只有着短暂又模糊的轮廓:一个没有德行的男人只能算在人世间来了一遭!"①顶多能得到个莫扎特为他写的合奏曲。

啊!莫扎特!就是莫扎特的《唐璜》!克尔凯郭尔坚信,就是1835年在哥本哈根剧院演奏的那场《唐璜》将他逼进了"罪孽大海"中。虽然在我们看来,这不过是杯水之海,大家还是忽略吧。"就是这部作品,"他坚持认为,"它就像艾薇拉②一样把我从修道院宁静的夜里赶出。"③从小就鄙视身体的他

---

① 《全集》,第一章,第85页。
② 艾薇拉是唐璜唯一娶进门的妻子,一位拥有高尚道德,来自修道院的女子。她起初想报复唐璜,最后却出于伟大的怜悯之心想拯救唐璜。——译注
③ 《全集》,第三章,第99页;"去听《唐璜》吧……去听他最初的生命,就像滚滚乌云中迸射出的一道闪电,是高深莫测的严肃,它疾于闪电,桀骜不羁,但却更坚定有力;去听他急忙奔向多彩的生命,然而又在牢固的城墙里跌跌撞撞;去听小提琴发出的阵阵清音,那是快乐的呼唤,是欲望的喜悦,是高潮带来的极乐世界;去听他超越自我时的激昂澎湃,愈发地驰骋,无人可挡;去听激情里疯狂的贪婪,听爱情在自言自语,诱惑在偷偷嘀咕,勾引带来了湍急的漩涡,暴风雨前的平静……去听吧,去听吧,去听莫扎特的《唐璜》吧!"

在某一天发现自己的"情欲程度和常人都不一样"。这么说或许会引人发笑,可以肯定,当今社会里任何一个没到青春期的小男孩,对性爱的了解程度,都要比他多得多。因贪恋肉欲被判处地狱之刑,因自我放纵而身体受损,再加上从未间断过的自我审判,克尔凯郭尔成为了对自己最有效的"反伟哥"。除了青春期里持续数月的放纵,再也没有听说过其他关于克尔凯郭尔的风流故事。

他确信,性爱本身是无罪的。"只有人类会察觉到自己是有性欲望的个体,当有性冲动时,动物们只会去交配。"人类之所以能够感受到性欲,是因为性欲和思想存在着一定的联系。至于评判性欲是好是坏,《焦虑的概念》的作者维吉利乌斯·豪夫尼恩希斯(Vigilius Haufniensis)(克尔凯郭尔的笔名),在最后也只能这样去建议所有人——"您亲自去那看看吧"。《致死的疾病》的作者安提-克里马库斯(Anti-Climacus)(克尔凯郭尔笔名)也稍微感叹了一下:性爱之事好比房子的地下室,与楼上的大卧室相比,我们实在更喜欢住地下室,哪怕整个房子都是我们的。

克尔凯郭尔注意到,性爱不过是"存在于某一时间里的眩晕",就像音乐一样,"本身是不存在的,它只存在于乐器被演奏的那一刻"[①]。所以,在美学阶段里,那些误入死胡同的人便受

---

① 《非此即彼》,"性爱的即时瞬间"。

到了斥责。待在胡同里不肯出来的人,必定会因追求眼前短暂的快感而自毁生路。轻浮放荡带来的陶醉与狂热背后,必定是伤感和绝望,是会在某一瞬间倾泻而出的千丈愁苦。

稀奇古怪的礼服也无法掩饰住花花公子的不安,他唯一的未来只会是空虚,是"没有快感的永恒"。"我的生活完全地被剥夺了意义,"在《非此即彼》中 A 作家忏悔道,"这种生活是被颠覆了的世界,它残忍,它让人无法忍受……人们常说时间在流逝,生活就是一阵旋风,诸如此类的话我却丝毫没有感受到,时间对我而言是静止的,我也是静止的。我对未来所有的构想都统统回到了我的身上;我想吐痰时,痰却吐在了自己的脸上。"① 到头来,美学阶段的人既不会爱人,也不会自爱。这两种爱永远相伴相随,在克尔凯郭尔看来,自爱是所有爱的基础。向一切欲望低头,最终什么也得不到。②

简而言之,这是一种苦恼。"你像垂死之人,每日都在死去,这不是普通意义上的死,而是对你而言,生活已经失去了真实性。"③ 克尔凯郭尔所描述的这种失去真实性的感受,是否会刺痛到当今社会那些自私自利的享乐男女们?"我们在

---

① 《全集》,第三卷,《副歌》(Diapsalmata),第 23、25 页。
② 《全集》,第三卷,第 28 页:"大多数欲望都如此紧密地跟随着性爱的快感,以至于在匆忙中超越了性爱。"
③ 《全集》,第四卷,第 177 页。

嘲笑修道士的生活，"他讽刺道，"但没有一位高僧会像当今社会的芸芸大众一样活在不真实之中。"

所以，美学阶段中的人必须要做出选择：要么继续做"欲望猛兽"的阶下囚，要么发挥自由，改变生存模式，去完成跳入到另一个阶段的改变。对于坠入爱河并对未来二人世界充满困惑的年轻人来说，或许很能体会这种阶段。

规矩的生活

如果说美学阶段能够"让人立马显出最真实的模样"，是把人与"野兽"、动物区分开来的重要阶段，美学阶段里的爱情就是欲望之神厄洛斯，那么相反地，伦理阶段就是"让人成为了他应该成为的模样"。在伦理阶段里，男人会带着完成使命的坚决信念，成为一个有担当的男人。婚姻，则实现了在一个团体内将人类的存在持续地、具体地进行结合。它是一种涵盖了激情、美丽、情色的"生命里的严肃性"。在克尔凯郭尔看来，能够获得这种婚姻的人，他们的生活是"极其诗情画意的；婚姻解决了如何听着警钟活在永恒之中的大难题"[1]。

贪玩放纵之人恐惧地认为婚姻是一条勒死人的绳子，但

---

[1] 《全集》，第四章，第124页。

实际上,婚姻将生活停靠在了现实的港湾里。极富责任心的男人代表威廉法官[①]确信,婚姻中的爱情并不会随着时间而衰减。爱情里最初的信心将在婚姻中不断更新和升级,爱情将愈发地深厚稳固。但的确,爱情里存在着一个让人头疼的问题——爱情若想长久持续下去,就必须时刻保持战斗状态,因为度过的每分每秒都会是威胁。换言之,"爱情需要保鲜。如果这个任务不可能实现,那么爱情就是不可能的",克尔凯郭尔肯定道[②]。婚姻到底有没有解决爱情进退两难的窘境?克尔凯郭尔在《论婚姻》[③]中写道,婚姻是人在一生中应该进行的"最有趣的旅行",踏上这段旅程的人则是"真正的男人"。他还认为,爱情是"婚姻的载体"[④],幸福的婚姻就是爱情的顶峰。对于唐璜来说,婚姻或许是园子里的棚架和藤蔓;而对骑士来说,就是苍茫夜空与烁烁繁星,"婚姻是高高在上的万里苍穹"。《人生道路诸阶段》第二部分《酒后吐真言》(*In vino veritas*)在故事结束时,克尔凯郭尔对柏拉图的《会饮》进行了

---

① 威廉法官是《非此即彼》下卷的叙述者,一个具有多重面孔的人物。——译注
② 《全集》,第十四章,第127页。
③ 《人生道路诸阶段》中《论婚姻》一章,收录于《全集》第四章。克尔凯郭尔在《非此即彼》中已经写道,"婚姻中的爱情在时间里战斗,也在时间里得到了胜利和神的保佑"。《全集》第四章,128页。
④ 《非此即彼》中"婚姻的美学价值",《全集》第四章。

讽刺性的甚至些许荒谬性的模仿,一对夫妻在享受二人世界惬意品茶的美好场景时,被一群私下闯进来的不速之客打断,但从某种程度上说,这也间接地让读者看到了一场幸福的婚姻。

然而,克里马库斯却在《哲学片断》中发出了警告,关于婚姻,"仍存在许多困难"。大家都很清楚,夫妻生活中的单调会快速地转变为一种"恐怖的停滞"。当夫妻生活没有满足我们所有的期待时,谈上帝、基督教义或者聊新婚庆典都没用,"这肯定都是男人们的错"[1]。尽管时间让夫妻越来越了解彼此,但所有人却只看到了导致婚姻变质的因素,他叹息道。

反对资产阶级婚姻

资产阶级日益强烈地向往着幸福却又不愿付出代价,教会组织肆意歪曲基督教义,这些虚伪的行为首当其冲地成为了克尔凯郭尔最痛恨之事。在生命最后的时光里,他与教会以及上千名恶意布道的神职人员斗争,在他看来,基督教义"已经沦为了婚礼和洗礼的伴奏乐"。他批判婚姻成为了一种被利用的工具,即通过对夫妻二人的祝福掩盖人的性冲动。

---

[1] 《全集》,第四章,第115页。

婚礼上嘈杂的音乐以及蛋糕顶上那对用糖做的夫妻雕像,这里面总有些地方不对劲。婚姻并不等于爱情,"正因如此,人们才说夫妻结合成为了一副躯体,而不是一个灵魂"。说到底,爱情和婚姻只不过将"两个各谋私心的自尊心联合起来"。克尔凯郭尔对社会现状提出了出乎意料的警告,他感叹"我们的时代已不再考虑目的论这一因素,但后者却与道德伦理密不可分——在上流社会,我们发现很多人认为没有孩子的婚姻才是完美的"。

克尔凯郭尔对婚姻的拒绝正体现了他"狂野"的一面。他反对既定的规则,蔑视未经探讨就被确定的事,愤恨那些相互勾结的权势群体、大学里那些受过教育的"文化流氓"、死守黑格尔主义体制如小狗般的追随者以及教堂里那些腐败的长衣大袍。他不仅愤慨地讽刺社会是"公共遇难船只的残骸",并且过度地追求绝对,以至于无法像普通老百姓一样粗糙平凡地生活,对于后者来说,生命的严肃性无非在于"窝在沙发里剔剔牙,然后当个小人物,比如一位'受人尊敬的牧师'"。

同时,他也十分敬佩那些勇于接受自己真实模样的"离异夫妻",他们敢于"公开挑战"以教化民众的规矩和空话为基础而非以爱情为基础的婚姻。然而,对于那些有气无力地死守婚姻的松懈者、爱情里的背叛者,克尔凯郭尔也并没有特别恶语相加:"只在思想上反抗而不付诸行动的人,在逝去许久的爱情中挣扎的人……会像神经错乱的疯子一样将自己锁在婚姻的小黑屋里,然后拽着牢房的铁栅栏,滔滔不绝地回忆自己过去犯下的蠢事……尤其是对婚姻深深的失望。"①

在《哲学片断》中,克里马库斯引用了莎士比亚的一句话作为题铭,"绞死之刑也好过草率的婚姻"。总而言之,"结婚,很好;不结婚,更好"。克尔凯郭尔强调道,马丁·路德②明智地"为了捍卫一时的权利而结婚,但在当今时代,避免婚姻仍不失为一种正确的选择"。

同样,克里马库斯对克尔凯郭尔的头号敌人——黑格尔的婚姻观发起了控诉。黑格尔在《法哲学原理》中提出,"步入婚姻是现实生活的必然安排,更是一种道德义务"。但对于克尔凯郭尔而言,这种观点是无法容忍的:它没有谈及爱情,就好比基督教徒从不提及自己的信仰。它根本没有想过给激情在'系统'里找到一席之地,都不过是一些纯粹的废话。好像人人都能'看清爱情',然后像整理文件一样将它塞进抽屉里!但至少,我们得承认黑格尔的冒险勇气,因为他的婚姻经验无非就是如何严格管教女房东在耶拿为他生下的私生子。

---

① 《全集》,第四章。
② 马丁·路德(德语:Martin Luther, 1483—1546),德国教会司铎兼神学教授,于十六世纪初发动了宗教改革,促成基督新教的兴起。——译注

成为一个独立体,而非一只羊

事实上,克尔凯郭尔也尝试通过伦理阶段"回归到标准男人的模型"里。"为了准备丈夫这一角色,我做了一切力所能及之事。我修剪自己的枝叶,我将自己从漫无边际的自由世界中抽离,然后走进千篇一律的条条框框中。每日清晨,我一层一层地剥掉灵魂里的急躁,我不断努力,差不多在快要成功时:一刹那,它们又在那儿了。"①显然,"伦理将我毁灭"②,克尔凯郭尔肯定地说道。"我的精神状态和丈夫这一角色,是水火不容的两个存在。"③蕾吉娜"可以让我屈服于她的每个欲望,让我花尽每日时光哄她开心,如果我可以这么做,我必然会乐意地去做,但我无法接受自己的精神被控制,我将生命倾注在了思考上,我的损失将会是精神的死亡"④,这是一段不失傲气的内心独白。当看到现实世界和自己的思想王国之间不可能存在缓和之地时,这个高级的思想似乎在说,"与这些下流之事和小儿科的闹剧相比,

---

① 《全集》,第五章,第81页。
② 1842年2月6日给友人爱弥儿的第68封信,收录于《通信集》,第169—170页。
③ 1842年1月16日给友人爱弥儿的第62封信,出处同上,第157页。
④ 《日记》,第一章,第204页。

我还有更重要的事情要做"。像威廉法官一样,成为千人一面的"大众先生",对于这个自诩与众不同的男人而言,必然是一件让人反感之事。

当意识到自己与这位年轻姑娘——比克尔凯郭尔整整小11岁——之间隔着"无法理解的万丈深渊"时,他感觉自己"坠落在了七万法寻①之深的海底"。所以他开始了对无限世界的疯狂探索？或者像他在《有辜的？无辜的?》②中反复念叨的一样,他开始一蹶不振,或者暂时地心灰意冷？在像他一样承受痛苦之前,蕾吉娜还必须随着时间"找到自己的救赎"。毫无疑问,她必须要心怀敬畏,为她所引爆的残忍而付出代价。

克尔凯郭尔对这个不幸的姑娘亏欠太多。与蕾吉娜的相遇是改变他命运的导火索。他备受折磨的精神状态早已决定,为了"绝对地"爱着蕾吉娜,为了在永恒之中庆祝他们的新婚之夜,他不得不皈依上帝——爱情的本身。一张仅维持一生的契约无法满足他。"割草工"将会一一收割人类的结合,连法官威廉一想到某天"死亡将会结束婚姻"时,他也感到幸福似乎开始黯淡。而当我们在永恒之中时,又会回忆起什么？

---

① 法寻,旧水深单位,约合每法寻1.624米。——译注
② 《人生道路诸阶段》第三部分。——译注

"啊,没能爱过世上最美的女人,没能找到世上最温柔贤惠的妻子共度幸福一生,却为了真理而痛苦一生。"在一个服用镇痛剂的时代,一个比什么时候都要恐惧痛苦、恐惧被超越的时代,真的有人会这么想吗?

伦理阶段的失败,克尔凯郭尔解释道,在于一心想用集体性规则为自己的言行寻求保障。它的危险,说到底,在于忘记了人应当先成为一个独特的个体,而不是盲目地顺从,成为芸芸大众,但这也是人类的本性之一。此外,还有一些普遍规则也无法解决的特殊情况,此时又会"从目的论出发,将伦理阶段暂停"。比如亚伯拉罕,对他而言,爱情就是一桩丑事。由于它的狂热和激进,爱情,正如克里马库斯所说①,无法"只停在某个点上",它将蔓延到每一具尸体上②。

神圣之路

因此,正如法拉塔·塔希图尔努斯(Frater Taciturnus)③所说,伦理阶段本身就是一种"过渡阶段"。在克尔凯郭尔看

---

① 《全集》,第五章,第213页。
② 他在《诱惑者日记》中写道,"爱情喜欢什么?无限。爱情最怕什么?界限。"
③ 参见《有辜的?无辜的?》。

来,只有在要求毫无条件的服从和绝对信仰的宗教阶段里,爱情才能走入永恒。尼采也曾说过,"因爱而生的不是道德的,而是宗教的"。同样,克尔凯郭尔在1843年的一篇《布道词》中指出,"要爱一个人,必须想要在获得神的肯定后去爱"。的确,爱情这个苦力活充满了太多的痛苦和苛刻,以至于"对于敏感脆弱的人而言,抛弃人与永恒之间的联系,是一种巨大的解脱"①。

这就是为什么亚伯拉罕成为了"最伟大的人"。他与悲剧英雄阿伽门农不同,阿伽门农为了满足城邦的道德要求,将女儿伊菲格涅亚献祭给了神,而亚伯拉罕是以绝对的态度追求绝对。将儿子作为贡品祭祀给神的亚伯拉罕因弑杀亲子而触犯了法律。但这位父亲仍然带着坚定的决心前往摩利亚的山峰。《恐惧与战栗》中描述道,"他给驴装上鞍,一路慢行。他心中怀着坚定的信念。他相信神并非真想夺走自己的以撒,但若必须这么做,他也准备好了将儿子献出"。他"荒诞地选择了信任"。忍受着父亲失去爱子的痛苦,他依然选择服从神

---

① 《爱之工》,《全集》第十四章:"到底什么可以将短暂与永恒相连?除了爱情,还有什么可以先于所有事物存在,在所有事物消失后又永存?因为爱情是一种与永恒的联系,因为短暂的尘世和永恒的世界是截然不同的存在,所以对于地球上短暂的智慧而言,爱情就是一种负担;对于敏感脆弱的人而言,抛弃人与永恒之间的联系,是一种巨大的解脱。"

的指令,正因如此,神最后把他的应许之子还给了他。这就是克尔凯郭尔在书中"反复"表达的意义,当主动去适应已注定之事时,被考验者将会为自己的存在、为整个世界、为其他所有人带来新的意义。

以亚伯拉罕为效仿对象,索伦献出了蕾吉娜。这是这位年轻人与上帝之间签订的疯狂契约,他跳进了荒诞之中:向上帝献出唯一挚爱,为了这个世界而死去。要活着死去,才能在重生时亲自将上帝选为自己的父亲。成为亚伯拉罕和以撒。成为祭司,也成为祭品。他是家中的独宠子,却注定要为父亲抵罪赎过!他很确定,他自愿献出的祭品——蕾吉娜——根本无法理解这一切。他在《哲学片断》中写道,"不幸,并非是与相爱之人无法结合,而是彼此无法理解"。

所以,他不得不逃离"她",与尘世的幸福快乐挥手告别。"取消订婚,如果我可以说这是与上帝的订婚,"他在《日记》中总结道,"带来的痛苦和不幸,反而成为了我生命中最幸福的爱情。"[1]因此,如果说选择是"生命里的严肃性",那么选择上帝,就是"至高无上的选择"。[2] 此时,磨炼是一种感化,所以克尔凯郭尔才会说,"不幸的爱情是爱情

---

[1] 《对我著作事业的非科学看法》,《全集》,第十六章。
[2] 《从不同角度进行研究的布道词》,《全集》,第十三章。

最高级的模样"。

一切都没失去

在最高级别的爱情里,所有的失去将会得到另一种意义和价值。"我算不上一个严守道德规矩之人,"他在《致死的疾病》中写道,"也并非一位追求具体或抽象自由的狂热者;一旦别无选择,美会再次出现,你会发现,生活就在此时变得美好。"《B作家的手稿》①中的一位陪审官解释爱情本身就是一种自我的赠与:"不过都是它自己失去了一切,或得到一切",他引用了费奈隆(Fénelon)的话,"请您相信爱情吧:它自己会拿取一切,也会赠与一切"。所以爱情将会一直幸福快乐,"尤其是在成为牺牲品之时"。于此,这是面对"一件思想无法掌控的事情"而愤怒时的最高蔑视。在激情最浓烈之时,爱情会选定他物来承担自己的损失。于是,自私往往成了阶下囚,克里马库斯说道。但这样的爱情,就像基督教义一样,能否独自存活?的确,如果说恋人们是"稀有动物",那么基督徒则"比罗密欧和朱丽叶还要罕见"。

克尔凯郭尔承认,他没有成为"信仰的骑士",《恐惧与战

---

① 《非此即彼》,《全集》第四章。

栗》中完美的基督教徒,而是成为了"一名屈服于无限世界的骑士"。信仰的骑士,会服从客观规定,结婚生子,完成使命,并且非常清楚"这片领地上仍然盘旋着一条孤独、狭窄和陡峭的崎岖之路"。这同时也意味着,宗教并没有消灭伦理、美学,相反地,它将两者最完美之处恰当地结合起来。"信仰的骑士是真正幸福的男人,他拥有一切有限的完美。"所以,从整体来看,对人类的爱并不意味着要禁止个人的爱好。克尔凯郭尔甚至呼吁道,"我们一定不要过于理想化!"所有的爱,包括宗教的爱,都应该去激发"隐藏在敏感之心里的快乐和满足"。我们会因此得到些许解脱。

关于此点,他在《爱之工》中表明得很清楚:"在某些年代里,我们非常严肃地想要弄明白基督教义,所以将其与生活混为一体,我们认为它必须要谴责以人类天性为基础的爱情,一旦爱情在人的躯体和思维之间制造出混乱,基督教义就应该憎恨被性欲玷污的爱情。但这是对精神至上的误解。我们非常容易就可以证明,基督教义并不会为了反对人类,而如此不理智地激怒人类的情感……它没有禁止人类吃饭、喝水,更不会因人类无法选择的本能天性而感到耻辱。"

克尔凯郭尔在《日记》①中坦白道,"倘若我有过信仰,或

---

① 第一卷。

许我不会离开蕾吉娜"。在《恐惧与战栗》中他写道,"如果人鱼可以有信仰,它的信仰或许能将它变为人形"。克尔凯郭尔的真心话直白又感人,但作为一个极其不完美的基督教徒,他无法获得幸福。如果他真的有信仰,他或许会得到一切。"因为信仰,亚伯拉罕没有失去以撒,因为信仰,他得到了他。"

然而,他也曾在某一时刻幻想蕾吉娜回到自己的身边。至少,他在那部杰出作品《重复》中是这么表达的。在书中,我们看到主人公渴望与自己的挚爱重归于好。但恰好在作品最为忙碌的编辑期间,克尔凯郭尔在报纸上看到了心爱之人与富德里兹·斯奈格尔的订婚消息,而蕾吉娜曾经为了自己而选择离开他。这个"晴天霹雳"般的消息导致他撕碎了五张手稿,然后将作品草草收尾。然而,最初死掉的年轻人后来又复活了。"我还是我",作品中的主人公坚定冷静地说道,如同作者本人需要重新站起来,像个拳击手从跌倒的擂台中站起来一样。

他渴望"在信仰中与她结合"。"她——不仅没死——而且美丽动人,嫁为人妻",他写道,但此时的他差不多已精神失常。1847年11月3日,在感人肺腑的《爱之工》出版后不到一个月,蕾吉娜就嫁给了那个"德国佬",这部作品实际是以一种独特的方式再次献给蕾吉娜的告白。

她是我的,永远都是

1849年,蕾吉娜的父亲,国会议员特克尔·奥尔森突然离世。葬礼于9月1日举办,整个奥尔森家庭成员都在场,参加葬礼的克尔凯郭尔便抓住机会与曾经的未婚妻建立起了联系。1849年11月19日,他给蕾吉娜的丈夫写了一封信,并嘱托他如果同意的话,可以将附带的第二封信转交给蕾吉娜。克尔凯郭尔带着惊人的胆量,给自己的"情敌"写道,"此生,她属于您;在历史上,她将属于我;在永恒世界里,您不必担心,她肯定也会爱我。"但最后他的信被原封不动地退了回来。

尽管无法和被丈夫严密保护的蕾吉娜直接对话,克尔凯郭尔并没有放弃,他在自己的《日记》中,纠缠不休地写信给蕾吉娜:"我曾经多么的残忍,的确如此……尽管你曾忍受了难以言说的痛苦,我理解你;尽管我承受了更多的痛苦,我相信这一切是真的,我很清楚;然而我还是准备着随时请求你的原谅。"

1855年3月15日,蕾吉娜跟随被任命为官员的丈夫前往丹麦安的列斯群岛地区。克尔凯郭尔的身体健康每况愈下。孤零零一个人,与他自己、与教会、与可恶的媒体和记者、与他察觉到正在发生不幸变化的欧洲做着斗争,精疲力尽的他在9月28日倒在了马路边。数日之后住进了疗养院,1855年11月11日,克尔凯郭尔去世,临死之前他拒绝了临终圣事,享年42岁。最后,死亡到底是什么,他解释道,不过是"在不回头的道路上的一次小小停留"。

后来,人们在他家中献给蕾吉娜的小红木柜子中找到了他的遗书。稗官野史可能会将克尔凯郭尔看成一个疯子。1849年8月24日他在《日记》中写道,"她曾说过,如果能和我待在一起,她将终身心怀感激,所以她不得不住在这个小柜子里。这就是为什么我没有在里面装隔板"。在柜子里,所有蕾吉娜的东西以及可以让他想起蕾吉娜的东西,都被他悉心保存了起来。他还在柜中刻意存放了所有用假名创作的作品样本,他每次都会保留两份用羊皮纸做的样本,"一份给她,一份给我自己"。此外,还有一封"关于她的信",这封信只有在他死后才可以拆开。

"我所有作品都是献给两个人的,我的父亲和她,"他写道,"献给我的两位主人,献给一位老人的高贵智慧,献给一位女人的温柔多情。""她的名字将由无人问津变得众人知晓,我的一切著作事业都敬献于她,她就是我曾经的未婚妻,蕾吉娜·斯奈格尔夫人。我曾经,并一直,对订婚和婚姻怀着同等的感恩,因此我的遗产将属于她,或许我们已经结婚了。"

但身为人妻的蕾吉娜拒绝了这笔遗产,仅要求将之前所有写给克尔凯郭尔的信以及自己的个人物品收回。多年之后,一直活到82岁的蕾吉娜袒露心声,她称与克尔凯郭尔的特殊关系,即使在二人分手后,也将他们的心连在一起。[1]

在《日记》中,索伦·克尔凯郭尔很清楚自己的天赋才华,以及与蕾吉娜的"不幸爱情"对于自己命运的重要性。他宣布道:"我爱的人是她。我的生命会一直突显她的生命,我的创作也会被认为是对蕾吉娜的名誉和光辉的纪念。我将会凭借自己名留青史。而我,一个敏感忧郁的我,只有一个夙愿:征服她;我其实是可以这么做的;我守护在她的周围;像一个仪式的主持者,我将她带进了胜利之中,我在那里请求:求求您了,请给她一席之地,给我们亲爱的小蕾吉娜吧!"关于永恒世界,他说道,"我希望我们会互相理解,在那里,我希望她会原谅我"[2]。

然而,在当下世界,克尔凯郭尔并不知道如何让眼前的生活和永恒的世界和解。毫无疑问,他的目标过于高远。关于爱情,他自己也曾有过混淆理想和现实的"隐形担忧"。但无论如何,很清楚的是:克尔凯郭尔,享受当下幸福的最大阻挠

---

[1] 参见蕾吉娜·奥尔森在《克尔凯郭尔或信基督的唐璜》(*Kierkegaard ou le Don Juan chrétien*)中的证词,1989年,岩石(Le Rocher)出版社。

[2] 《全集》,第四章,第353页。

者,内心深处情绪混乱的受害者,他的性情注定其无法为人夫、为人父。我们很难将克尔凯郭尔归入某个类别之中,甚至可以说他是"让人失望的"。他需要一位圣母——他曾希望蕾吉娜成为圣母——或者一个死人,就像但丁的比阿特丽丝一样——从某种意义上说,蕾吉娜被抛弃后就如同死去,"对我而言,她是已故之人"——才能满足克尔凯郭尔永无止境的幻想。或许西奥多·阿多诺(Theodor Adorno)批评得一点也没错,克尔凯郭尔就是把活人当成了死人去爱。①

然而,正如樊尚·德尔克鲁瓦②的一本非常浪漫的克尔凯郭尔式小说《那些失去的》中塞弗兰(Séverin)这一人物所说③,他们的分手或许是"愚蠢的"。"但有时就是这样,我们会毁灭我们最爱的东西。"克尔凯郭尔从自己的个人生活中取出爱情,然后把它放在了作品中;心中爱的激情被永恒世界的阳光灼烧,他将这段感情化为了笔下的题材,从某种意义上讲,克尔凯郭尔为他未来的读者作出了自我的牺牲。他一直都劝告所有人去相信爱情,爱情是"生活的载体"。他说爱情

---

① 西奥多·阿多诺,《克尔凯郭尔:审美对象的建构》,1933 年。
② 樊尚·德尔克鲁瓦(Vincent Delecroix, 1969—),2009 年法兰西文学院文学大奖获得者。——译注
③ 樊尚·德尔克鲁瓦,《那些失去的》(*Ce qui est perdu*),伽利玛出版社,2006 年。身为作家、哲学家和克尔凯郭尔研究专家,还著有《特别的哲学》(*Singulière philosophie*)一书,费兰(Félin)出版社,2006 年。

永远都值得去尝试。幸或不幸,爱情都会让人明白存在的本质,然后将人"永远地往前推"。除它之外,再也没有什么更深入、更崇高的情感,它不受束缚;所以,要做的事,就是去"抓住爱情"。

尽管在今天看来,克尔凯郭尔当初的选择十分奇怪,但他对西方社会人性的诊断仍然值得我们思考,当诸位神明纷纷从西方社会退场时,克尔凯郭尔惊恐地发现人们越来越沉迷于物质,追求着海市蜃楼的美梦:"我们时代的不幸,就是它仅仅只成为了'眼下的时间',而这种短暂的时间是如此的不耐烦,它丝毫不想听到来自永恒的消息……想让永恒成为多余的存在,永远都不会成功;因为,当我们越是想要去忽略永恒,或者越是去反对它的艺术,在我们的内心深处,我们更加需要的并且唯一需要的,就是永恒。"

当我们一层一层剥开风流鬼卡萨诺瓦的心时,最后会看到一个坚硬的核——"永远"被他人坚定地爱着的渴望。然而还需要意识到的是,这种征服的欲望也在女人的身上产生。但蕾吉娜没有想要去征服,所以克尔凯郭尔"将爱情变成了一个人的事"。永恒需要耐心,克尔凯郭尔以亲身的失败为例提醒着世人。

克尔凯郭尔将所有文人骚客带进了一场历练之中,他将他们的一腔愁苦与黑暗倾倒在一本本书中:"在书中我们教人去怀疑生活,在尚未生活之前学会厌恶生活,我们不教他们如何生活。"毫无疑问,对于当今社会中这些只会给读者喂一堆性爱故事的小说,克尔凯郭尔不太会去欣赏。相反地,面对当代社会的绝望,索伦·克尔凯郭尔,给我们提供了诸多生存之路,每条路上都有"永恒的爱",我们要用自由的权力做出一个选择。

最后一次,人鱼怪物潜入黑色海底,留下了一个模糊的背影,他心中的万千思绪最后缩成了一团谜,在他的生命中——有过一场秘密——有过一次牺牲。"爱情从何而来[①],它起于何物,源于何物?它的故乡在何方,它从哪里流出?这定是一块神圣之地或秘密之地,它这样告诉世人。它住在人的心底,因为爱情的生命来源于那里;因为'生命的力量源自于心'。"

去爱情里闯荡吧!克尔凯郭尔歇斯底里地喊道。它是人类存在的中心,它赋予了人性本质中"一种永不褪色的和谐"。

到底是有辜的,还是无辜的?克尔凯郭尔将所有作品都献给了他心中的"蕾吉娜",以一种残忍的方式,他忠于了自己的内心,而他的名字被后代千千万万个读者所铭记。

"献给你,永恒。"

---

① 《爱之工》,《全集》,第十四章。

8

弗里德里希·威廉·尼采
被锤打的爱情

"爱情,是唯一的爱,是一个人的爱。没有爱情的我,看到了最空荡的天空,看到了死海水面上我拼命想要抓住的吃水线和花的荒漠。"

安德烈·布勒东,《疯狂的爱情》

(*L'Amour fou*),1937 年

唐·何塞:"是的,我们两人要开始新的生活,远离这里,在一片新的天空下!"

卡门:"不!我很清楚时候到了,我知道你会把我杀了;但不管是死是活,不,不,不!我都不会屈服于你!"

最后这位妖娆妩媚、骨子里透着傲气的烟厂女工还是死了,她被那个走火入魔的男人用一把匕首刺进了胸膛。"她生

而自由,死亦自由!"这首著名的哈巴涅拉舞曲唱道,爱情是一只叛逆的鸟,是一个不识法的野孩子。尼采在1888年出版的《瓦格纳事件》①中写道,"这就是爱情,这就是回到自然里的爱情!"1881年11月27日,这位痴迷音乐的哲学家人生中第一次在热那亚的帕格尼尼歌剧院观看了比才的歌剧,他仿佛在音乐中看到了"世界的真理"。他"激动得"热泪盈眶,又返场重听了四次。在那本反对理查德·瓦格纳的小册子中,尼采高歌法国作曲家比才的音乐才华,他将《卡门》视为"一种讽刺性的反命题",与瓦格纳——与尼采已反目成仇的昔日好友——曲子中的苦涩、沉重以及颓废的宗教情结形成了强烈的对比。这是一次对浪漫主义歌剧、对浪漫主义派重复咀嚼直至窒息的荒谬精神状态的完美回击,是对瓦格纳之毒、对他的"一二三,音乐起!"的一剂解药。"它不是一个完美的年轻女孩的爱情故事!更没有'森塔式心理'的影子!"尼采似乎又借机嘲讽了瓦格纳《漂泊的荷兰人》中女主角一形象。相反地,《卡门》是刀刃般尖锐锋利的激情里最纯粹的呐喊,是一场无关乎道德的悲剧,是一场对古希腊人极其在意的"迷人的、

---

① 《瓦格纳事件》出版于1888年,副标题为"一个音乐家的问题"。这本书篇幅很小,共有序、正文12节,以及2则附言。尼采在书中称赞比才的音乐,贬抑昔日好友瓦格纳及其代表的浪漫主义音乐为颓废的音乐。——译注

享乐的、恶毒的、魔鬼般的、难以抗拒的"爱情之神——厄洛斯的庆典。爱情"被认为是一个魔鬼,是一场无法抗拒的命运,是玩世不恭的放荡,是无辜的,又是残忍的"。对于这位追捧酒神精神的哲学家来说,手拿玫瑰和折扇的吉普赛女郎就是经久不衰的自由的绝对象征,她象征了非道德的幸福,象征了对命运的欣然接受,象征了源自于灵魂深处的英雄主义。对于尼采而言,自司汤达和《论爱情》(*De l'amour*)之后,比才将梅里美(Mérimée)的小说《卡门》改编成的歌剧是关于激情的一次最杰出的创作。

尼采反对"无脑"的爱情观所提倡的完美的爱情体验,他抨击折磨人性的贞洁,因为宗教利用贞洁将人类最重要的本性埋葬,他认为基督教义将爱情占为己有构成了一种致命的危险,相反地,他宣扬爱情本身就拥有强大又真实的力量。是的,正如索福克勒斯[①]生动的比喻,爱情是一股喷涌而出的力量,是一次具有毁灭性力量的极限运动,是"一头怒气冲天的恶魔"。上帝创造地狱以惩罚不爱他的人,但自己也躲不过爱情。爱情是凶猛的肉食者,它想完全地占有自己的俘虏,它想一人占据所有的躯体和灵魂,它想站在战利品的心上,去主

---

① 索福克勒斯(Sophocle,公元前495—前406),古希腊剧作家,和埃斯库罗斯、欧里庇得斯并称古希腊三大悲剧诗人。——译注

导,去吞噬。是的,陷入爱情之中的人会幻想,幻想能吮吸一口觊觎许久的低胸衣领下的娇嫩肌肤里流淌的血,啊,可怕的吸血鬼!因为意中人的躲闪,他恨不得将所有血一饮而尽,好让他又爱又恨的情人化为永恒。尼采在《人性的,太人性的》中写道①,"所有伟大的爱情都会催生出残忍的念头,它使人想要毁灭心爱之人,好一劳永逸地让爱情避免日后被变心所亵渎:因为爱情最怕的不是毁灭,而是变心"。关于爱情致命的美丽诱惑,乔治·巴塔耶(Georges Bataille)献给尼采的一篇散文②中写道:"在我心中,爱的怒火朝向死亡,就像一扇窗户朝向庭院。"

"是的,就是我杀的她,我杀了——我心爱的卡门!"整场歌剧在唐·何塞最后一次歇斯底里的嘶喊声中结束。而尼采就是选择了这一小段歌词作为再创作的对象。因为于尼采而言,所有激情式爱情的悲剧本质都体现在这一幕。他甚至认为,这就是一种爱情观,并且"是唯一值得哲学家关注的"。在《瞧,这个人》(*Ecce Homo*)③中,尼采向未来的读者发起提问

---

① 《人性的,太人性的》,第二章,§280,"爱的残忍发明"。
② 乔治·巴塔耶,《论尼采:机会意志》(*Sur Nietzsche. Volonté de chance*),收录于《反神学大全》第二卷(*La Somme athéologique II*),《全集》第六卷(*Œuvres complètes VI*),伽利玛出版社,1986年。
③ 《瞧,这个人》,"为什么我能写出这么好的书",5。

时,仍然一字一句原封不动地重复了这句话:"你们用耳朵仔细聆听过我对爱情的定义吗？它是唯一值得哲学家关注的。爱情——从某种程度讲,就是战争;从原则上来看,就是两性之间一种致命的恨。"

我们都知道,想要抓住尼采的信息,必须竖起耳朵、仔仔细细地听,因为他的话常常会引起似是而非的解读,而且向来都是如此,尤其在政治领域。很少会有作品会被如此地曲解。但他的作品追求精益求精,并且时刻保持着严谨的辩证思维,定不会让断章取义和居心叵测之人得到它们,更不会放过他们。例如尼采的妹妹从1894年便开始伪造他的作品,甚至命名为"尼采档案"(Archives Nietzsche),尼采本人是这么回应的——"一只反犹太人的蠢鹅",而这件事情就这样早早地将这位伟大思想者的"权力意志"和"超人"理念打上了滑稽的纳粹记号。再如,诸多指鹿为马之人强行认为尼采是虚无主义的歌颂者,但事实上,尼采却是守护着同时代所有人的哨兵。因此,面对此等刁难和危险,就要学会自我防御。《查拉图斯特拉如是说》的读者们必须要彻底地颠覆思想才能跟上偶像摧毁者——尼采的脚步,跟着他在他清晰明亮的思维迷宫中探索,那里阳光闪耀而刺眼,如同一道预言之光照射在当今世界上。至于道德,在尼采看来,就是一道玩弄人性的巫术,它"扭曲歪解——过度教化了所有的心理活动"。因此,用源于道德偏见的价值观来评判心理冲动的传统必须停止。这位哲学家不需要判定人的本性何为好、何为坏,他的目标是"通过它们,看到善与恶"。尼采建立了一套以人内心深处的情感体验和生活经验为基础的具体的心理学体系。关于爱情,尼采在上文提到的"战争"肯定不是两个施虐者之间的凶残大战,也绝非一个男刽子手和一个女复仇者的老套故事,更不是一个抽着鞭子的老男人和一个举着擀面杖的悍妇之间的斗殴。这场战争,发生于每个人的内心深处,关系到人性中最为隐秘的心理冲动,而这股冲动又塑造了我们的存在、我们的欲望、我们的行为和思想①。此外,尼采的思考与弗洛伊德的心理分析法并不是毫无关联的,后者已先于前者揭露出了人类的某些直觉。毫无疑问,在尼采对人类存在的非理性的思考里,我们看到了他对叔本华形而上学理念的继承,这位巴塞尔大学②的年轻教授曾一心沉浸于叔本华作品之中,但后来毅然决然离开了叔本华病态的悲观主义,选择了对生命幸福的肯定。

---

① 《道德的谱系》,第五章,§31,"在所有思想和情感背后,就是你的模样,就是真实的本我"。
② 1869年2月,年仅24岁的尼采被聘为瑞士巴塞尔大学古典语言学教授,任教长达十年之久。——译注

性欲之源

生活的中心就是两性关系,这种说法或许十分原始、单纯。信奉酒神精神和热爱艺术的古希腊人所歌颂的性爱,在经历了漫长的历史进程后,成为了人类眼中的罪过。尼采在《朝霞》①中分析道,基督教义成功地将厄洛斯或者阿弗洛狄忒变成了"民间传说中凶神恶煞的土神山怪,变成了一种心术不正的念头,它让信徒在潜意识里对每次的性冲动都感到悔恨,甚至自我责备到痛不欲生的地步"。就这样,在压抑人本性的基础上,欧洲文明形成了。"道德恐龙"对激情的"阉割"②,在尼采看来,是没有足够意志掌控欲望之人或无法将欲望升华为创造知识之人所犯下的一桩罪行。将爱情妖魔化,终究是"弱者"的思维方式在作祟,他们将某些必要的情感转化为了心理暴力,这只会使人越来越脆弱,甚至走向自我毁灭。"贞洁教育,"尼采批判道,"是一种公开发起的反自然行为。"极度蔑视性生活,并给其扣上"不纯洁"的罪名而加以侮辱,这一切都违背了生活——这是一项违背了生活神圣'精神'的真正罪行。③

---

① 《朝霞》,§76。
② 《偶像的黄昏》,"作为反自然的道德"。
③ 《瞧,这个人》,"为什么我能写出这么好的书"。

而"强者"却相反,他希望增强自己的"权力意志",即对生存的肯定、对高尚的追求,他会从这种利用性欲来毒害自然的坏意识中脱身而出。肉欲的乐趣,只有对"枯萎凋谢"的年迈者,蔑视躯体、"衣衫褴褛的苦行者"或"整日幻想另一个世界"的人来说,才是毒药。相反地,对于那些拥有"狮子般意志力"的人来说,它却是使力量更加威猛的"强化剂"。性欲的精神化,就是建立起性欲与思想间的联系,或用弗洛伊德的话来说,欲望的升华,就是我们所称的"爱情"。所有伟大的爱情都会在性欲中找到根源。接受"人间的伊甸园之乐"①才是避免踏上淫荡污秽之路的最好办法。"如果贞洁折磨着某些人,那么就应该让他(她)及时回头,"尼采在《查拉图斯特拉如是说》中批判道,"从而避免贞洁成为一条通向地狱的路——灵魂的腐化堕落和熊熊燃烧。"最滑稽的则是,尼采放声大笑道,多亏了教会的判罪、处罚和故弄玄虚,情色之事就这样阴差阳错地成为了人们最关心的事。或许这样说会让某些读者发笑,我们都知道,肉欲之乐并没有在这位吹捧酒神精神的哲学家心中占据多大的位置。关于尼采的性爱,我们只知道他在妓院待过数日,或许正是在那期间染上了梅毒,使得他在生命的最后十年,度过了无数个漫长又疯癫的夜晚,直到 1900 年 8 月 25 日去世。

---

① 《查拉图斯特拉如是说》,第三章§2。

他的妹妹伊丽莎白是个不折不扣的幕后黑手,1935年,她凭空编造,创作了一本尼采传记①。在这本献给兄长的传记中,她迫切地想让自己亲爱的"弗里兹"变成一个不谈"低俗爱情"的圣人,但我们很清楚,这个妹妹实际对尼采的故事了解甚少。在这本传记中,她拼命地降低尼采生命中的女人所占据的地位,深信只有自己可以光明正大地得到和占有兄长的爱,这种行为实际引导读者认为这是一件真实的"出于乱伦癖的占有行为"②。暂且将他个人感情的细枝末节放一边,《尼采遗稿》中某篇文章的观点又再次印证了尼采关于人类疯狂迷恋性爱之乐的看法:"对于两个情人来说,仅从浅显的层次来讲,性爱的满足肯定不是最主要之事,它只是并且的确是一种符号。"③

斗争将会很残忍

尽管尼采的情色主义体验之旅可以说是非常有限的,但他却从未将"关于永恒女性的第一位心理学家"④的头衔谦虚

---

① 伊丽莎白·福斯特-尼采(Elizabeth Förster-Nietzsche, 1846—1935),《尼采和他的女人们》,米歇尔·德·莫尔(Michel de Maule)出版社,2007年。
② 参见帕斯卡尔·于梅尔(Pascale Hummel)在《意义的神话》(La Légende du sens)中的详细分析,以及上文提到的伊丽莎白·尼采所写的传记。
③ 《尼采遗稿》,第七章。
④ 《瞧,这个人》,5。

地让出。通常情况下,这个头衔会让所有女权主义者气得跳脚,因为尼采在作品中不断猛烈攻击她们,毫无疑问,这不仅仅因为他极端的厌女思想,当然这也是我们无法完全原谅他的一点,更是因为他对"进步分子"的敌对态度。1878年,当尼采撰写《人性的,太人性的》时,挚友玛尔维达·冯·梅森堡①——因作品《一个完美主义者女人的回忆》而闻名,1848年革命时期第一批重要的活跃人物之一——劝阻尼采不要出版这部作品。但至少,我们的大哲学家尼采肯定具有一定敏锐的判断力,他意识到当前没有"一条"关于"女人本身"的真理,于是便先于拉康之前,迫不及待地提出"她"是不存在的。想要同时理解尼采所有关于女人各式各样的警句,还是有一定的困难,但我们或许可以和雅克·德里达(Jacques Derrida)一起,"愚蠢地"地认为,关于女人,"尼采用一只眼睛肯定看不太清"②。

另一方面,关于性爱和爱情,这位留着一把浓密山羊胡的思想家又赞成男人和女人在感情方法和经历方面存在着深深的差异。在他看来,这种分歧的根源在于一种无法改变的原

---

① 玛尔维达·冯·梅森堡(Malwida von Meysenbug, 1816—1903),德国作家,曾与尼采、瓦格纳、罗曼·罗兰交往密切,著有《一个完美主义者女人的回忆》。——译注

② 雅克·德里达,《马刺:尼采的风格》,弗拉马里翁出版社,1978年。

则性不平等。一旦女人付出了自我,男人便拥有了女人。这就是男女关系中的残忍法则。但女人的这种"付出",也是一种为了成为掌控男人的女主人的"自我付出"。面对"强者的力量和权力"①,女人们靠着"那副连一粒灰尘都可以让她备受苦楚的脆弱外表"进行自我防御。女人的力量正是来自于这种天性的脆弱。女人们用女性的诱惑魅力,用极其重要的母亲角色,夺取了一定的优势。"男人对于女人来说就是一种手段,最终目的永远都是一起生孩子",查拉图斯特拉坚定地说道。

然而,正是关于女性生育这一问题,尼采和前辈叔本华的看法之间存在着十分明显的不同。后者想将婴儿和那盆洗澡水——这里叔本华指的是女人的子宫——一同倒掉,但尼采却相反,用德里达的一句夸张的话来说,尼采被一致认为是一位"关于怀孕的思想家"。在尼采的作品中,不管是从女人自然天性的角度,还是从身为"男性母亲"的思考者们的精神创作的角度,他对分娩的歌颂随处可见。正因为如此,在尼采看来,女人们触碰到了另一个高度,一个拥有绝对积极意义的高度。女人创造了生命。这两者之间是一个谜团,这个谜团"盖着一张金色的面纱,这张面纱下拥有着各种美的可能性,从而

---

① 《快乐的知识》,§66,"弱者的力量"。

使女人能够集奋发向上、矜持谨慎、害羞腼腆、挖苦讽刺、楚楚可怜、风情万种于一身"。因此,我们又在《快乐的知识》中再次看到了尼采的肯定:"是的,生命就是女人。"①

怀孕生子也让女人们变得更加温顺,她们变得"更加温柔,更加耐心,更加小心翼翼。"就是这样,男人和女人互相在对方身上拥有了主导力,这种力量将他们对立,又将他们结合,爱情的完美状态正体现于此,但同时,这种爱情也是他们幻想破灭的根源。于此,尼采一反往常得出了一个极其普通的结论:女人们拥有的是"智力",而男人拥有的是"敏感力和激情"②。说到底,他认为,"男人追寻着完美男人,女人追寻着完美女人"。狄俄尼索斯与阿波罗的磁场相互吸引,从而诞生了悲剧,在性爱魅力的磁场里,男人和女人的斗争永远都具有顽强的繁殖力。男人与女人,二者一起运作,又互相推动,随着力量和幸福的增加,他们丰富了自己。这不仅是一场斗争,更是一场战役:"恋人们的运气取决于爱情中的恶(一种失衡),肉体爱情往往将他们困住。他们注定要无休止地破坏两人之间的和谐,注定要在每个夜晚殊死搏斗。但正是这一场场战争的代价,正是那些他们互相留下的伤疤,使得他们又再

---

① 《快乐的知识》,§339。
② 《人性的,太人性的》,§411,"女人的智力"。

次结合,拥抱亲吻。"

至于那些思想解放的女权主义者,在尼采看来,她们的不妥之处则是过于渴望摆脱女性的脆弱所赋予的力量。女人们想尽办法获得男性的美好品质,失去了激起男人欲望的能力,因此失去了可以影响男人的一大优势。消灭两性的差异,就是在阻拦这场残忍无情却又充满生命力的战争。所以,"我们无法消除这种自然的差异,纵使它根深蒂固、令人生畏、高深莫测甚至违背道德。因为不管是爱情的规模、高度还是深度,它都是由自然和永恒所孕育出的'不道德'之事。"所以,所有出于爱的行为也都是"超过了善与恶"的不道德。爱情就是一个浪子。

这场斗争毫无怜悯之心——否则便不是出于爱情。难道拒绝我们的人不是更有诱惑力吗?若说爱一个人就要付出自我,那么付出的时候永远不要抛弃自我。爱情里,有多少个殉情者?多少个一蹶不振的人?多少个人衣带渐宽、形影憔悴?拒绝爱自己的人将会一无所有,无法付出,更无法收获。如果两人都出于爱情而放弃了自己,这会是什么结果?"我不知道,或许是一片空白?"尼采在《快乐的知识》[①]中讽刺地问道。"爱情是什么,无非就是明白并且十分开心有另外一个人以一种与

---

① 《快乐的知识》,第五章,§363。

自己不同甚至对立的方式在生活,并且回应和感受着世界。若期待爱情将所有的差异在幸福中结合,那么首先就不能消除或者否认差异。——即使是对自己的爱,也是以一个人身上无法改变的二元性(或多元性)为前提。"①所以,想要去斗争,想要去抵抗相反的力量,想要去爱,就必须成为一个时刻保持警惕的战士,必须要有一个自我稳坐在心中,"像磐石一样,坐在两条腿上"②。总而言之,想要一个"我们"的称呼,必须要先学会说"我"。终于,在意大利某个阳光明媚的春天里,尼采忽然与一个薄情女子交错而过,这位人间尤物只会说"我"。毫无疑问,这就是他的卡门,他的魔鬼荡妇,他的完美情人。

对露的痴恋

1882年,年仅38岁的哲学家已经开始了"从亮处退隐"的生活。由于健康问题,他从巴塞尔大学辞去教师一职已有三年,从一个个简陋的旅舍辗转迁移回到了家中,从锡尔斯玛利亚(Sils-Maria)到尼斯、罗马、都灵,他随着季节一直在迁移,永远为他的偏头痛、一双脆弱的眼睛还有时常犯毛病的胃

---

① 《人性的,太人性的》,第二章,§75,"爱情的二元性"。
② 《瞧,这个人》,"为什么我能写出这么好的书",5。

寻找合适的疗养之地。冬天住在海边,夏天就去山里。不管怎样,他还是钟情于上恩嘎丁(Haute-Engadine)地区的湖泊和落叶松。见证他走过的每一个角落、贴有五颜六色标签的行李箱,两套灰色西装,一些手稿,几本书,还有一些装着药的小玻璃瓶——好在疼痛来折磨他的生活时用上——是他随身携带的所有家当。实际上,仅仅几个月,他似乎如获重生般恢复了元气。《朝霞》出版了,《快乐的知识》也差不多要收稿了。过去的那个夏天,似乎让他感受到了"永恒的回归",从此以后,他觉得自己就像一台时刻准备爆发的工作机器。当尼采正在热那亚时,他的道德家朋友保尔·雷埃(Paul Rée)和老朋友梅森堡夫人寄来了一封信,他们邀请尼采前去罗马探索一颗来自俄罗斯的稀世珠宝,一个叫做露的女孩。我们可以说,这是一个"与众不同的女人",她的哲学思考甚至能够与尼采不谋而合。而于此,尼采起初只是付诸一笑,但依然真诚地回信道:"请替我问候这位俄国女孩。我热烈渴望着与这样的灵魂相遇。我会立刻动身去追求如此罕见的猎物——鉴于接下来十年我想要做的事,我的确需要这么去做。但婚姻又是另外一个人生篇章——我最多可以忍受两年的婚姻。"[①]尼采似

---

① 尼采、保尔·雷埃、露·安德烈亚斯·莎乐美(Lou Andreas-Salomé),"1882年3月21给保尔·雷埃的一封信",收录于《尼采通信集》,法国大学出版社(PUF),2001年。

乎很清楚地表达了自己想要什么。他需要一个助手,一个天资聪明又有学识的实习生,一个可以替他去整理和抄写那些每天都打交道的书,让他可以时不时放松一下眼睛的人。他想要的仅此而已,所以在和罗马大队汇合之前,他先去了墨西拿,避了避从西西里吹来的恶劣海风。不管怎样,这是一段"命中注定的爱情"。

4月26日,这位教会反对者和来自俄罗斯草原的露终于见面了,他们在罗马圣彼得大教堂的圆屋顶下第一次相遇。"我们是从哪颗星球上落下来相遇的?[①]"尼采轻轻地打了一声招呼。这句话美到可以让人疯狂地爱上他,直到地老天荒。露喜欢他,这是肯定的,但她也绝不是会像蜜蜂一样扑上去的女人,哪怕他们来自同一个星球。因为露自己就是一颗发光发热的天体。她从小就受康德、斯宾诺莎等大家思想的影响,在1910年左右成为了弗洛伊德的忠实信徒,然而正如弗洛伊德所说,这位年轻的俄罗斯姑娘拥有"令人恐惧的超凡智力"和"好像此刻正是圣诞节"的温暖眼神,此等女子怎会成为他人猎物。这可是一个风华绝代的天生尤物。

在圣彼得堡,教授露哲学和神学的牧师基洛特(Gillot)就

---

① 参见露·安德烈亚斯·莎乐美,《我的一生》(*Ma vie*),法国大学出版社,2001年。她也为尼采写过一本书,《作品中的尼采》(*Friedrich Nietzsche à travers ses œuvres*),格拉塞出版社,2004年。

已经被她精致高挺的鼻子迷得神魂颠倒,那时她只有18岁。但基洛特早已是有妇之夫,更是两个孩子的父亲,这个被爱情冲昏了头脑的可怜男人甚至想要与妻子离婚然后再向露求婚。露坚定地回绝了他,并表明自己"深深地反感"婚姻以及其他任何契约惯例。露如野兽般凶猛的魅力让她所处时代里所有伟大的天才都聚集在她的裙摆旁。她个性独立,自力更生,各个方面都处在金字塔塔尖,不仅如此,这位灵魂杀手拒绝与任何一位追求者发生肉体关系,直到30岁仍保持着处女之身。在26岁时,露嫁给了东方学者弗里德里希·卡尔·安德烈亚斯(Friedrich Carl Andreas),无奈后者也一直没有得到过她;只有在年轻诗人莱纳·玛利亚·里尔克(Rainer Maria Rilke)的怀抱中,她才终于体验到了三年的性爱乐趣。哪怕男人为她受尽了折磨,甚至为她自杀都没有用,对她来说,自由才是最重要的。尼采原本信誓旦旦地认为女人于男人而言不过是"最危险的玩具",却不料自己栽在了一颗力量威猛的炸弹上。她是源源不断的灵感,是无法抗拒的圣女,是超越一切道德的神秘。

友人保尔·雷埃和露在罗马的月光下散步时,早已无一例外地坠入情网,后来又眼睁睁地看着露拒绝自己的求婚。但这一切,尼采最初都不知情。与露初次见面仅仅几个小时的工夫,尼采的心就被这位年仅21岁并有着天才般智慧的金发美女偷走了。他恳请可怜的保尔替自己去向露求婚,一个尴尬的请求!一定要表明露拒绝了尼采吗?还是用《快乐的知识》中最后那句寓意深长的格言代替吧,"悲剧开始了"。

已婚男士们!

尼采和婚姻是一段痛苦的故事。托马斯·曼(Thomas Mann)[①]在 1925 年的散文《论婚姻》中将婚姻比喻为薄冰最为光滑之处,如此光滑,实际却是如此危险,只有在极具勇气之时,或者发疯般地想要跳舞之时,人们才会将踩在这块冰上视为一种人生乐事。他甚至在书中调侃,在婚姻这块薄冰上跳舞时,十分有必要调遣一支红十字医疗队在一旁看护,以便在事故发生时第一时间抢救。尼采在描述婚姻时也写道,日复一日的习惯会悄悄地在男人周围织起一张越来越紧的网,这是潜伏在婚姻中最隐蔽的危险,它时刻窥伺着每个戴上婚戒的男人。不久之后,这些密集的网线会像湖泊一样将位于正中间的男人淹没,男人如同一只蜘蛛困在了自己的网上,最后只能靠吸自己的血苟延残喘。这就是为什么,正如《人性

---

① 托马斯·曼,《论婚姻:莱辛、弗洛伊德和我所处时代的现代思想》(*Sur le mariage. Lessing, Freud et la pensée moderne de mon temps*),奥比耶-弗拉马里翁(Aubier-Flammarion)出版社,1970 年。

的,太人性的》所说①,自由的思想痛恨所有的习惯、规则以及一切稳定和确定的事。这也是为什么,这样的思想一直在重新开始,即使痛苦和不舍,也一直在和身边的网做了断。这更解释了,说到底,这种思想与从永恒诺言中所诞生的婚姻格格不入。而女人们,尼采又补充道,对于投身于知识的海洋中的男人来说,实在是一群让人心生怜爱的强劲对手。女人们想通过创造一个温暖又平静的家庭来安慰丈夫的心,而正是在这番好心好意里,她们内心深处的英雄主义终于蠢蠢欲动了。但于此她们却丝毫没有觉察,就好比是一场徒步旅行,她们上前将所有挡住矿物学家的石头捡了起来,生怕他受伤,而后者却一心想被石头绊住脚。或许苏格拉底最终找到了适合他的女人。性情泼辣的赞西佩一直都在大力支持苏格拉底的工作,她给了苏格拉底一个冷如冰霜的家,将自己的丈夫逼在了大马路上。就是这种办法,她让苏格拉底成为了雅典最伟大的辩论家。不过在苏格拉底生命的最后一刻,她还是跑来哭哭啼啼,扰乱这位"思想家晚间祷告时的休憩"。总而言之,自由的思想,就像古时的先知鸟,永远都喜欢独自飞翔。

再看看世界最底部的人类吧,大多数人都将自己献给了一个个假象。他们的婚姻是什么?"啊!两个贫穷的灵魂!

---

① 《人性的,太人性的》,第一章,§427及以后。

啊！两个肮脏的灵魂！啊！两个不幸的存在！"查拉图斯特拉叹息道。"那些无数个短暂的疯狂——就是你们称为爱情的东西。而你们的婚姻，就是用一次漫长的愚蠢行为①来终结如此多的短暂疯狂。"瑞典戏剧家奥古斯特·斯特林堡②在1884年出版的《已婚男士们!》中，用一幕幕如魔鬼降临般的恐怖场景宣泄了自己的满腔愤懑，永无休止的家务活、幻想破灭的心碎、各种不解和误会、互相的斤斤计较……这本书由三十个重新改编过的故事构成，故事中强烈的幽默讽刺色彩猛烈地抨击了婚姻制度。作者也因侮辱和丑化宗教被送上了法庭。斯特林堡却意识到，正因如此，他的作品才成为了"最糟糕的，但却是最美好、最幽默、最下流的！"此外，尼采在1888年11月27日的一封信中向这位作家和他的作品表示出了崇高的敬意，他表示自己在看完两遍之后就已确信找到了自己"关于爱情的个人思考"。

再一次，尼采举起一把锤子：婚姻这件事，一切都是圈套。"教会无法抹掉爱情，但至少要给它消消毒，所以教会创造出

---

① 《查拉图斯特拉如是说》，第一部分，"论孩子和婚姻"。
② 奥古斯特·斯特林堡（August Strindberg, 1849—1912），瑞典作家、剧作家和画家，被称为现代戏剧创始人之一。斯特林堡是一位多产作家，在其四十余年的创作生涯里，著有六十多部戏剧和三十多部著作，其著作涵盖了小说、历史、自传、政治和文化赏析等。他的作品直观地体现了他的生活经历和感受。——译注

了婚姻",波德莱尔在《恶之花》(Les Fleurs du mal)中写道。尼采极其仰慕这位诗人,甚至渴望能够跟他联合署名自己的一切作品。因为对于尼采来说,他也认为婚姻是基督教的诡计,它骗人们相信一个契约就可以将爱情牢牢套住,爱情可以一辈子待在温室之中。这种假象导致了一种观点,人们认为爱情是一种永恒持久的激情,哪怕无数个事实证明了它的反面。每一次,当我们将这股本性变化无常又短暂易逝的激情转化为契约时,"太多的虚伪和谎言会借此潜入其中①"。查拉图斯特拉披露道,基督教编织的信仰迷住了人们的双眼,在这股"最能使人们看到假象②"的情感驱使下,即使头脑最清醒的男人也愿意像"闭着眼睛买东西"一样地选女人。

尼采在自己周围只见识到了一对对不相配的夫妻,足智多谋的丈夫有着一个愚昧无知的蠢老婆,勤勤恳恳的丈夫和水性杨花的妻子待在一起,抑或节衣缩食的丈夫和一个挥霍无度的妻子生活。这不仅是男人犯下的弥天大错,对未来的子子孙孙来说,这更是一种灾难。他解释道,与一个比自己愚昧的人交往,极有可能让自己变得愚昧。抑郁将会一直压抑着男人,直到他变成一副目光呆滞、垂头丧气的模样。因为他

---

① 《朝霞》,第一章,§27。
② 《敌基督者》,§23。

们将要一直忍受眼前这张随着时间越来越像一张"皱巴巴的废纸"的脸,并且那时,他们只能饮下一杯"苦涩的辛酸"。因此,尼采在《偶像的黄昏》中肯定道,"现代婚姻"没有任何意义,它无非是将婚姻和爱情献给了一场注定的失败。"我们为眼下的生活而活着,我们活得很匆忙,我们以极其不负责的态度活着:这正好就是我们所称之为自由的东西。"[①]婚姻一旦出现危机,那就只剩下了恨,还有遭罪的孩子。他在最后说道,当我们相爱时,或许应该禁止把一生的赌注压在一个决定上。

然而,在尼采看来,美好的婚姻还是存在的。这种婚姻以高级的爱情为基础,不再仅仅是"两个互相猜忌的动物"间的爱情,他将这种爱情称之为友谊。在这种感情里,绝对的信任会带来"美妙的谜团,会创造出闪耀着金色光芒的神奇"[②]。在这种感情里,"两人在最初对彼此热烈的渴望会让位于新的渴望,这是一种全新的欲望,一种共同拥有的、更为高级的欲望,对一个超越自身的完美世界的渴望"。而这个完美世界的创造,必须要两个人共同完成,要在"对彼此的尊敬"之中进行,它不仅只由它的创造者们来实现,共同孩子或其他任何共

---

① 《偶像的黄昏》,"一个不合时宜者的漫游",§39。
② 《人性的,太人性的》。

同的目标都可以让每个人实现创造。最初的疯狂、欲望、激动,一切都稍纵即逝。最后只会剩下时不时交流的一些字句,还有越来越复杂的对话,以至于在娶某个女人之前,唯一一个需要明白的问题则是:"你认为自己可以和这个女人一直相伴到老吗?[①]"想要回答这个问题,首先要学会如何"超越自己去爱别人",也就意味着要心甘情愿地变得更加高尚。

巴塞尔的"单身汉"

众所周知,尼采本人从没有经历过婚姻的磨炼。在遇到露之前,当他在隐居乡下享受无名人士的宁静生活和资产阶级无忧无虑的舒适生活两个选择间犹豫不定时,他再一次产生了屈服于"乔装打扮下的小谎言"的念头。毫无疑问,他渴望减轻压在身上的沉甸甸的孤独。或许也希望安抚那些每天看着他习惯性地沉浸在黑色想法里的亲朋好友。"他必须得结婚"[②],瓦

[①] 《人性的,太人性的》,§406,"被视为一次漫长对话的婚姻"。

[②] 详情参考瑞士作家库特·保尔·詹兹(Curt Paul Janz)所撰写的关于尼采的极其全面的传记,《尼采》(Nietzsche),伽利玛出版社,1984年,第二卷;德国作家吕迪格尔·萨弗兰斯基(Rüdiger Safranski)的著作《尼采思想传记》(Nietzsche, biographie d'une pensée),南方文献(Solin-Actes Sud)出版社,2000年;海因茨·弗雷德里克·皮特(Heinz Frederick Peters)的著作《我的妹妹,我的妻》(Ma sœur mon épouse),伽利玛出版社,1977年。

格纳曾在某天宣布道。在整个十九世纪七十年代,对于这位4岁便失去父亲的年轻哲学教授来说,瓦格纳就如同是尼采的父亲。1874年,在写给友人梅森堡的信中,尼采也表明了自己想"尽快找到一个好妻子"的愿望。如母亲般体贴的梅森堡女士,比尼采年长28岁,天性热衷于月老之事,便十分严肃地考虑了尼采的请求。结婚的决定得到了梅森堡女士的赞同。于是所有人都开始专心致志地帮尼采寻找一个完美伴侣。甚至在瓦格纳家逗留的好友卡尔·冯·格尔斯多夫①也加入了为尼采挑选伴侣的队伍,于此尼采显然也十分高兴。他回信道:"想想那画面就很有趣,你和拜罗伊特的那些人,竟成了一群婚姻咨询专家!不错,很好,但是!我必须要作出回应,因为所有人都知道,世上有很多女人,而我需要找到一个好女人。所以,我是不是,要像个骑士一样,加入十字军东征,去翻山越岭抵达那片你为我承诺的土地?或者是,你想让女人们来我这里成群结队地展示自己,让我来挑选?"瞧,尼采就是这么成为了巴塞尔的"单身汉"。

  毫无疑问,参赛的女选手肯定不少。只不过这个不善交际的天才却滥用了一条猎艳技巧。事实上,尼采有个极其让

---

  ① 卡尔·冯·格尔斯多夫(Carl von Gersdorff,1844—1904),尼采14岁时进入普夫达(Pforta)中学,在学校里认识了卡尔·冯·格尔斯多夫并成为好友。——译注

人恼火的习惯,在和年轻女孩仅仅散步数小时后,他便会求婚,从而冒犯到了对方。尤其是在1876年的夏天,尼采在日内瓦逗留时,给可怜的玛蒂尔德·特兰佩达赫(Mathilde Trampedach)带来了不少困扰。这位年仅23岁的女钢琴师,在毫无心理准备的情况下,被尼采的怪举吓得惊慌失措。再加上她早已心有所属,从此便对尼采蔑视至极。不久之后,玛蒂尔德嫁给了最初介绍她与尼采认识的雨果·冯·森格(Hugo von Senger)教授。"最好一辈子单身",在被玛蒂尔德拒绝的三天后,尼采终于向格尔斯多夫宣布了自己的选择。然而,这不过是出于自尊而说的话。尼采的计划并没有因此终止。尤其因为他的健康每况愈下,某个来自法兰克福的医生也建议他尽早结婚。于此我们稍作解释,当瓦格纳经过法兰克福时,他曾向这位医术高明的医生透露,尼采的病,换个名字来说其实就是"手淫"。在尼采知道这件事时,他将瓦格纳的行为视为一种"致命的冒犯"。而日后,"瓦格纳事件"也愈演愈烈。

这一切并没有打断尼采的美梦,1877年他仍幻想成为一个穿着软拖鞋的居家男人。在写给妹妹——热衷于监视尼采并且专横独裁的女人——的一封信中,尼采甚至表现出一副正在从多个潜在对象中挑选未婚妻的姿态。信中内容极其夸张和粗俗。选B.N.小姐?六周的同居生活本应让尼采爱上她,而他却坚定地认为从此以后"既不能见到她,也不能听她说话"。还是选娜塔莉·埃尔森(Nathalie Herzen)?怎么说都有 30 岁了,要是"她能年轻 12 岁",或许还是不错的选择。尼采甚至提到自己和一个"非常适合自己的有钱女人"结过婚。7 月 1 日,尼采又再一次表现出了前所未有的决心,他给梅森堡写信:"从今日起至秋天来临前,我必定会完成找到妻子的美妙任务,哪怕在荆棘丛生之地,我也会找到她。"[1]但最后却是一无所获。尼采的确也遇见并征服了一位叫做路易斯·奥特(Louise Ott)的年轻姑娘,一位来自阿尔萨斯的绝色佳人,同时也是一位才华横溢的女音乐家。但这位姑娘早已身为人妻,尼采便不忍将她再牵扯进自己饱受折磨的世界里。在此之后,尼采开始感觉到"有人偷走了自己的光"。必须要承认的是,如果"完美女人",较完美男人而言,是"人类存在中的一种高级形式",那么同样也是一件"难得一见的瑰宝"。当尼采认识露的那天,他仿佛看到了"镶着金色光芒的未来"。

守护心爱之人的龙

露之所以拒绝了尼采和雷埃两人,是因为她在心中对这两

---

[1] 1877 年 7 月 1 日给梅森堡夫人的信。

个可怜人有另一番打算。这是一个伟大的计划,她说道,"是对当下横行的道德的一次最大侮辱"。三个志同道合之人将组成一个高智商的团体。这个"快乐又严肃的文艺团体",在一套两室一厅的公寓里,在满屋子的书和花中,各自走来走去,做自己的事。露一直都在幻想这么一天,雷埃和尼采便欣然答应①。三人合体的神圣时刻于第二年在维也纳(或巴黎)实现了。事实上,这两个男人仍然抱着征服这个年轻姑娘的最后一丝希望,实际根本无心扮演朱尔和吉姆②。邦雅曼·贡斯当(Benjamin Constant)——《瓦格纳事件》中曾提及的著名作品《阿道尔夫》(Adolphe)的作者——曾说过:"爱情是所有感情里最自私的那个。"正是因为两千年以来人们都在圣水中逆水而行,才学会了去接受爱情应该成为一件无私的事情,尼采解释道。这是美丽的"陷阱"!不要管那些所谓的"补偿性"本能了!作为牧师的儿子,尼采对读者建议道。这些本能往往阴险狡诈却又软弱无能,并不足以让另外一个人"给您带来一道金色的亮光"。此外,爱情和无私毫无关系。我们是冲着爱情带来的好处才去爱,冲着各种愉悦的感受我们才去珍惜,冲着爱情带来的安慰

---

① 露·安德烈亚斯·莎乐美,《我的一生》。
② 电影《朱尔与吉姆》(Jules et Jim)由法国导演弗朗索瓦·特吕弗(François Truffaut)执导,讲述第一次世界大战期间,德国人朱尔、法国人吉姆与一个聪明美丽却又放荡不羁的女人凯瑟琳之间的三角恋故事。——译注

我们才去守护着彼此,冲着爱别人带来的快乐我们才去付出。因此,一切都是爱情的相互性,在两个高级的自私主义的互利互惠下,两个人在一起得到幸福。"贪欲和爱情:两种如此不同的情感,但每个词都吸引着我们!——而且很有可能,这两者就是同一种本能,不过是两个不同的名字罢了。"甚至可以说,性爱"是证明占有欲的最清楚的方式"①。在爱情中,事实上,恋人们往往希望自己的幸福与全世界无关,所以尼采义无反顾地决定成为"守护心爱之人的龙"。

露给了尼采一个虚假的希望。她邀请尼采去萨克洛山区②徒步郊游,两人在外整整一天,扔下一同旅游的母亲、雷埃还有梅森堡夫人在奥尔塔③的湖边提心吊胆。"在萨洛克山上,我到底有没有亲吻尼采?"多年后露在自传中不怀好意地反问道。不管怎样,这场徒步对于尼采来说成为了"生命中最美妙的一次梦"。于是无法避免地,5月8日,这位哲学家又再次跪下求婚。但第二次还是失败。之后两人又前往瑞士的特里布森(Tribschen)庄园④,尼采曾与瓦格纳一家在这座"幸福"岛

---

① 《快乐的知识》,§14。
② 罗马北部的区域,多为森林和自然植被。——译注
③ 奥尔塔湖也作奥塔湖,亦称库西奥湖,位于意大利西北部皮埃蒙特大区境内,东隔莫塔罗内山与马焦雷湖相邻。湖滨风景优美,是著名的旅游胜地。——译注
④ 特里布森庄园位于瑞士卢塞恩市,建造于中世纪晚期,1866—1872年曾租给瓦格纳进行音乐创作。——译注

上度过了人生最美妙的时光,然而这次旅行对于两人来说,却仿若一次痛苦的朝圣。此时,我们或许应该能够想象到尼采当时的模样,他紧着荆棘般杂乱的眉毛,神情卑微,忧心忡忡地低着头,用手杖在沙滩上画着圈。"当他抬起眼时,"露回忆道,"脸上全是泪水。"也就在这一刻,尼采决定要拍那张曾震惊整个上流社会的照片。露·莎乐美,手中举着鞭子,坐在拉车上,一副叱咤风云的模样,而身背车绳的拉车夫正是两位著名的思想家——雷埃和尼采。这张照片极其夸张地象征了两个男人对莎乐美的绝对服从。《查拉图斯特拉如是说》中的老妇人曾说过,"你要去见女人吗?别忘了带上鞭子!"此时再看这条家喻户晓的警语,与这照片中的场景,真的意思相同吗?对现在这句老掉牙的俗语要负全责的尼采,在这本书中从未表明到底是谁举着这个让人惶惶不安的鞭子。

致命的夏天

我们的大哲学家感觉心脏已经"冲到脑颅里"了。在和露的故事里,毫无疑问,他已经败了两场。他也清楚地知道,被爱是一种苛求,是"最大的奢望"[①]。但他不就是最伟大的尼

---

① 《人性的,太人性的》,第一章,523。

采吗？不正是那个将历史摔个粉碎后，再重新书写的尼采吗？或许露的确是个炸弹，但经历这一切后，尼采也成了火药。实际上，露对尼采进行了很大程度的安抚工作：两人在德国陶腾堡（Tautenburg）①某森林里一处隐蔽的教士住所中独处了十五日之久。每日每夜不间断的谈话将他们带进了"只有孤独的灵魂才能到达的神圣之地"。在自己刊发的报纸中，露冲着另一位竞争者雷埃写道，如果有人听到过尼采和自己的谈话，"或许会以为无意间撞上了两个魔鬼在聊天"。尼采本人甚至觉得见到了一只雄鹰。对他而言，露一定是"世上所有女人里最聪明的那个"②。然而8月幸福宁静的生活终于结束了。露要前往拜罗伊特（Bayreuth）参加瓦格纳的《帕西法尔》(*Parsifal*)的演出。露离开后，一切都变了模样。与此同时，尼采的妹妹也同瓦格纳家族一起参加了演出，而结果证明，她只不过是这个俄罗斯情敌最弱的对手。她的心已被嫉妒所吞噬，不断地小题大做，不断劝说尼采相信露是一个一心热衷于引诱男艺术家的女人，甚至公开嘲笑尼采。被激怒的尼采便试着去掌控自己的卡门，掌控那个将自己扔在玫瑰丛中的露。于是，尼采和露之间的矛盾产生了。终于，尼采明白了一切。

---

① 陶滕堡是德国图林根州的一个市镇。——译注
② 1882年8月20日给皮特·加斯特（Peter Gast）的一封信。

在写给老友梅森堡夫人的信中,他气愤地写道,"我对她来说似乎没有任何意义,我只不过被用来证明她的品味而已"。1882年11月23日,在给露的最后一封信里,尼采提出了最后一个愿望,以作为放弃这段曾经亲密无间的感情的交换,"希望我们感觉仍然结合在一起,因为相似的灵魂总是不离不弃"。然而即使这样的要求,莎乐美也拒绝向尼采作出承诺。曾经的她并不是天使,只是有着一对会飞的翅膀。

所有关于陶腾堡的回忆,只剩下一首《祈祷生活》的曲子,露创作了这首曲子,在将尼采独自一人扔在森林中之前,她将它献给了尼采。其中两句歌词反复萦绕在尼采的脑海里:"若你再也没有幸福可赐予我/好吧,你还有你的痛苦。"而在最后,露·莎乐美选择了和尼采的"雷埃兄弟"同居五年。不久之后,文人圈子便戏虐这位可怜的年轻人为"高贵的小姐",他的"杰出的才华"往往会被某个女人看中,也就是某个一旦走进屋子,所有的阳光都会跟着亮起来的女人。酒神的信徒咀嚼着心中的恨。作为尼采思想的未来"女继承人",露有着一颗"不折不扣的英雄灵魂",以及女人性情的两面性,或者甚至像某些人所认为的那样,她就是对尼采"超人"理论的完美阐释,总而言之,在我们哲学家的笔下,露成为了一个"冷酷无情、肮脏丑陋、散发恶臭、戴着一对假胸的母猴子——一个灾星!"他谴责莎乐美是一个不爱任何事物的"自私的猫",谴责莎乐美将知识看成是

"附属在其他乐趣上的一种乐趣"。最终,这位俄罗斯的女魔头不过是对尼采想象的完美情人的一种讽刺。"您知道的,在想象的完美中,我们的大脑会极其敏感地进入病态。"他向梅森堡夫人坦白道。然而,他还是会想念她,"哪怕是她的缺点"①。

在妹妹的引导下,我们的哲学家走向了愤怒,他甚至想与雷埃决斗,但最终发现自己沦为了"可怜的报复欲"的阶下囚②,他感觉大脑中最主要的运转机制在不断地刺激着这种欲望,以及所有反应强烈的情感。他给友人奥弗尔贝克③写道,"这种情感冲突不断地靠近我……它就是疯狂"。在此之前,尼采尚未恨过任何人,哪怕是"远比露心狠手辣"的瓦格纳④,更不用说拜罗伊特的那些诋毁他是同性恋并以他的情场失利为笑柄的艺术家。但此刻,他在诅咒露。他怒气冲冲地骂道,"如此地粗俗,又如此地不知感恩!若不是永恒的女人在指引她走向自负,就是永恒的男人"。尼采更加地离群索居。此时的他,宁愿和想象中的一支手枪说话,也不愿意和任何人交流。他认为这些人极其地生硬无聊,毫无任何值得品

---

① 1883年初写给奥弗尔贝克的信。
② 1883年8月写给朋友奥弗尔贝克的信。
③ 弗兰茨·奥弗尔贝克(Franz Overbeck, 1837—1905),德国教会史学家、诠释学神学家、瑞士巴塞尔大学教授,是思想家尼采在巴塞尔大学的同事及朋友。——译注
④ 1883年夏写给妹妹的信。

味之处,在无数个夜晚里,他像个40多岁的孩子迷失在自己狭小的"学生宿舍"里。像他这种"滑稽的圣人",定会哭诉自己在"可怕的孤独里[①]"独自承受残忍真相的伤痛,也许还会仔细盘算像露这样的女人又会失去什么。在《查拉图斯特拉如是说》中他写道,"你曾想爱抚所有恶魔猛兽。那温热的气息,那爪子上些许柔软的皮毛:立刻,你就已准备好了去爱,去吸引注意力。"在后来,尼采坦白承认道,和莎乐美小姐的相识,在和所有女人的相遇里,就"像是从非洲吹来的热风,是最可怕、最有摧毁力的一次",对他来说,也是"最为珍贵和最受益匪浅的一次相遇"[②]。

尼采的孕育

偏头疼日日夜夜地折磨尼采,镇定药成了他最后的盟友,从此孤身一人"攀悬崖峭壁,试穷崖深谷",也就是这样,他创作出了属于自己的"查拉图斯特拉"。生命的创造者——曾经

[①] 1888年给梅森堡夫人的信,写于尼采的精神状况彻底崩溃之前的几个月:"伤痛,是听不到任何回应的,哪怕是一声叹息,是在可怕的孤独里一人承受本应共同分担的痛苦,是一人承受曾幻想压在他人身上的重量……"

[②] 关于尼采和莎乐美相遇后的种种结果可参考尼采本人的作品,也可参考让·皮埃尔(Jean Pierre Faye)在著作中的精彩论述,《尼采和莎乐美》(*Nietzsche et Salomé*),格拉塞出版社,2000年。

是露——现在在男人的肚子里结了果。完美女人终于撕开了面纱,给尼采带来了新的世界观。她砍断了"这位思想飞行员"吊舱的最后一根缆绳,让他朝着永恒的雪,飞向顶峰。在遥不可及的顶峰,他终于用自己的双手掌握了人类命运的转盘。他懂得了对幸福点头,就是对所有的痛苦点头,因为"所有的事物都息息相通,相交相错,幸福相连"①。他获得了生活的爱,从它出发,一切都皆有可能。尼采甚至视爱情为所有事物诞生的中心,所以当我们热爱生活时,"并非是出于生存的习惯,而是出于爱的习惯"。

在爱情野蛮的战役里,他或许失去了能够保护自己的皮肤,但另外一种更细腻、更敏感的皮肤却长了出来。一位诗人在二十世纪写道,那些探索家最后会发现自己要么成了一个性情暴躁的人,要么就是一直被拒绝的人。而尼采在最后同时成了这两种人。炼金术士将铅变成了金,这位哲学诗人将爱情的碎片化为了一场场奇迹。他用鲜血创作出的每一部作品终将会成为无数个超越他本人的辉煌胜利。这不正是被无限升华了的爱情吗?斯蒂芬·茨威格②曾说,尼采的悲剧就

---

① 《查拉图斯特拉如是说》法语版,比昂基(G. Bianquis)译,奥比耶出版社,1962年,第621—623页。

② 斯蒂芬·茨威格(Stefan Zweig,1881—1942),奥地利犹太裔作家,中短篇小说巨匠,擅长人物的心理分析,也著有多篇名人传记,代表作有《一个陌生女人的来信》等。——译注

是孤独的荒漠①。查拉图斯特拉唱道,"啊,孤独,孤独,我的家乡"。追随酒神的男人可以让每一片荒漠都成为肥沃富饶的家乡。

---

① 参见斯蒂芬·茨威格,《尼采》,斯托克(Stock)出版社,2005年。该书从孤独的角度完美地刻画了尼采形象。

9

马丁·海德格尔和汉娜·阿伦特
厄洛斯之翼的振颤

"做学问的男人可以有一个跟书打交道的情妇,但他的妻子必须要会缝制衣服。"

德尼·狄德罗,《宿命论者雅克》(*Jacques le Fataliste et son maître*),1783 年

马丁·海德格尔(Martin Heidegger)不是爱情的思考者。所以卡尔·雅斯贝尔斯①才在某天这么写道,这位哲学家"不仅没有爱情,他的态度也不友好"②。也就是说,爱情在此并不

---

① 卡尔·雅斯贝尔斯(Karl Jaspers, 1883—1969),德国著名哲学家和精神病学家,基督教存在主义的代表。他是汉娜·阿伦特的老师,并和她终身为友,同时曾同她有长达十年的书信往来。——译注

② 参见卡尔·雅斯贝尔斯,《马丁·海德格尔札记》(*Notizen zu Martin Heidegger*),慕尼黑,皮珀出版社(Piper Verlag)出版社,1978 年。

受宠。1927年,海德格尔的著作《存在与时间》出版,在马堡(Marbourg)最主要的创作期间,他与学生汉娜·阿伦特(Hannah Arendt)之间发生了一段激情四射的爱情故事。但与这段故事相比,海德格尔在爱情话题里的沉默态度似乎更引人争议。他本人曾公开谈论过这段感情,并在后来表示那段日子是生命中最兴奋激动的时光。至于阿伦特,海德格尔承认她曾给自己的创作带来了很多灵感,并激发了他"激情的思考"。尽管海德格尔与纳粹主义扯上了关联,这段发生在"没有国籍的犹太女人"和"一只黑森林的鸟"之间的爱情故事在最后依然转化成了一种友谊;尽管这段爱情深深地吸引着当代读者,也丝毫不能改变最后结局。我们也肯定无法仅根据这段故事,哪怕它几乎成了一段神话,去宣称这位探讨新型本体论的思想家就是一位与柏拉图或卢梭并列的情感哲学家。

若想弄明白其中这一切,不妨看一下《存在与时间》:"存在","此在(Dasein)",时间,死亡。没有爱情。或许还是有的,在书中的一处批注里,它只出现了这么一次,还是在书页的最下方。批注位于书中第29页。批注中作者没有留下任何字句,只有引用的两句话。第一句出自帕斯卡尔:"当人类在讨论尘世之事时往往会说,在爱人之前,必须要先了解这人,这句话已是人尽皆知的俗语;而圣人则与人类不同,在谈论神圣之事时他们会说,想要了解人,必须要先去爱这人,只有仁慈的爱德才能走进真相,圣人们将这句话奉为最有意义的训言之一。"第二句引用出自于圣·奥古斯丁:"倘若不通过爱,我们无法走进真相。"或者说,爱情是走向真相的开始。至少我们可以看到,这两句格言一致强调,从本体论的角度讲,爱情是最重要的事物,它通向了真相。现在让我们再放大研究范围。整体而言,海德格尔和阿伦特的所有著作、他们互通的信件以及双方与各自伴侣来往的信件,形成了一个极其宝贵并不断更新的文本库。鉴于此,我们或许可以大胆并肯定地说,爱情在这两人的思想中占据着最中心的位置。请看下文资料。

爱情中的"此在"

让我们再来看在这本曾经震撼了整个二十世纪哲学的著作中所找到的两处引用。海德格尔在 1928 年马堡大学夏季学期的最后几节课[1]中同样也提到了这些引用。他再次思考并且赞同了马克斯·舍勒[2]的观点,后者很早就认为爱与恨

---

[1] 1928 年马堡大学夏季学期课程表,收录于《海德格尔全集》(Gesamtausgabe [Œuvres complètes]),第 26 章。

[2] 马克斯·舍勒(Max Scheler,1874—1928),德国哲学家,也是哲学人类学的主要代表。舍勒在现代西方哲学中占有一个特殊地位。他本人也常常被看作是一个"谜"。——译注

是所有知识的基础。同样地,舍勒在自己的论证中也引用了帕斯卡尔和奥古斯丁的观点。在《爱的秩序》(*Ordo Amoris*)中,舍勒写道:"人,在成为会思考的人或有意愿的人之前,先是一个会爱的人。"①我们继续再往下看。海德格尔的导师胡塞尔(Husserl)提出了意志性,认为主体与客体的关系形成的是一种认识,而一心想超越导师这一概念的海德格尔提出了自己的中心思想——"此在",即一种生存方式,它永远处在"在世"的状态之中。这也就意味着,"此在"本身就系统性地具备了超验性的能力,从而得以与所有事物以及其他存在产生关系。在所有的认知范围或主体性的构造范围内,存在总是开放性地面对整个世界。海德格尔在《存在与时间》中写道,"认识的本身已提前存在于某个在世的存在之中。"乔治·阿甘本(Giorgio Agamben)②在一篇简短精彩的散文中对海德格尔表示赞同,他认为海德格尔之所以引用了奥古斯丁和舍勒的观点,是因为对他来说,爱情超越了所有认识,它以一种更具先天性的开放模式存在。从某种意义来讲,可以说这就是"《存在与时间》中的核心问题"。或许读到这里,这一切仍

---

① 《海德格尔全集》,第26章。
② 乔治·阿甘本(Giorgio Agamben,1942—),意大利当代政治思想家、哲学家,以其探讨例外状态(State of exception)和圣人(homo sacer)的著作闻名。——译注

然有些晦涩难懂，但请继续看下文。

在1936年关于尼采思想的课程①中，海德格尔建立了一套关于激情的理论。首先，他将激情或者各种情感定义为——"人用来证明自己'此时此刻'（Da）的存在以及用来证明人在'是其所是'的存在者里的敞开状态和遮蔽状态的最基本方式"。然后，海德格尔又将爱和恨定义为激情，与其他简单情感区分开。他认为，这两种情感永远存在于我们的体内，并以"一种更加原初的方式贯穿于我们整个存在"②。于此的证据是：我们可以说"滋生仇恨"，却从不说"滋生愤怒"。"恨和爱，不仅是持续最久的，并且只有它们能持续地、稳定地停留在我们的存在之中。"只有在激情里，"情感的束缚才会渐行渐远和自我开放"。海德格尔解释道，此时情感束缚不仅会将我们带到超出本身范围外的状态中，还会"将我们的存在都集中到这种情感本身里"。激情会释放被集中搁置的我们，"所以，就是通过激情，就是在激情里，我们将自己的存在踩在了脚下，我们清醒地成为了主人，掌控着我们以及在我们身上的存在"。在爱与恨的情感里，人类获得了各种偶然，起初他在偶然里迷失，在最后又会回归到自我。总而言之，这两种激情，都是让人类在存

---

① 马丁·海德格尔，《尼采》，第二卷，伽利玛出版社，2004年。
② 出处同上，第一卷，第51页。

在本身带有的混沌里去体验存在的两种基本方式。

1953年,尽管与海德格尔在思想上存在差异,汉娜·阿伦特也写下了相似的话:"在充满生机的宇宙里,再无他物能够比爱更必然、绝对、势不可挡地进入我们的身体。"① 爱是一股能量,它会尽一切可能地存在。此外,1925年5月13日,在《存在与时间》出版的两年前,海德格尔给阿伦特写道:"你可知在万物之中,人最容易承受之物,实为最难之物? 因为其他所剩之物,总会有办法和援助,总有帮助人找回自我的栅栏,而当被爱俘获时,便等于被扔在了最"属于自己"的存在里。爱(拉丁语,Amor),意为"我想存在"(拉丁语,volo ut sis),于是圣奥古斯丁这么说:我爱你——我希望你'是你所是'地存在。"② 这话阐尽或差不多阐尽了一切。在爱中存在,就是去简单、纯粹地体验那份最"属于自己"的存在,就是与所爱之人一起,去明白被"扔在"自己的存在里也意味着同时渴望他人的存在。这种渴望又是如此的热烈。"你完完全全地'如你所是'地存在,现在和未来,就是这样,我爱着你",海德格尔对自己的学生阿伦特说道。

---

① 汉娜·阿伦特,《思想日记》(*Journal des Pensées*),第一卷,瑟伊出版社,2005年。
② 汉娜·阿伦特与马丁·海德格尔,《1925—1975 信件与文献集》(*Lettres et autres documents 1925 – 1975*),伽利玛出版社,2001年。

爱的责任

在爱情中,当我们回到自身的存在时,也得到了另一个存在,它有着自己的故事,自己的可能性和自己的世界。当这个存在被赐予给我们时永远都充满着神秘,因为于我们而言,另一个存在永远都既亲近又陌生,否则它就不是另外的一种存在。人们看着自己的恋人,感受着他(她)显而易见的存在,甚至将其视为自己存在的外延,却仍不明白他(她)的内心深处到底在想什么,他(她)的感受是什么,他(她)到底是谁。而无论这个无法表明一切的存在是什么模样,它永远都独立存在、保持着陌生性,这一切之中必定存在着一份馈赠。"在这样的命运里,另一人会将自己交付于您。"倘若另一人如洪水般突然涌进我们的生活,"那么我们的能力和精力是无法拦截这股激流的"。

1925年初,在海德格尔和阿伦特彼此表明心意后没多久便开始有了这种交付。当时的情况显然十分复杂又痛苦。他们秘密地展开恋情。海德格尔比阿伦特年长17岁,已为人夫,是两个孩子的父亲。阿伦特刚满18岁。鉴于恋情的不合法性,阿伦特自然会对这段感情的未来感到担心。相反,于海德格尔而言,这些问题是不存在的,因为这段爱情并没有给他们留下别的选择,他们只能"互相接受,并且以是其所是的姿态去存在"。"是其所是地存在",这也正是海德格尔在《关于人道主义的一封信》[①]中对自由的定义。爱的唯一方式,或许就是让每个人以自己的存在方式自由地存在。这也是为什么圣奥古斯丁的一句话陪伴了阿伦特整个一生,她在博士论文选题时毫不犹豫地选择了——《论奥古斯丁爱的观点》(*Der Liebesbegriff bei Augustin*):"我希望你是你所是地存在。"在这种自由中,信任将会愈发地牢固,爱情于此得到了肯定。"只有对本质的信任,"海德格尔补充道,"即信任对方的爱情,才能真正地留住那个'你'。"爱,是让对方是其所是地存在,然后"留住那个你",而不是试图占据他。我们处在可掌控的范围之外,无法完全地、彻底地占据这份馈赠,哪怕它被特意赐予我们,我们只能接受。"无论爱情成了什么模样,赐予给存在的幸福的负担将会一直存在,从而使得每个存在都能够去存在。"爱情或许可以调节每一个存在。或许海德格尔的哲学"并不是友好的",但爱却在其中占据了极其突出的角色。

阿伦特在《思想日记》中是如何说的?"爱首先是一股生命的力量;在世之人都知道一个事实,这股力量控制着我们。

---

① 马丁·海德格尔,《关于人道主义的一封信》(*Lettre sur l'humanisme*),奥比耶出版社,1964年。

没有在这股力量中经历磨炼的人不算活着,他不属于在世之人。"但对于接受了这份馈赠并希望在不让爱情"毁容"的前提下去真真切切地体验爱情的人来说,这其中必定存在着一种负担、一个任务和一份责任。用海德格尔的话来说,就是"我们要以它为中心让自己成长"。我们对所爱之人必定会心怀感激之情,这种感激使我们获得了爱的恩泽,这种感激也必须要升华为"对自己的忠诚"。投入于绝对纯粹的爱情,就意味着要"永远保持第一天时强烈鲜活的自我牺牲精神"。或许,这也是忠诚的第一层意思?

我们都知道,这样的思想,给当时的阿伦特——一位花季少女,带来了多大的吸引力和混沌。阿伦特在寄给海德格尔的《阴影》——一部充满了少女忧愁的自传小说——中写道,想要为他"忠贞地专注于一人"。但这终究是不可能的爱情。如果海德格尔真的爱她,如果海德格尔真的鼓励她去是其所是地存在,同时又帮助她肯定自己,那么他就不会在后来又斩钉截铁地拒绝为她改变自己的生活。他们肯定有过属于自己的二人世界,但它只短暂地存在于某些时刻。在这些像是"五点至七点"①的短暂时光,阿伦特是"至高无上"的,但这些时光对海德

---

① 下午五点至七点,即下班之后和回家之前的一段时间,是情人们的约会时间。——译注

格尔来说有多惬意,对阿伦特就有多痛苦。那时的她,想成为"自己的一部分",想过自己的生活。而海德格尔却自私地希望她可以一直是属于自己的幸福,希望她能够继续激发自己的理论创作。让海德格尔离开自己的妻子是不可能的。所以离开的人便是汉娜。即便不愿让汉娜仅成为一颗"流星",海德格尔也没有挽留她,但却一直抱着再次获得她的希望。

1929年,在柏林,汉娜嫁给了曾于1925年在某次海德格尔的研讨课上所认识的同学君特·施特恩(Günther Stern),但她却从未真正地爱上这个男人。甚至在新婚之夜,她给旧情人写了一封请求书:"请不要忘记我。"汉娜对海德格尔的爱一直持续到了1933年才中断,那年海德格尔加入了纳粹党。在海德格尔于弗莱堡大学发表著名的"就职演讲"的四个月后,汉娜从德国逃到了巴黎,在法国创建了一个犹太复国组织"阿利亚"(Aliyah)。1936年,她在组织中结识了日后被她称为"真爱"的男人——参加过与共产党联系密切的斯巴达克同盟①的德国流亡哲学家海因里希·布吕赫(Heinrich Blücher)。1941年,汉娜迫于战争,跟着布吕赫,带着口袋里仅有的二十五美元登上了逃往美国的船只,将她"孩子般的恐

---

① 斯巴达克同盟(德语:Spartakusbund),德国左翼于1915年创建的反战革命组织。它原称国际派,因该派曾创办《国际》杂志而得名。——译注

惧"和海德格尔那只"狡猾狐狸"丢在了身后。此时,在她眼中,他已是一个整日被粉丝俱乐部的女同学和一个可怕的老婆包围着的"隐形杀手"。

我亲爱的小心肝

与尼采恃宠而骄的妹妹有些相同,海德格尔的妻子似乎注定要成为阴险角色中的一员,个中原委有些倒人胃口又显而易见。这位众所周知的女性反犹太主义者,像伸出钩爪锯牙的哈尔比亚①女怪般守护着朝三暮四的丈夫和两个儿子的一切利益,她犯下的"巨大又愚蠢的错误"助使丈夫成为了弗莱堡大学的"元首②-校长",而即便如此,若将这一切过错全部归咎于她对国家社会主义(纳粹主义)的信仰仍有失妥当。海德格尔写给妻子"亲爱的小心肝"③的信件于2007年出版,信件的出版便是为了纠正这一过于武断的结论。或许我们会

---

① 哈尔比亚(Harpie),希腊罗马神话中的怪物,脸及身躯似女人,有鸟的翅膀、爪子和尾巴,生性残忍且贪婪。——译注
② 元首(Führer),纳粹国家的元首职称,实际上仅有阿道夫·希特勒担任过此职位。德语原名"Führer"意为领袖或向导,是很常用的德语单词。由于纳粹德国大幅使用的缘故,现今若提到"Führer"一词,通常暗指希特勒。——译注
③ 海德格尔,《我亲爱的小心肝》(*Ma chère petite âme*),瑟伊出版社,2007年,法语版本。

以为这是一段关于放弃资本主义的故事,或一段因托特瑙(Todtnauberg)小屋里的女巫婆精心准备的苹果卷饼而引起的故事。事实上,我们看到的是海德格尔对妻子深深的迷恋,即使他直到80岁还在不断经历各种风流韵事。除了迷恋他的女学生,这点我们上文已讲过,还有周围的女诗人、贵族公主,再或者随便某个热于交际的女孩。岁月在往前走,海德格尔身边的女人却越来越年轻,他像年老的"唐璜"一样,过着风流的生活,在一副副年轻鲜活的躯体里永不厌倦。如果汉娜·阿伦特,正如海德格尔本人在1949年两人重逢时所说,是他"生命中的激情",但她肯定不是唯一一个对海德格尔的魅力以及对其难以填饱的性爱胃口做出让步的女人。无论何时,海德格尔都会回到妻子埃尔福丽德(Elfride)的身旁,他的赫拉女神,他的落脚点,他的"家园"。

1915年,两人相识于弗莱堡,埃尔福丽德正在学习政治经济学,选择了马丁的哲学课,后者此时36岁。随即便是同样的情节,身为老师的海德格尔征服了自己22岁的女学生。与妻子想象中的完美男人不同,海德格尔并不是金发碧眼又高又壮的雅利安人。相反,他比埃尔福丽德还稍微矮些,一头黑色卷发,这也是为什么他经常在这些信件中署名为"你的男孩"或者"一个小摩尔人"。埃尔福丽德是新教徒,出生于一个富裕家庭。海德格尔则是天主教徒,出生于一个贫穷且传统的德国天主教家庭,是家中长子,父亲在巴登邦(Baden)镇上的教堂任司事。当汉娜向第二任丈夫布吕赫提起这对被诅咒的夫妻时,她曾叹息道这是"贱民与精英的典型结合"①。

两人关系一确立,海德格尔对埃尔福丽德的爱便消除了双方在思想和宗教上的差异。如果爱情只是"动物的发情期",他写道,"那么我宁愿现在就消失于虚无之中"。1918年,海德格尔担任军队的气象观察员,在某次短暂外出中,他跑到了柏林的大街上,之后便给埃尔福丽德写信说道,腓特烈大街上充斥着一种难以想象的"性爱氛围,它矫揉造作地散发在空气里的每个角落,到了极其粗俗下流的地步",这条街向来以花花绿绿的妓院和轻浮女子而闻名。对于他来说,这就是衰落的象征,它象征整个首都被侵蚀后的溃烂。他说道,那里缺少"纯洁又伟大的神明"。于是,他便开始向往进行一次大清洗?某种程度而言,的确如此。他曾冷漠地评价道,"战争对我们来说还没到十分恐怖的地步。这里的人们已经失去了灵魂",可只有等到了三十年代,人们才意识到他的这股冷漠,他一句话不说便将犹太人同事与大学隔离开,并拿自己年迈的导师胡塞尔开刀,哪怕自己的学术成就很大一部分归功

---

① 汉娜·阿伦特,海因里希·布吕赫,《汉娜·阿伦特与海因里希·布吕赫书信集,1936—1968 年》(*Correspondance 1936-1968*),卡尔芒-莱维(Calmann-Lévy)出版社,1999 年。

于后者所建立的现象学。

为了抵抗现代社会的世俗堕落,海德格尔宣称正是埃尔福丽德,也正是自己,被赋予为上帝的回归创造条件的使命,是上帝在冥冥之中将二人安排给了对方。同时他希望"以建立智力团体为目的",即"无形的教会",去教育孩子。"来自永恒的颤抖",在"奇迹"面前"痛苦的敬意",无力反抗的"伟大幸福",四处播种玫瑰的"小心肝"的那双"天使的手"——在这位来自施瓦本的年轻人笔下,各种杂乱又神秘的情感宣泄糅合在了一起,或坦白来讲,滑稽可笑的情感抒发也并不少。他们一致认为,一旦步入婚姻,婚姻便是一项立刻执行的"真真切切的人类任务",建立起的家庭会是"一个集聚了思想、纯洁和善意的鸟巢"。"当我身心疲惫地从探索伟大命题的遥远国度中归来时",它更要给我们的哲学家提供一个"温暖的港湾来休息"。对于海德格尔而言,保持沉默和母性的忘我精神是属于"女性本质"的优秀德行,这也是他希望在自己的妻子身上能看到的品质。但于埃尔福丽德而言,归根到底,这是一辈子数不清的自我牺牲,她必须停止自己的学业,时常一人独守家中,最后反过来还要为一直饱受争议的"圣母"头衔而受他人指责。

最终,这段婚姻并没有成为最初自以为"凭借建立共同的思想和事物"就可以盛放的"资产阶级愚蠢爱情"。一同住在"自己的家"里,或带上两支牙刷一起旅游,从来都不会使人变得幸福,这大致就是海德格尔的想法。或许我们会感觉到幸福,但都只是一些无关紧要之事,比如在威尼斯坐了一叶轻舟环游水城,再或是泰姬陵前拍纪念照。毫无疑问,层出不穷的新诱惑会不断地靠近,但它们也远不足以构造起那片"生命中的超出凡尘之地",因为那是爱情出现时的模样。海德格尔认为,恋人们的机会在于"无论如何,都能在各种生命的形式中找到另外一人,然后在某些个瞬间留住了他"。瞬间会因此成为绝对。当一个人充满信心地等待或盼望婚姻再次回归时,当我们紧紧守护着这份馈赠时,时间将会慢慢证明所有的价值。心爱之人已不在身旁,我却永远爱着她。心爱之人弃我而去,我还在回味这份逝去的爱情。爱,对于这位哲学家来说,就是在"那股源源不断的激流中"的一次体验。

海德格尔充满厌恶地揭露道,这段婚姻既不是资产阶级的爱情,也不是"理性"的结合,而同样也是海德格尔,在面对自己的妻子——自己的"必需爱情"——时,又总会屈服于其他无关紧要的情欲冲动。黑森林里的马丁和埃尔福丽德是否成了萨特和波伏娃?有些地方的确如此,因为在这段感情里,双方的坦诚可以战胜一切。但2005年却发生了一条曾轰动一时的新闻,在同年于德国出版的海德格尔与妻子的信件集中，拥有父亲所有著作人身权的二儿子赫尔曼(Hermann)，被揭露事实上是一位叫做弗里德尔·凯撒(Friedel Caesar)医生的儿子，后者曾是母亲的童年伙伴。但如此窘境却几乎从未减损过海德格尔对二儿子温柔的父爱。而且，必须要承认的是，1919年当妻子向自己坦白后，海德格尔用惊人的宽容，或者说用真正的伟大作出了回应。他对妻子说道，再去一一追问细节毫无意义，"弗里德尔爱你，我很早就知道"。为了安抚埃尔福丽德，他说道，追究这一切或许会显得自己"小家子气"，他不允许自己矫情地哭天抢地。但他在向妻子保证自己"充满理解的信任"之前，其实更愿意回忆1916年在赖兴瑙岛①度蜜月时的快乐时光。他肯定道，"习惯性地远离生活便成为了眼前最确定的一件事"，但我唯一只在乎妻子一人，"你，我永远地依恋着的你"。换句话说，随着时间的增长，人学会了分清主次轻重。最终他劝慰道，"愿在这份婚姻里，我们都留住一定的尊严"。此时仍然可以看出，他确信无法完全理解"（自己）多情的爱，它的源头在哪"，而三十年之后，当海德格尔自己本人，无数次地犯下不忠之罪后，再次向妻子提起她的错误

---

① 赖兴瑙岛(Reichenau)，位于博登湖上的德国巴登-符腾堡州境内，以岛上的多座修道院建筑而闻名，被誉为"修院之岛"，2000年入选世界文化遗产。——译注

时，这也并不是毫无报复之心的行为。

日耳曼存在主义夫妇

在婚姻进入这种新状况时，海德格尔正与一位35岁的美术史学家玛丽莲娜·普奇尔（Marielene Putscher）密切交往，后者也是属于欣然前往海德格尔阶梯教室听课然后心甘情愿落入情网的成员之一。在1956年4月18日的信件中，海德格尔讲述了这段让埃尔福丽德十分痛苦的婚外情，这不禁使人想起了同一时期萨特和他的"海狸"①所定下的"透明原则"。信任不正是"以接受一切可能发生的事情为前提，并永远不让其拆散已建立好的结合"吗？海德格尔肯定地说道，爱情已在婚姻生活的考验中持续存活了好几十年，它不会就此中断。"信任就是有勇气去肯定背叛行为，去肯定被我们扔在秘密之中没表明的事。"在这样的自由里，"故弄玄虚"的小秘密便不会存在。正是如此，当妻子向他坦白二儿子埃尔曼是与他人所生时，他给与了她这一句"肯定"。以相互性为前提，接受彼此独立的私生活。这也是一种承诺，这种承诺可以让人不计代价地维持多年来共同建立的一切，让最初的美好时

---

① 萨特对波伏娃的昵称之一。——译注

刻可以留在时间里。和花神咖啡馆里的情人①一样,这对夫妇的婚姻在过于丰富的感情和性爱经历中度过,并总试图强迫每颗闯进自己轨道里的行星接受自己的规则。我们看到,在无数次情况下,海德格尔劝说埃尔福丽德和自己的情妇建立一种"带有选择性的亲近关系",并劝说后者们尊重自己妻子的主要地位。埃尔福丽德自己也会定期地尝试联系自己最强劲的情敌。因此,当汉娜·阿伦特在二十年之后与老情人海德格尔再次建立联系时,他们的约会一直都在这位马丁夫人的眼皮底下进行。

海德格尔其实也意识到,在这样的感情规则里,从各个角度来看,"痛苦会一直存在"。波伏娃后来在自己的小说中也曾清楚地表明了这种关系的残忍。内心嫉妒难耐的埃尔福丽德,毫无疑问,成为了两人之中最受折磨的一方。丈夫不仅与各种年轻姑娘体验刺激的婚外情,还同她们一起工作,这一切对她来说实际上就像是一场场的悲剧。她永远也不会将1956年6月写的一封信寄给海德格尔,因为这封信里满纸都是丈夫经常责怪她表现出的"苦涩哀怨"。"你在别的女人身上寻找'家园'——啊,马丁——我不是已成为你的家园了

---

① 此处指萨特与波伏娃,花神咖啡馆因萨特、波伏娃等存在主义思想家经常光顾而有名。——译注

吗?"她向多年研究语言意义的专家马丁问道,"你有没有一次想过空话是什么?——那些空洞的话?"

多年以后,埃尔福丽德在"亲爱的丈夫"海德格尔写给自己的生日信上的一处空白写下:"出自马丁1918年的一封信,这是他写给诸多'所爱之人'的情书样本。"想到写下这些字句时埃尔福丽德的心情,我们定会为之所动。我们不禁猜测,在海德格尔心脏病突发的那一刻,她或许偷偷地感到了快乐,因为他一直持续到80岁的风流日子终于结束了,他会重回到只属于她的世界。而在这一天,海德格尔其实在奥格斯堡"与一位女伴有约"。也正是这位女伴在海德格尔最后一封信的背面标注了这次约会,并且还补充道:"将他打倒在那里的危机,现已必然化为一片晴空——从那以后,我们就不曾分离。"尽管文笔可笑又糟糕,可不得不承认这是她爱海德格尔的表现。埃尔福丽德向负责挑选出版信件的孙女坦白道,和海德格尔在一起的最后几年是人生中最幸福的时光。因为那是他们的爱情,是一辈子也"无法消除"的爱,这样的爱让彼此靠近的两个人感知自己的存在,后来又将他们带入世界之中去存在,并不断地让他们看到曾经的存在。毫无疑问,为了实现一种"互相归属的关系",他们所使用的各种途径成为了那些疯狂岁月里混乱的一部分,但在那些岁月里,他们成为了先进的现代人,他们开始以新的方式体验自己的欲望。从某种意义而言,他们就是一对存在主义夫妇,尽管阿兰·巴迪欧和芭芭拉·卡森(Barbarin Cassin)两位哲学家在这本横跨四十多年的信件集的前言里,极其强烈地想证明这只是"外省的、虚伪的、宗教信仰里所注定的存在主义"。

身体里的漂泊者

从塞纳左岸的咖啡馆到德国森林的小木屋,环境和气氛显然不同。正如两人之间细微却又本质性的差异。与四海为家的文人萨特相反,海德格尔从未能完全摆脱面对埃尔福丽德时的罪恶感。如果他可以习惯性心安理得地说和埃尔福丽德在一起时一切都很无聊,那么同时,他也常常会因"犯下的一切过错和失误"感到"挫败和难过"。1952年海德格尔写道,"每当眼睁睁看到我的挫败给你带来了如此多的痛苦,我便不断反复地陷入巨大的忧伤之中"。对于海德格尔这样一位最恐惧不和谐氛围的男人来说,这或许是一次被逼无奈的忏悔?于此,或许也可看出这位哲学家的懦弱。尽管如此,他仍尝试为自己的风流史辩护,甚至以厄洛斯的名义去解释。"每当我在思想的冒险里迈向不寻常之路的重要一步时,我都会触碰到这位神明振颤的双翼。"他写自己像是被一些跟随酒神和智慧之神的精灵附体了,一旦自己进入强烈紧张的思考时,它们便会全部合为一体。海德格尔将自己的肉体欲望视为一种冲动,而这种冲动指向的是本应说清却被他掩盖的真相。所有的欲望都是对其他事物的渴望。其他某物又象征着某个带着面纱的真相。关于他的各种婚外恋情,海德格尔将其统统定义为一种用来激发创作的手段,保证自己的工作持续进行。这是"不完美的前戏",他这么写道,但对自己的思考却很有必要。用文字游戏的话来说,它们启动了他的思维机器。因为有意识、有目的地去创作,我们会"一无所获"。真相并不会因简单的工作横空而出。"如果我的存在被剥夺了激情",他还写道,"声音便会沉默,灵感便会枯竭。"没有性爱,便没有了此在。只能去收拾一堆旧文章。面对这位行动派的天才,埃尔福丽德除了服从,别无选择。

当然,想要看穿毫无创意的创作幌子下的征服欲也并非难事。在众多的创作者之中,海德格尔并非拿艺术为放荡情场做抵押的第一人,也不是唯一将二者混为一谈的人。但终究,那些出现在他生命中的女人成为了他情感里的消遣,并且毫无疑问,阿伦特成为了带给他最多灵感的那个。基于这个事实,她也成了海德格尔最怀念的那位。萨特在《存在与虚无》(*L'Etre et le Néant*)中也提到了司汤达和普鲁斯特,证明爱情并不仅仅是占有一个女人的渴望,而是幻想通过一个女人来占有整个世界。这种占有世界的幻想,不断地在心里反复加强,它一直驱使海德格尔去丰富自己的猎艳之旅。通过爱情进入真理,《存在与时间》早就引用了圣奥古斯丁的这句话。唐璜从一个女人的身体漂泊到另一副身体上,为的是寻找那位真正的"女人",即关于女人的真理;海德格尔从年轻漂亮的女博士们的身体里漂泊到花枝招展的社交小姐们的身体里,为的是寻找存在的真理。这场思想的追寻之旅,差不多符合让-皮埃尔·温特(Jean-Pierre Winter)[①]在《身体里的漂泊者》(*Les Errants de la chair*)中所说的"男性神经兴奋"症状。这本书认为,情感丰富的猎艳者拥有一种神经,这种神经使人混淆"无法获得的整体与无法获得的象征",使人从整体上认为,通过"量的积累"便可以抵达永恒的爱情。不管怎样,我们必须要注意并且最应该注意的是,海德格尔并没有表现得像个柏拉图主义者。不管爱情声称可以转变为多么高尚的精神升华,它最开始都表现在蠢蠢欲动的性欲望里。因此,当海德格尔坚持要献给埃尔福丽德一本关于柏拉图的书并一直向她承诺这本书之时,也绝非毫无用意之举。此外,同一时期,他以"回礼问候"的名义将索福克勒斯《安提戈涅》中的几句诗寄给汉娜·阿伦特,也绝非偶然。诗中的歌队提到了他的厄洛斯:

---

① 让-皮埃尔·温特(Jean-Pierre Winter, 1951—),法国心理学家,拉康的学生,继承了弗洛伊德学派,著有《身体里的漂泊者》。——译注

"还有,哪怕是那些神明本身,或是昙花一现的人类,没有一个能躲开你,无论谁触碰到你都会立刻感到幸福。"如果说肉体的放纵打开了哲学家的创作之门,那么完成作品的功劳便属于他圣人般的妻子。情妇们是源源不断的灵感之泉,埃尔福丽德就是一个蓄水的花瓶。"在坦诚和谐共处的同时,无论如何还要保留属于自己的一面,在随之飞翔的同时,无论如何也得平安归来",这便是如何在不忠之中保持忠心的悖论。

一身两头的制度

同样地,也是在 1950 年左右,汉娜·阿伦特开始思考忠诚这一棘手问题。事实上,现实的一切都将她推向了这个问题。1941 年逃到美国之后,当汉娜再次返回欧洲,与马丁·海德格尔第一次重逢时,就像她所说,当时的海德格尔就像"一只夹着尾巴的窘迫的狗"[①]。而对汉娜而言,昔日的爱意却再次被点燃,曾经的不安全感也再次被唤醒。此外,她现有的家庭也刚刚经历了一场风波。事实上,汉娜得知丈夫与一位名叫罗斯·费戴尔松(Rose Feitelson)的女作家有染。这位

---

① 1950 年 2 月 10 日汉娜·阿伦特写给友人伊尔德·弗兰凯尔(Hilde Fränkel)的信。

拥有俄罗斯血统的年轻犹太人,活力四射、妩媚性感,还是她们共同的友人圈——流亡"部落"里的一员。尽管性情极其敏感,阿伦特最终还是选择了理解,并且与丈夫达成一致,承诺以后两人之间不保留任何秘密。因此他们发明了"一身两头"的规则,就像作家兰德尔·贾雷尔(Randall Jarell)1954年在《制度的作品》①一书中所描述的那样,这种规则不存在任何控制关系,双方都会考虑彼此生活的幸福和独立性。在"生活的重要事情"上,夫妻二人保持一致,对彼此的欣赏和赞同将双方紧紧联系在一起,哪怕是在家庭争吵时,他们都保持着"哲学家-小市民"的身份生活。此外,作家艾尔弗雷德·卡齐②在《纽约的犹太人》(*Juif newyorkais*)一书中也回忆到了"这对夫妻面对某个意外的哲学发现时共同的激动。她对吕布赫冷着脸,哪怕心里是赞同他的,我这辈子听到过最有激情的研讨会,就是这对生活在一起的男人和女人之间的讨论"③。理所应当地,她将《极权主义的起源》一书献给了吕布赫,并称之为"我们的书",甚至是他们"思想的孩子"。当然,

---

① 引自《汉娜·阿伦特与海因里希·布吕赫书信集》的序言。
② 艾尔弗雷德·卡齐(Alfred Kazin,1915—1998),美国犹太文学评论家,是汉娜·阿伦特的朋友。——译注
③ 转述自扬-布鲁尔(Young-Bruehl),《汉娜·阿伦特与海因里希·布吕赫书信集》。

他们之间也绝对不是知识分子间的纯洁友谊。"任何友谊都无法承担起婚姻所要求的责任,"汉娜·阿伦特写道,"当作为制度的婚姻被两人的自由决定缩减为一团虚无时,爱情,它本身,就可以承担。"

嫉妒心,汉娜似乎已经完全战胜了它。布吕赫鼓励她再次与马堡的老师取得联系,她也将每次的书信一一汇报给布吕赫听,甚至在此过程中还对他说想念海德格尔。当她担心"马丁夫人"——她和布吕赫喜欢用这个名字来称呼埃尔福丽德——怒火倍增时,布吕赫会想尽办法安抚她:"让那些人嫉妒这里的一切,你就待在家里,等着属于你的那位'从不嫉妒的先生',这位先生正以自己的方式深深地爱着你。""好,我的挚爱,"汉娜回应道,"我们的心已经向着彼此成长了一次,我们步调一致地向前走。这种默契不会受到任何阻断,哪怕生活紧紧跟着它。疯子们自认为放弃充满活力的生活,前仆后继地,一个踩着一个,成为独一无二的'唯一'就是忠诚,这些人不仅无法体验共同的生活,常常也根本没有生活。如果可以的话,我们应当在某一天告诉所有人,婚姻到底是什么。"[①]风波的最后,汉娜·阿伦特最害怕的背叛不是丈夫的通奸,而是他的抛弃,他抛弃

---

① 参见 1952 年 6 月 7 日布吕赫写给汉娜·阿伦特的信,以及 1952 年 6 月 13 日汉娜·阿伦特给布吕赫的回信,收录于《汉娜·阿伦特与海因里希·布吕赫书信集,1936—1968 年》。

了曾在1936年将他们的逃亡命运紧紧结合在一起的爱情,那是在惨淡灰暗的日子里包围着他们的"四面墙"。这也是为什么当她四处奔走、解说平庸之恶的根源时,她曾"随身携带的丈夫"迟迟不给她写信的原因,这位在外界看来独立自信、备受呵护的女人实际上又再次沦落到了以前那般脆弱可怜的境地。在1950年的一封信中,她给丈夫写道,自己无法承受"像个脱离车身的轮胎一样从人群的高地里往下滚,与自己的存在已毫无联系,没有一人、一物可以去依靠"。布吕赫忠心地爱着她,却无法成为她忠诚的情人,他安慰他的这位"康德的女粉丝":"你的家在这里,它在等你回来。那里一切静好。"

不忠之罪

在哲学实验室——《思想集》①里,汉娜总结了自己近年来所经历的各个阶段。在最后,她区分了"无辜的不忠"和"不忠的重罪",前者以"生活和生活者继续向前走"为征兆而发生,后者则是"谋杀所有过去真实发生的故事",并将我们带给世间的一切统统删除。后者是真正令被欺骗之人感到万箭穿心的一次"彻底的消除"。因为"在并且只有在"忠诚里,我们

---

① 汉娜·阿伦特,《思想集》,第一卷,1950年10月所写篇章。

才能掌控过去,它能保证我们的故事在过去和现在,就像我们切实经历的那样存在。忠诚与否完全取决于我们,它如此取决于我们,以至于世界里的事实并不一定存在。而倘若事实和"曾为事实"的可能性不存在,阿伦特强调道,那么忠诚说到底或许就是愚蠢的"固执"。反过来,倘若忠诚不存在,事实便更不可能存在,它不持久,也不永恒,它是"完完全全的不真实"。准确来说,鉴于忠诚和事实间的关系,"所有执念"应该从忠诚的定义中剔除。从某种角度来看,我们无法强行要求做到忠诚,就像我们无法要求那些现在不是、过去也从不曾是真实的事物变得真实。因此,由于嫉妒而对"人们习惯性以为的不忠"进行辩解,实际上是对忠诚的歪解。将事情僵硬化,或"清除人类的生机活力",都是病态的企图,这种旺盛的活力往往会转变为炙热的愤怒,它与认为生活换个地、换个人就能继续的想法形成对立。最严重的不忠,在阿伦特看来,即"唯一真正的罪行,是抹灭了事实、否认了曾经真实发生过的事实的罪行",是"遗忘",对过去的遗忘。

当时的汉娜·阿伦特清楚地意识到,"伟大的爱情就像伟大的作品一样罕见",她将巴尔扎克的名言改写成了这么一句[1]。毫无疑问,这就是为什么,尽管她深深恐惧马丁·海德

---

[1] 阿伦特把这句话作为她的伊萨克·迪内森(Isak Dinesen)研究的题词。

格尔追随纳粹,但还是选择了在这段感情里保全他的性命。这不仅仅是原谅,从另一方面而言,是否真的原谅他已不是重点,此时更应该看到的是,这是对过去的经历、对发生过的爱情"事件"的难舍之情。在一封写于1960年但从未寄给海德格尔的信中,她向他坦白道,自己对他"一直都保持着忠诚与不忠,并且从未停止爱他"。汉娜·阿伦特和海德格尔之间的故事,肯定不是一场忠心的爱情故事,却是一场忠于爱情的故事。

10

让-保罗·萨特与西蒙娜·德·波伏娃
自由之爱

"野兽夺过主人的鞭子然后抽打自己,以为这样自己就能成为主人,并不知这是对主人鞭子的迷恋而带来的幻想。"

——弗朗茨·卡夫卡,《关于罪恶、痛苦、希望和正确之路的沉思》,1918 年

或许他们找到了,就是他们,在千年的迷宫里找到了出口。为每次的夺门而出、为那些蹩脚的谎言、为残酷的离婚结局、为被夺走了最初亲吻时妙不可言现在沦为柴米油盐的生活找到了出口。上世纪三十年代,在圣日耳曼德佩区①的某

---

① 圣日耳曼德佩区,位于法国巴黎第六区,(转下页注)

个角落,两位精通爱情主题的哲学家或许已驱除了压迫爱情已久的古老巫术。人们终于可以看清爱情的模样。嫉妒的陷阱终于受到重创,爱情的痛苦也被打败。取而代之的是一种浓烈的、绝对的又开放的爱情关系。"花神咖啡馆里的情人们"的传说,如同一场奥林匹斯诸神间的喜剧,而波伏娃将这场剧一直演到了底,身为传记作者的她或许也被自己的传奇故事所吸引。

然而事实却并非如此光鲜亮丽,自从私人信件以及各种举报的下流故事接二连三地被公开后,自从各种类型的执达员,或多或少,开始别有意图地检视这对存在主义夫妇的床褥后,真相便已众人皆知。两个冷血无情的食肉动物之间,真的存在一种叫做爱情的关系?算了吧,人们越发觉得好笑。年轻时曾担任《现代》(*Temps modernes*)杂志社实习编辑的弗朗索瓦·乔治①甚至这么写道,"这是一场糊弄了许多人的诈骗"②。自从68年的五月风暴开始让一些微不足道的反动性念头恰如其

(接上页注)圣日耳曼德佩修道院附近。圣日耳曼德佩区有许多著名的咖啡馆,例如双叟咖啡馆和花神咖啡馆,该区为让-保罗·萨特和西蒙娜·德·波伏娃从事存在主义运动的中心地区。——译注

① 弗朗索瓦·乔治(François George, 1947—),法国作家、哲学家,萨特好友。常以笔名马图兰·莫卡尔洛恩(Mathurin Maugarlonne)创作,著有《法国的私人故事》《遇见消失者们》等。——译注

② 马图兰·莫卡尔洛恩,《遇见消失者们》(*A la rencontre des disparus*),格拉塞出版社,2004年。

分地得到突显之后,不难预见,萨特和波伏娃放荡的爱情冒险才刚刚开始。

骗子,或强者?

这对栖息于存在主义巢穴中的爱洛伊丝和阿伯拉尔①,关于他们的爱情以及他们所坚信的苏联模式,他们或许应该撒谎。他们或许应该掩藏他们的失败,或许应该找一个颇具颠覆意义的名词去伪装这种几乎接近婚姻的关系,毕竟这样的关系其实毫无新意。他们的"必要爱情"允许"偶然爱情"的发生?这些几乎被流程化的相互出轨的行为,说到底就是布尔乔亚式的生活,我们听到越来越多这样的讽刺,挖苦这一切实属自负又平庸。小说家多丽丝·莱辛②在 2007 年获得诺贝尔文学奖后的几天曾表示,自己从未相信过萨特和波伏娃

---

① 皮埃尔·阿伯拉尔(Pierre Abélard,1079—1142),法国神学家和经院哲学家。在巴黎主教堂任教时,阿拉伯尔与比其年轻 17 岁的爱洛伊丝之间产生了恋情并偷偷产下一子。迫于强大的宗教压力和阿伯拉尔的事业,两人不得不分居两地,阿拉伯尔被罚以宫刑,重新恢复了神职工作,爱洛伊丝逃进了修道院成为修女。最初的激情式爱情升华为了思想和灵魂的结合,他们在无数封拉丁语信件中探讨哲学、诗歌和人生等。去世后,爱洛伊丝被埋葬在阿伯拉尔的旁边。——译注

② 多丽丝·莱辛(Doris Lessing,1919—2013),英国女作家,著有《金色笔记》等,2007 年获诺贝尔文学奖。——译注

这对"徒有虚名的具有革命性的爱情结合"。在她看来,波伏娃不过是表现得"像个女人",而萨特也只不过"像个男人"。似乎即使在这位英国著名的女权主义者看来,爱情的风流与痛苦也将会永恒地对立存在,这是男女关系中的终极道理。

过去的女权主义者们曾疯狂地吹捧这对组合,将其渲染为一段成功避免了生活摧残的传奇爱情,现在我们似乎在用同等的热情去否认萨特和"伟大的萨特女人"这一组合的创新。曾经有一位年轻的女粉丝向波伏娃询问与萨特的爱情本质,波伏娃在回信中一如既往地回答道,他们的爱情始于并主要是"字语和思想交流"。的确,他们的爱情在最初就是纯粹的智力讨论。毫无疑问,这曾是一份带着无限柔情又执着的忠诚。但即便如此,性爱、狂热、牵挂、眼泪,却是给了他人。美国的棕发美女多洛雷斯①、英俊的纳尔森②、年轻的博斯特③、哥萨克姐妹

---

① 萨特游历纽约时遇见多洛雷斯,两人一见钟情,于是萨特在美国多留了几个星期才回法国。像对往常所有女友一样,萨特希望多洛雷斯能搬到自己住所的附近居住,并接受自己与其他女人的来往。多洛雷斯拒绝了萨特的要求,两人分手。——译注

② 纳尔森·艾格林(Nelson Algren, 1909—1981),出生于底特律的美国作家,曾为流浪汉,偷过车、坐过牢、离过婚,后定居芝加哥专心写作,作品以表现贫民窟为主。1947年,西蒙娜·波伏娃访问美国时认识了艾格林,两人一见倾心成为情人,波伏娃形容艾格林"如同拳击手般粗鲁"。他曾带她去一些臭名昭彰的酒吧,见识了小偷、毒贩、妓女等群体。——译注

③ 雅克·罗兰·博斯特(Jaques Laurent Bost, 1916—1990),法国记者,萨特的学生,后成为波伏娃的情人,最后与奥尔佳结婚。——译注

花奥尔佳和万达、朝气蓬勃的布尔丹,还有一位与萨特纠缠两年之久的俄罗斯翻译蕾娜·左妮娜,以及"数以上千"的第三者。每个角落都留下了他们零零散散的风流故事,甚至还有一幕幕的惊慌失措。曾牵扯其中而意外怀孕的比安卡·朗布兰[①],在后来对这两位大文豪进行了严厉的控诉,并禁止他们在某本"他们肮脏的小说"中消费自己的人生。备受冷落又无法克服嫉妒的情人们在激情的冲动下做出下流之举:将感情转移到另一人,甚至更多人的身上。或许在萨特和波伏娃之后,爱情依旧是曾经的模样:一个让人痛苦的问题。

牢如城堡的结合

萨特与波伏娃的传奇爱情,最终成为了一场极为普通的喜剧?抑或一场不温不火的契约,而其中过度掺杂了种种离经叛道的诱惑?答案若如此,或许也过于简单、随意甚至可

[①] 比安卡·朗布兰(Bianca Lamblin, 1921—2011),波兰籍法国作家和哲学家,曾为萨特和波伏娃的密友,在《一个被打扰的女孩的回忆录》(*Mémoires d'une jeune fille dérangée*)中回忆了与二者的关系,巴兰(Balland)出版社,1993年。路易斯·韦德妮娜(Louise Védrine)是《寄语海狸——给波伏娃及几个好友的信》(*Lettres au Castor et à quelques autres*)中波伏娃给比安卡取的化名。

笑。那意味着我们得忘记那些书,忘掉《存在与虚无》中那些震撼人心的论证,更得忽略波伏娃的一本本小说,哪怕与一张张正式的彩色照片或传记作家的考究相比,关于契约爱情本质里的残忍,这些小说可以告诉我们的实在太多了。很少会有哲学家会像他们俩这样如此深刻地理解这种特殊的占有模式,而这就是爱情,爱情的占有不再是简单的性爱上的或心理上的控制。想到达这种境界,必须先残忍地承受,才能穿破爱情地质层里的力量机制。我们不妨这么说:萨特和波伏娃的伴侣关系,既不是情侣,也不是两个"名牌"文人的理性探索。它是一面墙,为了抵抗爱情的痛苦而修筑,因为他俩比其他人都更清楚其中的细腻滋味。用信奉斯多葛派的国王马可·奥勒留的话来说,这就是一座"内城"。一座两人的城,为了抵抗激情可能会招致的毁灭而建造。

选择的时刻

他们的相遇并不是一见钟情[①]。独裁蛮横的父亲不仅没有赠与波伏娃一分一厘的嫁妆,还视她为毫无用处又心高气

[①] 参见传记哈泽尔·罗利(Hazel Rawley),《面对面:波伏娃与萨特的契约爱情》(*Tête-à-tête. Beauvoir et Sartre, un pacte d'amour*),皮埃尔·德马尔蒂(Pierre Demarty)译自英语,格拉塞出版,2006年。

傲的女知识分子,于是波伏娃痴迷地爱上了一位大男子主义者——勒内·马厄(René Maheu)。他身材矮小,可因"大笑时像一条狡猾的狗"而显得极其性感,他引以为豪的事情则是一旦获得女人芳心就不再重视她们,除此以外,也就是他给波伏娃起了个日后人尽皆知的昵称——"海狸"。萨特曾称呼她为"瓦尔基丽女战神",赞美她如赤子般勇敢的战士精神和高挑的个子。而萨特自己一米六不到。最初波伏娃并没有心动,甚至觉得萨特面貌丑陋。然而她在21岁获得法国大中学教师资格后却选择了萨特,离开了那位把她吓得脸色惨白的马厄。多年以后,成熟的波伏娃在回忆录中写道,"当时的萨特完全符合我15岁时的心愿:他就是另一个我,我所有的怪癖仿佛一下子都被带进了炙热里。8月初与他分离时,我便料定这辈子他再也走不出我的生活"。然而对于这位年轻女孩来说,当时的情况似乎更为复杂①。

"我需要萨特,而我爱马厄。我爱萨特带给我的一切——我爱马厄真实的模样。"和萨特在一起,确实不是出于身体欲望的交换,但她也承认,和他在一起"却是最幸福的"。尤其和萨特在一起时,这位天资聪颖的年轻女孩在人生中第一次感

---

① 参见《战斗的海狸》,达妮埃尔·萨乐娜芙(Danièle Sallenave),伽利玛出版社,2008年。

受到智力上被另一个人战胜。"只有那些能在一片玫瑰花瓣中看到千丝万缕的凄凉的疯子,才会激发我如此的谦逊。"波伏娃年轻时说的这句动人心弦的话完美地阐释了这段决定了她整个一生的感情。事实上,她已客观从容地选择了仰慕,而不是激情。她选择了最完美的思想教练,而不是屈服于欲望。或许有些人会说,这不是爱情。爱情不是渴求另一人能给我们什么,而是去爱他真实的模样。又有人这么说,这就是爱情。爱情就是面对他时的谦逊,就是人生第一次感觉到被他人超越。

契约

关系从一开始,萨特与波伏娃之间就已形成了著名的性爱自由和情感自由的契约,这种契约关系曾在五十年代激起了《费加罗报》读者的强烈愤怒。正如波伏娃在书中所写,那位来自巴黎高师的心高气傲的小伙子的原话如下:"我们之间,"他对我解释道,"是必要的爱情;但我们也需要去体验偶然的爱情。"人们或许会恍然大悟,原来一切症结来自于萨特。一个"伟大的男人"必须要保持自由之身,萨特在《荒诞战争笔记》(*Carnets de la drôle de guerre*)中也大致写下了这个意思。关于这个问题,他在书中表明了自己作为男性的观点。从他坦露的心声可以看出,当时的萨特俨然已染上了疯狂的邪念,他要去征服那些犹豫不决的年轻女孩们,他刻不容缓地想要向她们宣告不要幻想他会为了她们而放弃自由,一个与阿波罗的美貌毫不沾边的男人会有如此想法,这一切或许更加可笑了。但某一天,事情却变了。"我被攻陷了。海狸接受了我的自由并愿意看守它。我竟愚蠢地感到不安。"

首先,肯定不能掉进柴米油盐的家庭琐屑里,就此点来看,这位鼎鼎有名的大哲学家的幽默也从未缺席。二战结束之后,他没有选择与任何一个女人同居,而是流连于母亲的花边餐布之间。其次,一定不能压抑自己的欲望,不仅要丰富性爱探索,更要去热爱它,但永远记得在最后回到"唯一"的身边去。波伏娃在后来比喻道,就像紧拉一根橡皮筋看它到底能拉多长,然后突然松手去感受两头弹向彼此时打在手上的力量。一场存在着备选的爱情,时不时地被诸多卫星环绕:从最初坚定地开始到最后,他们的爱情便一直这样。

好,但嫉妒心呢? 嫉妒是无法想象的,但除非互相坦白一切,年轻的萨特肯定道。双方都不会感觉自己被排斥在了对方的生活外,也无需忍耐超过范围外的痛苦。可固执地相信透明化的力量,终究是一种奇怪的信仰。是否可以这么理解,当面坦白了的冒犯行为就不应该被视为冒犯,好比是一次披着基督教残余光辉的忏悔?这也有些布尔乔亚式道德观的影子。哪怕去放荡也要诚实。不撒谎,就不会有任何的猜忌。总而言之,他们的爱情是一次前所未闻的道德混乱。它介于绝对的天真和彻底的厌女主义之间而存在。

激情的困扰

正如上文所说,"契约"也可以被看作抵挡爱情痛苦的坚实堡垒。难道只有死去的爱情、名存实亡的稻草人爱情亦或本质已沦为友谊的怜悯爱情,才能在透明化中幸存?所有人都可以建立起一个共同的"我们",将如木乃伊般永不腐朽的透明原则置于其中,然后四处风流快活,直到经历各种挫败后再回来。此时,我们与安德烈·布勒东所描述的爱情已相差甚远:"毫无防备地暴露在上帝可怕的眼神里。"

萨特似乎在年轻时很早就体验过激情萦绕的苦恼。1928年,萨特第一次教师资格会考失败,未婚妻的父母便取消了他们的婚礼计划。原因是不想要一个丢人现眼的家庭成员。这使得原本就已有不忠念头的萨特背着心爱的未婚妻与一位名叫西蒙娜·若利韦(Simone Jollivet)的女人来往,他被这位美丽的交际花迷得神魂颠倒。关于此事,数年后我们的哲学家道出了一番特别的心声。他承认,和这个女人在一起时,他感受到了一种前所未有的"最不舒适的感觉",它"就是我们常以——在我看来——嫉妒之名所描述"的感觉。而这种以嫉妒来命名的感受,他再也不想体验第二次。总之,它永远都没有再发生,更不会发生在与波伏娃的爱情里。

同样,波伏娃的复数式恋情也成为了相当出名的事实——但不管是她与博斯特在滑雪时放纵自我的性爱,还是她与纳尔森——她的"金发丈夫"——之间强烈的爱情,都从未激起过萨特的伤心,哪怕是一丁点相似的情绪。而反过来,却完全不同了。在32岁时,性爱对他们来说是可以被排序的。波伏娃在给情人纳尔森的信中写道,萨特是一个"除了在床上以外都热情洋溢并充满活力"的男人,并补充道,久而久之他们一致认为"继续同枕已毫无意义,甚至很是下流"。然而折磨人的嫉妒心打败了性爱,如同幻想中的器官在隐隐作痛。多洛雷斯以及萨特另外一位来自俄罗斯的挚爱女友,"Z小姐"——左妮娜,萨特曾将《词语》(*Les Mots*)一书献给她,也正是她激发了萨特写下将近600多封目前尚未公开的私人信件——的出现激起了波伏娃熊熊燃烧的嫉妒心。因此,甚至连波伏娃都认为萨特的整个存在都依赖于一个巨大谎言。是的,她常常这么想。

坦白一切

"不完全的分享,或许是唯一一种最糟糕的背叛",《女宾》中女主人公弗朗索瓦兹说道。这本小说以波伏娃为原型,在1930年讲述了一对情侣让人瞠目结舌的荒诞爱情。透明化原则,实际上是一种铤而走险的规则,但乍眼一看,却必然无法识破。这本充斥着威士忌香气和被压抑着的躁动的小说,以独一无二的方式,证明了这点。它是献给奥尔迦·科萨凯维兹(Olga Kosakievicz)的,是她启发了波伏娃的创作。这位年轻的俄罗斯女孩曾是波伏娃的学生,她青春活力下的极度自恋和让人窒息的自私曾深深地吸引了萨特,萨特整整追求其两年未果。有一天,他这么写道,"我将她置于至高无上的地位,因而在人生中第一次于他人前感到自己的卑微,像是被卸下武器般脆弱无力"。他甚至承认道,正是这种撕心裂肺的痛苦,他才得以进入到"一个更加黑暗却更具滋味的世界"。

然而萨特在后来写《给海狸的一封信》时却揭示了这段恋情的真相,或者说让人咋舌的事实。他在信中宣布自己的痴情被奥尔迦拒绝,也正因如此他才回到与海狸刚建立不久的爱情避难所。与此同时,他也在等万达的回复,并刚与万达发生关系不久,但与万达的这段恋情在后来倒是十分稳定。在万达还没有作出回应之前,为了掩饰自己的期待,他在信中向波伏娃讲述自己的懊恼。"继奥尔迦之后,任何与激情有一丝相近的情感,都会让我有些恼怒,出于害怕,在其还未成形之前我便将之扼杀,这种害怕紧紧揪着我的心。并不只是在奥尔迦前我才'拒绝爱情结晶',面对所有人时都是如此。"他要扼杀任何可能的结晶。或许将生活杀死才能更好地幸存,然后以此完成一部比大多数人更加了解爱情残忍真相的作品。但对于收到这种信的收件人来说,她又会怎么想呢?

从《女宾》的最后几页,也就是奥尔迦被人以肮脏手法害死的大结局中,我们或许已经找到了答案。这位来自哥萨克的闯入者,萨特黑色欲望里的目标,就这样在某一天看着自己被波伏娃在小说中清理。在纠缠不清的爱情里,女主人公出于爱,毫无顾忌地扮演着圣人的角色,而这次她的爱却失控了,她再也无法静静地"举着蜡烛",终于弗朗索瓦兹——也就是波伏娃,在某个夜晚趁着情敌熟睡时打开了她房间里的煤气阀。所以,我们并不能说波伏娃完全没有意识到这种三角恋关系里的危险。但她在小说中坦白这么多曾经掩藏着的各种细微心思,确实让读者瞠目结舌。不仅如此,她还选择了黑格尔的一句颇让人战栗的话作为题铭:"每个意识都追求另一个意识的死亡。"比起她回忆录中的一篇篇文字,这句话似乎更意味深长,引人遐想。

既然透明化的结果如此痛苦,为何还要向一切保持透明?毫无保留并恬不知耻地存在,以便将自己一劳永逸地从内心世界衍生出的"那片长满了羞耻心的至高无上的地带"中解放出来,这就是我们在波伏娃的《女宾》中所读到的答案。关于爱情及其他所有的罪恶感,都被一并丢弃在了秘密里。不得不说,这与西方传统爱情观已严重脱节到了难以衡量的地步,尤其与但丁在《新生》(*Vita Nova*)中所塑造的十三世纪宫廷爱情典范大相径庭。爱情成为了秘密的一部分,男人们甚至还要拿别的陷阱、别的女人去掩护,不断地隐藏自己欲望背后的真实动机。秘密、畏缩、矜持等各种曾经与贵族相关的标签,在二十世纪萨特主义新规则下,摇身一变,成为了一桩桩罪行。

凭借另一个人的肯定,便可以认定自己完全的清白无罪,甚至所作所为都完全合乎情理,哪怕是行为或想法里最不光彩的黑暗面。在萨特和波伏娃这对组合的身上,我们看到了个人生活作风的糜烂与思想道德的严守戒规怪异地混合在了一起,以及伊甸园式的身心结合与具有革命性的禁欲思想也奇怪地结合在了一起。于此,我们在年迈的萨特身上得到了认证——晚年的他几乎成了瞎子——转向了共产主义,却受到越来越多左派政客的质疑。1975年,萨特向自己年轻的粉丝米歇尔·孔塔(Michel Contat)说道,"我曾有过一次光芒四射的存在,它没有太多的激情,更没有内心波澜,也没有秘密"。

拉克洛、斯大林还是傅立叶?

一谈起萨特与波伏娃,人们往往会颇有兴致地提起《危险的关系》一书。在这部充斥着性爱高潮的书信体小说中,男女主人公相互分享着与其他伴侣间的性爱故事。他们的快感来自对弱者的侮辱,来自在第三者的脑子里盖上一个火红的烙印——他们两人的感情才居于首要地位。而在我们这对存在主义组合的身上,我们更多地看到的是五年计划体制下的意志论,而非是"伟大世纪"里的贵族主义。

从性解放再到"萨特式女人",波伏娃对神的思考似乎很明确了,这番历程就像是"一项残忍的事业,一次漫长的呼吸"。塑造一个不带任何嫉妒心和羞耻心的新型男人,好比是信奉社会主义的务实派宣称要培养一个摈弃一切占有欲的男人。把自己当成试验品,去体验超人类的欲望切除术。利用他人去检验自己的经验,即使拥有了邪恶的信仰也不回避,并声称这是一种诚实的成功。不管在爱情里,还是在政治里,萨特和他半真半假的妻子都成为了极权主义世纪之子。

然而需要强调的是,马克思和恩格斯,《共产党宣言》的作者,他们本身,既从未将一夫一妻制认定为资产阶级的特有标志,也从未将多配偶制——旧时代产物的不幸重现——定为无产阶级革命的奋斗目标之一。在《家庭、私有制和国家的起源》一书中,恩格斯甚至将排他性的爱情定义为性爱交易的一种高级表现形式,将婚姻定义为现代社会带来的一次最为显著的道德进步。一旦私有制被废除,"我们就可以有理有据地确信",这位马克思的战友写道,"一夫一妻制,不仅不会消失,甚至还会第一次真正地得到实现"。

接下来,为了找到萨特式自由爱情的根源,我们是否应该再转向夏尔·傅立叶的极端自由主义的激进思想?我们都知道,这位法伦斯泰尔①的发明者同时也是《新爱情世界》(*Nouveau monde amoureux*)一书的作者。他在书中毫不避讳地表明自己对多配偶制的哲学幻想,然而为了避免正统思想的控诉,这本书由他的追随者一直暗地保存到1967年才正式出版。十九世纪,法国空想社会主义者们对婚姻发起了一次猛烈的攻击。傅立叶在书中写道,"爱情与诚实、可敬的事业毫无关系"。"我们曾经把尊严、荣誉放在了排他性的爱情里:但事实却证明了它的相反面,文明只会在这个谄媚的世界里生产出

---

① 法伦斯泰尔(Phalanstère),法国空想社会主义者傅立叶幻想要建立的社会基层组织,是所有成员居住和工作的场所。——译注

一批蛮横独裁和愚昧的男人,素质低下、麻木迟钝,以及一群下流卑贱和心怀不轨的女人,不知羞耻,道貌岸然。"而在黑暗中进行的复数式爱情,这样的不忠发生在整个社会里,倘若继续将其定义为一种罪行,或一种罪恶的懦弱行为,到底意义何在?为了弄懂爱情,"令人倒胃口的文明",只知道从这"最美的激情"里抽出"具有强迫性的最后一层关系,即夫妻关系"为对象。于是傅立叶号召所有人类彻底反对任何将"以婚姻标准来要求爱情保持终生忠诚"的思想合法化。

然而,傅立叶所大肆吹捧的性爱社会与组织性的聚众滥交或全民狂欢式的性爱盛宴都没有关系。他所构想的是一个"核心爱情"(Amours Pivotales)系统,结构复杂却井然有序。它允许夫妻与他人建立感情,哪怕是比夫妻关系更具优先性的感情,抑或性爱关系。在尚未完全成熟的资本主义获胜的时代里,傅立叶的构想实属罕见,女人们不仅仅没有被他遗忘,在他看来,她们甚至成为了新型道德观的受益者。他甚至幻想家庭主妇们将会有一天凭靠"无限的母性"而备受尊敬,这股力量还可以让她以同等的热情去爱七个男人,与此同时,还能给她的孩子带来同等程度的细致关怀。

那么萨特与波伏娃难道是傅立叶"和谐世界"的追随者?无论如何,他们都认为不管忠诚是否具有排他性,它都可以存在。他们一致盲目地信奉透明化原则。在萨特与傅立叶看来,凭借着秘密的名义,即布尔乔亚式虚伪所遗留的产物——"个人隐私",各种罪恶都可以在思想里生根发芽。因此每个人都应该公开承认自己的欲望,完美的世界就是一座透明的房子,这样的思想不得不让人想起杰里米构想出的恐怖的"仪表式"圆形监狱①。

与傅立叶的另外一个共同点则是,他们一致认为或许这样的爱情就能摆脱嫉妒的困扰。在傅立叶看来,在一切都被公开透明的社会里,激情会被极大地削弱,因为我们有了"被发现不忠后的现实保障"。傅立叶也会犯错?对于一个已如此放浪不羁的男人来说,想为自己的不忠找"现实保障",听起来实在有些小家子气。毫无疑问,即使对于所有伟大的爱情革命者来说,嫉妒依旧是永不消失的暗礁。

但关于一点,即性爱关系可被赋予的意义,《恶心》(*La Nausée*)的作者与傅立叶之间存在着明显的不同。傅立叶毫无将性爱与尊严剥离之意,相反,他甚至希望为复数式爱情沉冤昭雪,并视其为通往"最崇高的情感幻想"的高级之路。在傅立叶的世界观里,"只有真心为他人疯狂后,才能拥有他

---

① 圆形监狱由英国哲学家杰里米·边沁(Jeremy Bentham, 1748—1832)于 1785 年提出。这样的设计使得一个监视者监视所有犯人的设想成为可能,而与此同时,犯人却无法确定他们是否受到监视。——译注

人",这点他也曾在《新爱情世界》中明确表示过。作为一名执着的空想社会主义者,他的确希望能够调解西方文化传统所一直认为无法共存的事物:特瓦鲁①的高雅与麦瑟丽娜②的风流。而萨特的情况则简单许多,作为一名接受过大学教育、性情轻率冒失,甚至有施虐倾向的唐璜,萨特一心沉醉于与一群鬼迷心窍又脆弱可怜的年轻女人的露水情缘里,他不带丝毫的柔情,不许诺明天,甚至有时不曾感受到丝毫的快感。在给波伏娃的一封信中,少女科莱特·吉尔贝(Colette Gilbert)被他夺走贞洁的故事便是最好的解释。

不管怎样,萨特与波伏娃在六十年代成为了一种新型性滥交关系的代表,在库尔奇奥·马拉帕尔泰③以及其他无数作家看来,这两位如同是被世人唾弃的领导者,带着"一群来势汹汹却懦弱胆怯的追求自由的孩子"。这对存在主义夫妇,

---

① 克雷蒂安·德·特鲁瓦(Chrétien de Troyes,约1135—1190),法国行吟诗人,因其创作了有关亚瑟王的作品与圣杯传说而闻名。——译注
② 瓦莱瑞亚·麦瑟丽娜(Valeria Messalina,约17—48),罗马皇帝克劳狄一世之妻。一位充满力量、影响力的女性,却在婚内出轨,将丈夫暗算,被人发现后被处以死刑。声名狼藉的她饱受政治偏见,但她的故事却被当作素材,在文学艺术创作中一直使用至今。——译注
③ 库尔奇奥·马拉帕尔泰(Curzio Malaparte,1898—1957),意大利政治记者、小说家和剧作家。其最著名的小说是《毁灭》和《皮肤》,作品以他在第二次世界大战期间在苏联前线做战地记者以及在那不勒斯做盟军联络官的经历为素材。——译注

与所谓垮掉的一代抑或群体性爱模式,都毫无关系。尽管性欲的狂风可以随意地触动每处经脉,尽管身体在兴奋激动,而对于这两位高学历的人来说,事情也绝非如此简单。于此,萨特曾多次坦白心声:性情冷淡,唯独不恋肉欲之乐。"结束之时会有一丝快感,但实在微乎其微",1974年在接受公开采访时,他是这么来描述萨特式性爱的。

让每个事物符合它本该是的样子,这便是萨特与波伏娃所公开表示的爱情观,这也与他们在其他诸多领域的观点大致相同。这听起来更像是一种严肃的爱情教条,并非是所谓的爱情游戏或随机游戏。毫无疑问,萨特与波伏娃太想革新大众的思想,过于想向他们普及与道德无关的性爱关系,让每个人都成为梅特伊夫人和瓦尔蒙子爵的信徒。在一幕幕风流的性爱情节里,我们看到拉克洛笔下的这位虚拟人物——梅特伊侯爵夫人,一心践行着最为纯粹、最至高无上的个人自主权,对于命运,她从不抱任何幻想抑或极端的报复心,尽管她的姐妹们都被社会逼到了相反面。作为一名为女性争取选举权的现代女性,波伏娃,更希望推动女性的解放运动。

爱情——女人的致命危险

翻开《第二性》,我们发现作者对这场解放运动成功的概率似乎并不持乐观态度。我们甚至可以认为,在波伏娃看来,男女感情中的根本差异在现在、将来甚至永远都会存在。在这篇写于1947年的散文末尾处,波伏娃以一套略显苦涩干瘪的理论论证了这种差距,而这一差距也在日后成为女权主义者们重要的武器之一。通过这本书,我们走进了波伏娃的爱情观。她在书中依据尼采《快乐的知识》中的观点,认为爱情这一词,"于两个性别而言,意义完全不同"①。

在这本书中,女人们被描述成了残缺不全的事物,这是由现如今仍然极具强权性的家长制社会导致而成,波伏娃在年轻时就是这么写的。从孩童时代起,女人的命运便献给了男人,她们在经济上依赖男人,被关押在一个发育不良的"女性"世界里,她们无法像另一个性别一样成为一个人。甚至对女人来说,转向男性话题才是获得些许话语权的唯一途径。从波伏娃的观点来看,女人若沉迷于爱情,是为了自救。

让人痛苦的悖论则是,若爱情真能给女人带来满足,能给她带来所期待的一切,让她去感受和一个相互依赖的男人完全融合的感觉,那么于女人而言,爱情或许很有理由存在。但一个可能会彻底抛弃她的情人无法给她带来这种依靠,无法给予她一直寻找的第二重保障。而若一个男人完全听命于

---

① 《第二性》,第二部分,"历史",第七章,"爱情中的女人"。

她,男人自己又无法消除被女人控制的不满。所以,于女人而言,爱情注定是悲剧的。

此外,波伏娃根据自己的理论提出了一个十分微妙的现象:面对身旁熟睡的心爱之人,不同性别之人的眼神是不同的。波伏娃强调,《追忆似水年华》的主人公在看着阿尔伯蒂睡觉时感到十分幸福,因为熟睡中的她肯定不属于其他任何人,他狂热的占有欲可以暂时得到缓解[1]。但对女人而言却完全相反,波伏娃引用了维奥莱特·勒迪克(Violette Leduc)[2]一篇精彩的文章肯定道。

男人在睡觉,对女人来说,是一种无法忍受的冷漠,甚至背叛。"于女人而言,作为万物之主的上帝不应该陷入完全的休息之中:看见超越自己的强者被困意击垮时,她们总是心怀敌意。"她们讨厌牲畜般的惰性,厌恶"男人那副不是为了她们而是为了自己而存在的身体"。波伏娃总结道:"男人们弄醒情妇是为了爱抚她,而情妇弄醒男人是让他别睡了。"成百上千场喜剧中都有这么一幕滑稽的场景,男孩因在亲热过后就早早入睡而被女孩指责得狗血淋头,而这一

---

[1] 不管阿尔贝蒂娜事实上是否是一个伪装着的男人,都不影响这个观点。因为波伏娃认为,普鲁斯特肯定是代表着男性的观点。

[2] 维奥莱特·勒迪克,《我痛恨嗜睡的人》(Je hais les dormeurs),铁路(Le Chemin de Fer)出版社,2006年。

幕背后所体现的正是两性之间存在已久的误解深渊,波伏娃凭借其细腻的思考,在几页略带辛酸的论证中,将其统统揭示了出来。

然而,我们是否可以去想象一个没有任何误解的时代的到来?在那个时代里,对女人而言,爱情再也不是一种不仅无法使其解放反而将其牢牢束缚的绝望?《第二性》作者认为,"平等"的爱情或许是可以实现的,她在文中引用了马尔罗(Malraux)《人的命运》(La Condition humaine)一书中京和同伴梅的关系作为例子。此外,为了实现这种关系,她认为女人必须要在社会上获得独立,并建立起只为自己的目标。"若有一天,女人能在自己的强大力量里而非在弱小无助中去爱,为了找到自我而非逃避自我去爱,为了肯定自我而非否定自我去爱,那么爱情对女人而言,就像是对男人一样,将会成为她们的生命之源,而不是致命危险。"于此,我们或许只想说,在写下这些话时,波伏娃是否会想到这一天真真切切地在现实中发生在了自己的身上?

爱情中的西蒙娜

我们总是讽刺波伏娃爱情书写里纯情少女的一面。的确,这与她和萨特如军人般粗鲁的契约关系以及向他揭露她的"小女友们"——常常是她在所任教的毕业班中挑选出的女学生——隐私时惯用的粗俗词汇截然不同。关于比安卡·朗布兰,波伏娃曾写道,"悲壮的一夜"。在与这位 16 岁少女发生过几次同性性爱关系后,波伏娃将其转交到萨特手上,后者又不假思索地夺走了她的贞洁。"这种疯狂,像劣质又油腻的鹅肝一样让人恶心……"

相反,和男人在一起时,波伏娃变得极为多愁善感。这位严厉又固执的女性理论家,摇身一变成为了温顺的舍赫拉查达,抑或是维罗纳城中与爱人私定终身的朱丽叶,甚至是具有讽刺意味的查泰莱夫人①。当她望着博斯特睡着时,她的心被无限柔情融化了。在给作家纳尔森·艾格林的信中,波伏娃写道,"我心中凶猛的野兽,我远方的爱人",她向他承诺在下次旅行中的某一天要去他的家中做温顺的天堂女神。"我会很乖巧,我会洗碗,我会扫地,我会自己去买鸡蛋和朗姆酒蛋糕,没有您的允许,我不会触碰您的头发,您的脸颊,您的肩膀"。就像古代的伊索尔德(Iseut),波伏娃或许还会选择戴着

---

① 《查泰莱夫人的情人》是英国作家 D. H. 劳伦斯创作的最后一部长篇小说,出版于 1928 年。故事发生在第一次世界大战之后,回到庄园的战士克利夫·查泰莱因作战受伤,下身瘫痪失去性能力,而变得性情暴戾,并冷落了妻子康妮。康妮与林园看守人梅勒斯一见钟情,无法忍受的婚姻生活将她推向与梅勒斯之间浓烈的爱。东窗事发后,双方决定与现任配偶离婚,开始新的生活。——译注

他赠与的指环入土安葬。

然而,她永远不会接受萨特的离开,抑或抛弃巴黎的荣耀,跨越大西洋和艾格林彻底地双宿双飞。事实上,由于无法忍受距离带给爱情的限制,她的这位帅气的美国朋友也曾多次在离开前向她求婚。而波伏娃在 19 岁时,就已在日记中解释了让她产生不婚念头的某些伦理性原因。"这种决定性的选择的可怕之处在于,我们付出的不仅是今日的自己,更是明日的自己,这就是为什么婚姻在本质上是不道德的。"然而我们可以认为,与萨特的契约爱情,其实同样也是具有"决定性"和限制性的,所以她坚决拒绝和这位曾在她的生命中激起强烈性爱欲望的萨特一起生活。有时,波伏娃相信自由的恋爱与在市政厅前穿着洁白婚纱的庄严时刻一样束缚人。

然而我们也可以看到,波伏娃做出的放弃艾格林的艰难决定,其实也完全符合她曾写下的关于其所向往的理想爱情的看法,即一个"陪伴"她一生的爱情,而不是会彻底"消耗她"的爱情。一个可以让她保持自己的本性,任由她做自己所想的爱情:成为一名受人尊重的著名作家。当汹涌热烈却又稍纵即逝的爱情开始时,切勿去依靠一个不依靠自己的人。此外,在存在主义爱情必须具备的透明化原则中,我们再次看到了古罗马时代残忍的斯多葛学派的智慧。

当卫星反抗时

关于这两位文人间契约关系本质里的暴力，或许那些如卫星般围绕的情人们，那些在萨特和波伏娃爱情里的"劣等人群"最有发言权。1993 年，比安卡·朗布兰的《一个被打扰的女孩的回忆录》问世，这本前所未闻的控告书以极其严肃的态度打破了这对存在主义者的爱情神话，让所有仍然天真地相信放荡爱情中有美好天堂的人看到了真相。他们一个是负责招揽年轻女学生的助理，一个是变态，法国文人圈的两大光辉人物突然间沦为了此等形象，如同一匹有着两个头颅的危险猛兽，甚至与九十年代曾在法国乡下四处搜寻幼女并奸杀的富尔尼埃夫妇[①]相差不远。此外，这种评价也得到了远方的克洛德·列维-斯特劳斯（Claude Levi-Strauss）的肯定。1943 年，在读完《女宾》后，列维-斯特劳斯坦白道，在他看来，书中的萨特就是一个"淫荡邪恶的流氓"。

如果说要为这份契约爱情所产生的附带性伤害寻找一个痛苦又不幸的证人，那必定是纳尔森·艾格林。1965

---

① 米歇尔·富尔尼埃（Michel Fourniret），20 世纪下半叶法国臭名昭著的连环杀手和强奸犯。——译注

年,波伏娃在《回忆录》问世后随即又出版了后续作品《事物的力量》①,《哈泼斯杂志》(*Harper's*)截取了书中几处意味深长的片段发表了《关于忠诚的问题》一文。在书中,除了对与艾格林的相遇无所顾忌的描写,我们还可以看到诸多此类性质的思考:"太多人像我与萨特这样维持着契约:他们都保持着一定距离去维持'某种忠诚'。""我曾以我的方式对你忠诚。""婚姻是有风险的……倘若夫妻二人只接受对方在外短暂的性爱经历,可能很容易,但他们向对方所妥协的自由其实也配不上称为自由。萨特和我,我们曾经过于野心勃勃;我们曾想体验'偶然爱情';但我们却一直稀里糊涂地回避了一个问题:第三者怎样才能适应我们的模式呢?"

饱受质疑的"第三者"纳尔森·艾格利,在看到波伏娃字字句句的冷漠以及往日谎言背后的真相后,痛不欲生,于是他先后在《哈泼斯杂志》和另一家小型文学报刊《中西》(*Midwest*)上发表了两篇令人大为咋舌的文章作为回应。他不仅质疑前任情妇身为作家的个人品德,还质疑其作品的真实性,更在第一篇文章《关于西蒙娜·德·波伏娃的问题》(La question Simone de Beauvoir)中给波伏娃狠狠地上了一堂爱情哲学课。

---

① 波伏娃,《事物的力量》(*La force des chose*),波伏娃回忆录第三卷。

艾格利苦涩地讽刺道,"波伏娃女士的世界是一幅映射在镜中的影像——在这个世界里,任何人都不曾活过。这也解释了为什么,她小说中的所有人物,无论是否取自现实生活,在她的纸上都失去了生命"。她随时准备好付出一切去维护自由,却从不愿承担任何现实的风险,"波伏娃女士感觉自己可以信任让-保罗·萨特的不忠。多么聪明!"一个被掩饰的童话故事,一个女知识分子的招摇诈骗,一轮可悲的三人纸牌游戏,甚至已经是犯罪行为。这就是艾格林的最终观点,自那天起,他断绝了与她的一切联系。"任何想要用偶然性体验爱情的人,恐怕脑子已严重坏掉。爱情怎么能成为偶然性的呢?"被伤得千疮百孔的艾格林留下了这么一个有待解答的问题。可以肯定的是,同等失望的萨特也无法给出答案。

哲学家萨特的不安

他也喜欢失去理智,尽管身为年轻人会有许多解决办法。尽管他曾因为女人们无法接受共同分享他而被抛弃,但倘若遇到某位势均力敌的同行者时,他也会在很长时间里放下欲望,萨特向所有女人肯定地说道。比如多洛雷斯,萨特曾在一段时间考虑娶她为妻,而于此波伏娃甚至一度毫不知情。他也曾向俄罗斯的女翻译家左妮娜求过婚,但目的是为了自己能够留在西部。"越看海狸的《回忆录》,我越明白我永远不会去改变那些事物。这一切让我痛不欲生……,"左妮娜在提出分手之前给萨特写道,"你和海狸共同创造了一个令人惊叹的事物,但对于靠近它的人来说,却是如此的危险。"萨特真想过在某一天结束这份契约,步入婚姻,离开波伏娃吗?毫无疑问,答案是否定的。他总会在最后回到波伏娃的身边,哪怕要极其可笑地装腔作势,并且从回忆录里的描述来看,这也不足为奇。

长相丑陋的人想要在爱情里实现计划经济,成功引诱每个目标,或许不得不耐心地等候,等候自己的哲学荣誉在现实中真的变得有用的那刻,那时她们将会被萨特一一俘虏。他向女学生谄媚讨好,然后又将她们残忍地并且毫无尊严地收入囊中;他倚仗自己戏剧家的名誉,为新晋女演员们点亮舞台的灯光;还有那些日本和巴西的女翻译家,以及其他一些极其容易得手的性爱猎物。"如果非要说我曾经非常淫荡,那我无话可说!"在波伏娃的一本小说中,萨特是这么说的。此外,他主动承认,在与女人复杂的性爱关系的巅峰时期,他的确成为了性虐待狂,可他却极其苦闷于那副让他束手束脚的外表,以至于他在街上会避免向行人问路,以免他们会感到惊慌。毫无疑问,对于相貌如此丑陋的人而言——正如导演约翰·休斯顿(John Huston)在五十年代末于爱尔兰的一处住所中接待过萨特后所说,"人能有多丑,他就有多丑"——爱情有时候便成了黑暗中的报复。

此外,晚年时期的萨特,即使已步入激情的黄昏,即使一夜纵情多次的时光早已不复存在,即使作为和波伏娃一样终生不愿组建家庭的男人,在最后也仍然维持着一个令人疲惫不堪的大家庭。他所有的女人,无论结识于何时,哪怕大多数都较为神经过敏或性情孤僻,都长期在经济上依赖于他,并且几乎都住在距离他的住所步行十分钟的范围里。阿莱特(Arlette),萨特合法收养的女儿以及后来的情人,并不知道萨特仍继续与万达交往,而万达也并不知道萨特仍在与鲍里斯·维安①昔日的爵士乐创作灵感女伴米歇尔同床共枕,在萨特的身体尚未进入像《告别仪式》②中所描述的那般难以忍受的衰竭之前,米歇尔一直是萨特定期拜访的情人。而面对米歇尔,萨特也对自己定期在波伏娃家留宿的事情有所隐瞒,波伏娃是他"高高在上的母亲",就凭借如此粗制滥造的托词,萨特向波伏娃掩盖着自己曾经的姗姗来迟、过失以及错过的陪伴。

---

① 鲍里斯·维安(Boris Vian,1920—1959),法国作家、诗人、音乐家、歌唱家、翻译家、评论家、演员、发明家和工程师,维安对于法国爵士乐具有重要影响力。——译注

② 1980年萨特去世,波伏娃出版自传作品,《告别仪式》(*La Cérémonie des adieux*)。——译注

萨特曾向一位年轻的友人——精神分析师庞塔利(J.-B. Pontalis)——可怜地称自己为"小区护士",并说道,"您很幸运。病人来看您并给您付钱。而我呢,我不仅四处奔波,还要给她们钱"①。

我们很难找到像萨特这样一位凶狠地追逐着透明化爱情的信徒,他编织着半真半假的谎言,捏造着花言巧语,甚至干脆直接玩弄道德。毫无疑问,我们也找不到别的女人能比那些被他选中的女人承受得住更多的谎言。那么这是否就意味着,这份著名的"真相契约"实际上是一份真实的骗子契约?倘若如此,我们或许可以任意嘲笑波伏娃,她沦为了朱诺女神②,沦为了一位被男人用来躲避情妇愤怒不满的"挡箭牌"妻子。就此观点,那些偏爱于将女性解放视为女性自古以来的奴隶地位的一种隐蔽表现形式甚至双重表现形式的人,毫无疑问会表示赞同。对于他的这位"与皇族通婚的平民妻子",这位"自己身体里的坚实后盾",萨特给的爱其实不少,他总是给她无限的、让人无法驳回的温柔。多年过去,他依旧说

---

① 对话收录于哈泽尔·罗利《面对面:波伏娃和萨特的契约爱情》一书。

② 朱诺是罗马神话中的天后,婚姻和母性之神,罗马十二主神之一,集美貌、温柔、慈爱于一身,被罗马人称为"带领孩子看到光明的神祇",对应希腊神话中的赫拉。——译注

着:"哦,我心里的、我眼里的宝贝,我生命的主心骨,我的意识和我的生命。"在生命的尽头,他一直坚定地说道:"在我的生命中,或许我会用尽全力去爱一个人,既不疯狂,也不独特,但出自我的内心。"

爱或虚无

"既不疯狂,也不独特,但出自我的内心",萨特选择用这样一句话来描述这份持续了整个一生的爱情。我们很难去评价这份爱情到底是失败,还是成功。或许根本无法评价,甚至说评价是十分愚蠢的行为。对于这两条智力超凡的章鱼而言,爱情到底是一个让他们在里面互相残杀直至双方都窒息的鱼缸,还是那层保护他们不被更大的危险所伤害的墨汁?但无论如何,在这对情人看来,他们在这份爱情里完成了一件比生活本身还要更为重要的事情——思想的作品,但如此想法未免有些俗套,并且可以肯定的是,事实与他们在人前极力鼓吹的辉煌胜利也相差甚远。倘若真想评判他们的爱情,必定要去仔细衡量萨特爱情观里黑色悲剧色彩的本质,而非停留在他们日后所成为的性爱狂欢的象征上,哪怕有人辱骂它,有人颂扬它。

关于"人为什么去爱,为什么渴望被爱"这一问题,很少有人会像思想家萨特一样作出如此深入的回答。萨特年轻时在《存在与虚无》中对爱情痛苦的描写在哲学领域里是独一无二的,同时这也揭示出了他内心极端细腻、贪婪无情甚至被毁灭过的敏感。毫无疑问,与《夏山学校的自由之子》①中纯真无邪的爱情诗歌相比,它们更接近《雅歌》(*Cantique des Cantiques*)中那句人尽皆知的诗歌背后闪烁着的黑色微光:"爱情如同死亡般猛烈,嫉妒比阴间(Sheol)②还要苦涩。"③对于一直在施虐与被虐之间摇摆不定的萨特而言,爱情必然是黑暗邪恶的事物。与波伏娃的关系就是为了尝试在这个事物里找到一个出口。

根据萨特在《存在与虚无》中展开的理论,是"他者"偷走了我们的存在。通过监视和评估我们,它将我们占为己有,限制着我们。但与此同时,也正是"他者"将我们定义,使我们存

---

① 《夏山学校的自由之子》(*Libres enfants de Summerhill*),作者亚历山大·萨瑟兰·尼尔(Alexandre, S. Neill),1970 年。书中讲述了一位心理学家亚历山大在 1921 年的伦敦创办了一所反传统教育、反工业化和反官僚体制化社会的新式教育学校,以及发生在接受新型教育的孩子们身上的故事。——译注

② Sheol,旧约中死人待的地方。

③ 《雅歌》,《旧约》圣经诗歌智慧书第五卷。雅歌这个名字取自书中的首句:"所罗门的歌,是歌中的雅歌。"根据希伯来文的逐字译法,这个名字是"歌中之歌",意即卓越绝伦的歌。这样的说法跟"天上的天",意即天的最高处,有异曲同工之妙。——译注

在,是它造就了"属于我的存在的存在"。关于爱情,哪怕是最肤浅的肉欲之情,萨特也总是能将其探讨为一次找寻自我的过程,和最纯粹的身体欲望毫无关系。然而,不管这位自称只追求粗暴快感的男人怎么说,不管这位只想着与"女人交配"的男人怎么解释,正如他自己所写,"我们都不要弄错了,他想玩弄于手掌之间的、想用拳脚去践踏蹂躏的,是他人的自由"。自由之间的战争永远都是欲望。它将我们整个牵扯进来,然后又最大程度拖累着我们。这位作家肯定道,我们永远不会像喝一杯水一样去做爱。

此外,爱情与他人所说的"权力意志"也毫无关系。独裁的人在嘲笑爱情,恐惧使他激动愉悦。人们想要在爱情中掠夺的是他人的自由,与单纯的想要控制某人的欲望相比,这种形式的占有欲要复杂得多。然而,完全臣服的奴隶也会引起情人的排斥。没人愿意拥有一个木头人、一个人类玩偶,也没有人愿意所爱之人对自己的爱是一种来自心理上的唯命是从、毫无社交性质的结果。

或许也没有人会满足于因某一次简单、纯粹又随性的决定而发生的爱情,一种心甘情愿付出自我的爱情,一种不存在任何放弃的可能性的爱情,哪怕是合理的失败。哪个男人能忍受自己说,"我忠诚地爱着您,同时我也向您发誓会一直这么做"?也没有人会很乐意地接受一个满脑子想的都是怎被爱、怎么"发生一段故事"、怎么活在另一方妖娆妩媚眼神下的情人。或者说,其实还是大有人在的,大多数人都愿意这么做,也正是假借如此卑微的思想幌子,萨特经历了一场场的风花雪月。

因此,爱情是一种难以捉摸的占有,它包括了被爱之人的自由与妥协。于是我们仿佛看到了一杆极其精细微妙的天平,一丝多余的占有会在任意时刻将心爱之人变为可怜的傀儡,相反,一丁点的冷漠就会激起其心中的仇恨。"所以情人想听到誓言,却又憎恨誓言,"萨特以普鲁斯特式的细腻在《存在与虚无》中写道,"他希望被另一个自由所爱,并要求这个自由不能过于自由。他希望另一人的自由是下定决心成为爱情的,并且不能只在爱情冒险开始时这样,必须要在每一刻都这样。同时,他希望这种自由是能够自我俘虏的,不管在疯狂中,还是在美梦里,因为想要被俘虏,它能回归到本身。"[1]说到底,情人真正想要的,是一种听命于激情的同时又关注自我的自由。

因此,爱情总是在两种可能性的罪恶间摇摆。一种是"失败的爱情",萨特写道。换句话而言,即受虐者的爱情。在这样的爱情中,我自愿放弃身上沉重的自由,从而完全地践踏自

---

[1] 《存在与虚无》,伽利玛出版社,第三部分,第三章,"与他者的关系"。

我,从另一个角度来讲,也为了满足另一方的施虐需求。在这样的态度里,我认为"于我自己,我是有罪的,因为我对自己完全的奴隶地位表示赞同,于他人,我也是有罪的,因为我使得他人有了机会成为一个罪人,任凭他们如此毁灭我的自由"。另一种罪恶,便是施虐者的爱情,这种态度下的人在内心深处恐惧爱情带来的混乱,甚至将其视为一种羞辱。施虐者的性格希望的是一种单向性爱关系,希望抹杀另一方给与的恩泽,为得到一副残忍又粗鲁的躯体,迫使对方成为一堆器官,一种让自己获得快感的工具。因此施虐者往往认为自己"控制着一切时间",萨特写道,他们十分享受"那些模棱两可又自相矛盾的情况",从而更好地将自己的控制压迫在那些不知所措的性爱猎物上。这种在《存在与虚无》中被仔细分析的施虐行为,难免让人联想到作者本身在日后对无数个猎物所采取的方式。于是我们不得不更加注意,面对其他人否定自己的罪行时,他本人是如何来诊断和解释这种施虐倾向的:一种来自内心深处的、与他人相关的恐惧。

在萨特的这本于1943年出版的长篇巨作中,所有关于爱情的篇幅都写于二战期间萨特对万达爱得最热烈之时。萨特,巴黎未来的哲学大师,似乎对生活已别无所求,他只希望成为属于这位金发女人的"哈巴狗",并认真宣布自己已做好准备与万达结婚,只求巴黎军队的批准。于此是否还有必要强调一下,这一切与"亲爱的海狸"毫无关系?准确来说,与波伏娃的爱情如同建立了一堵墙,用来抵挡这种让人神魂颠倒的爱情,或者说建立了一座堤坝,用以抵挡对真实发生着的爱情里痛苦纠结的恐惧。

爱情的快乐

然而,有一个问题一直存在。到底是什么样的爱情让萨特写下了那些最为优美、最为平静又最为公正的篇幅——《爱情的快乐》?是与波伏娃"存在里的"爱情,还是无数场"激情四射又妙不可言"的平行爱情?或许两者都是。如果说有一件事能让《存在与虚无》的作者与所有思考爱情的哲学家明显区分开,那便是萨特对人人都可到达的极乐世界心怀敬意。但身为一名伪君子的他,即使作为一个特例,却从未描述过这个世界。

萨特的爱情是捉摸不透的,也是光芒四射的。如果说爱情中的两人的确会受困于忧虑之中,时常担心自己只不过是对方用来满足自恋需求的一件工具,那么这样的人也会在爱情中失去善意。一个既不完美又极其无趣的人也可以通过被爱的光环,成为他人眼中的"唯一"。他可以躲开所有可能发生的践踏贬值,成为一个本身就高贵精致的人,获得一种绝对的价值。他再也不属于千篇一律中的某一个样本,而是成为一个独特的个体。他再也不是一颗生来就注定要掉落尘土的无名灰粒,而是一个几乎具有宗教意义的"灵魂"。

爱情,是无神的尘世中唯一可以触碰到的永恒?在《疯狂的爱》①中,安德烈·布勒东化身为永恒爱情的使者,颂扬恋人间的完全结合,将其视为生命中可获得的唯一一条走向永恒的既自然又超自然的途径。超现实主义理论家布勒东,在书中歌颂排他性的爱情,认为唯一的爱情是进入极乐世界的必要条件,在那里"所有事物都可以恢复过去所失去的色彩"。他在书中随意地嘲讽,从而维护自认为某种很可怕的诡辩之说:时间必定会消耗爱情,会让爱情中的两人逐渐失去最初有选择性表现出的性格,但最终,他们会开始互相迷恋彼此的其他方面,从而获得同样的感觉。毫无疑问,作为一位活跃的复数式爱情实践者,萨特肯定是不会走这条路的。然而,他新生的哲学教义却径直指向了这条路。除了在个人信件里,萨特永远都不会在其他场合对放荡式的爱情进行论证。因为他也相信,放荡的爱情在哲学领域确实是无法被澄清的。

"我多么幸运能拥有一双眼,一头好发和一对眉,让我不知疲倦地挥霍着他人随意触碰的无尽欲望,"在某个神秘的瞬

---

① 安德烈·布勒东,《疯狂的爱》,1937年。

间,萨特写下了对爱情充满信心的话,"我们的存在本身就是毫无根据的,而不是说,在被爱之前,我们要去担心毫无根据的爱情混乱。我们会在当下认为自己的存在是反复的,而且它的每个细枝末节都在被绝对的自由所渴望,同时我们的存在本身也影响着自由,我们不会认为自己是'多余'的。这就是爱情的快乐之所以存在的根本原因:我们认为找到了存在的理由。"被爱的我,再也不是茫茫人海的背景中一个衬托元素,而是一个透过我就可以看到整个世界的元素。被爱的我,甚至也成为了一个世界。最后,我们还能再补充点什么呢?我们的确从来没有如此深入地钻研过是什么让男人和女人义无反顾、前仆后继地扑向爱情,扑向这份时而把他们摧毁、常常使他们迷茫、又时而将他们拯救的感情。

"轻与重"文丛(已出)

01	脆弱的幸福	[法]茨维坦·托多罗夫 著	孙伟红 译
02	启蒙的精神	[法]茨维坦·托多罗夫 著	马利红 译
03	日常生活颂歌	[法]茨维坦·托多罗夫 著	曹丹红 译
04	爱的多重奏	[法]阿兰·巴迪欧 著	邓 刚 译
05	镜中的忧郁	[瑞士]让·斯塔罗宾斯基 著	郭宏安 译
06	古罗马的性与权力	[法]保罗·韦纳 著	谢 强 译
07	梦想的权利	[法]加斯东·巴什拉 著	杜小真 顾嘉琛 译
08	审美资本主义	[法]奥利维耶·阿苏利 著	黄 琰 译
09	个体的颂歌	[法]茨维坦·托多罗夫 著	苗 馨 译
10	当爱冲昏头	[德]H·柯依瑟尔 E·舒拉克 著	张存华 译
11	简单的思想	[法]热拉尔·马瑟 著	黄 蓓 译
12	论移情问题	[德]艾迪特·施泰因 著	张浩军 译
13	重返风景	[法]卡特琳·古特 著	黄金菊 译
14	狄德罗与卢梭	[英]玛丽安·霍布森 著	胡振明 译
15	走向绝对	[法]茨维坦·托多罗夫 著	朱 静 译

16 古希腊人是否相信他们的神话

　　　　　　　[法] 保罗·韦纳 著　　　　张　竝 译

17 图像的生与死　　[法] 雷吉斯·德布雷 著

　　　　　　　　　　　　　　　　黄迅余　黄建华 译

18 自由的创造与理性的象征

　　　　　　　[瑞士] 让·斯塔罗宾斯基 著

　　　　　　　　　　　　　　　张　亘　夏　燕 译

19 伊西斯的面纱　　[法] 皮埃尔·阿多 著　　张卜天 译
20 欲望的眩晕　　　[法] 奥利维耶·普里奥尔 著　方尔平 译
21 谁,在我呼喊时　 [法] 克洛德·穆沙 著　　李金佳 译
22 普鲁斯特的空间　[比利时] 乔治·普莱 著　　张新木 译
23 存在的遗骸　　　[意大利] 圣地亚哥·扎巴拉 著

　　　　　　　　　　　吴闻仪　吴晓番　刘梁剑 译

24 艺术家的责任　　[法] 让·克莱尔 著

　　　　　　　　　　　　　　　　赵苓岑　曹丹红 译

25 僭越的感觉/欲望之书

　　　　　　　[法] 白兰达·卡诺纳 著　　　袁筱一 译

26 极限体验与书写　[法] 菲利浦·索莱尔斯 著　唐　珍 译
27 探求自由的古希腊 [法] 雅克利娜·德·罗米伊 著

　　　　　　　　　　　　　　　　　　　　张　竝 译

28 别忘记生活　　　[法] 皮埃尔·阿多 著　　孙圣英 译
29 苏格拉底　　　　[德] 君特·费格尔 著　　杨　光 译
30 沉默的言语　　　[法] 雅克·朗西埃 著　　臧小佳 译

31 艺术为社会学带来什么

                [法]娜塔莉·海因里希 著　　何 蒨 译

32 爱与公正　　　　[法]保罗·利科 著　　　　韩 梅 译

33 濒危的文学　　　[法]茨维坦·托多罗夫 著　　栾 栋 译

34 图像的肉身　　　[法]莫罗·卡波内 著　　　　曲晓蕊 译

35 什么是影响　　　[法]弗朗索瓦·鲁斯唐 著　　陈 卉 译

36 与蒙田共度的夏天 [法]安托万·孔帕尼翁 著　　刘常津 译

37 不确定性之痛　　[德]阿克塞尔·霍耐特 著　　王晓升 译

38 欲望几何学　　　[法]勒内·基拉尔 著　　　　罗 芃 译

39 共同的生活　　　[法]茨维坦·托多罗夫 著　　林泉喜 译

40 历史意识的维度　[法]雷蒙·阿隆 著　　　　　董子云 译

41 福柯看电影　　　[法]马尼利耶 扎班扬 著　　谢 强 译

42 古希腊思想中的柔和

                [法]雅克利娜·德·罗米伊 著　陈 元 译

43 哲学家的肚子　　[法]米歇尔·翁弗雷 著　　　林泉喜 译

44 历史之名　　　　[法]雅克·朗西埃 著

                             魏德骥 杨淳娴 译

45 历史的天使　　　[法]斯台凡·摩西 著　　　　梁 展 译

46 福柯考　　　　　[法]弗里德里克·格霍 著　　何乏笔 等译

47 观察者的技术　　[美]乔纳森·克拉里 著　　　蔡佩君 译

48 神话的智慧　　　[法]吕克·费希 著　　　　　曹 明 译

49 隐匿的国度　　　[法]伊夫·博纳富瓦 著　　　杜 蘅 译

50 艺术的客体　　　[英]玛丽安·霍布森 著　　　胡振明 译

51 十八世纪的自由　［法］菲利浦·索莱尔斯 著

唐 珍　郭海婷 译

52 罗兰·巴特的三个悖论

［意］帕特里齐亚·隆巴多 著

田建国　刘 洁 译

53 什么是催眠　［法］弗朗索瓦·鲁斯唐 著

赵济鸿　孙 越 译

54 人如何书写历史　［法］保罗·韦纳 著　　韩一宇 译

55 古希腊悲剧研究　［法］雅克利娜·德·罗米伊 著

高建红 译

56 未知的湖　［法］让-伊夫·塔迪耶 著　　田庆生 译

57 我们必须给历史分期吗

［法］雅克·勒高夫 著　　杨嘉彦 译

58 列维纳斯　［法］单士宏 著

姜丹丹　赵 鸣　张引弘 译

59 品味之战　［法］菲利普·索莱尔斯 著

赵济鸿　施程辉　张 帆 译

60 德加，舞蹈，素描　［法］保尔·瓦雷里 著

杨 洁　张 慧 译

61 倾听之眼　［法］保罗·克洛岱尔 著　　周 皓 译

62 物化　［德］阿克塞尔·霍耐特 著　　罗名珍 译

图书在版编目(CIP)数据

哲学家与爱 / (法)奥德·朗瑟兰,(法)玛丽·勒莫尼耶著;郑万玲,陈雪乔译. --上海:华东师范大学出版社,2020
("轻与重"文丛)
ISBN 978 - 7 - 5760 - 0748 - 0

Ⅰ.①哲… Ⅱ.①奥…②玛…③郑…④陈… Ⅲ.①哲学家-生平事迹-世界②哲学家-爱情-思想评论-世界 Ⅳ.①K815.1②C913.1

中国版本图书馆 CIP 数据核字(2020)第 153050 号

华东师范大学出版社六点分社
企划人 倪为国

"轻与重"文丛
哲学家与爱

主　　编　姜丹丹
著　　者　(法)奥德·朗瑟兰　玛丽·勒莫尼耶
译　　者　郑万玲　陈雪乔
责任编辑　高建红
责任校对　施美均
封面设计　姚　荣

出版发行　华东师范大学出版社
社　　址　上海市中山北路3663号　邮编　200062
网　　址　www.ecnupress.com.cn
电　　话　021 - 60821666　行政传真　021 - 62572105
客服电话　021 - 62865537
门市(邮购)电话　021 - 62869887
地　　址　上海市中山北路3663号华东师范大学校内先锋路口
网　　店　http://hdsdcbs.tmall.com/

印 刷 者　上海盛隆印务有限公司
开　　本　787×1092　1/32
印　　张　11
字　　数　165千字
版　　次　2021年1月第1版
印　　次　2022年8月第3次
书　　号　ISBN 978 - 7 - 5760 - 0748 - 0
定　　价　68.00元

出 版 人　王　焰

(如发现本版图书有印订质量问题,请寄回本社客服中心调换或电话021 - 62865537联系)

Les philosophes et l'amour
by Aude Lancelin & Marie Lemonnier
Copyright © Editions Plon, 2008
Simplified Chinese edition arranged through Dakai Agency Limited.
Simplified Chinese Translation Copyright © 2021 by East China
Normal University Press Ltd.
All right reserved.
上海市版权局著作权合同登记 图字:09-2015-212 号